Tibet (China)

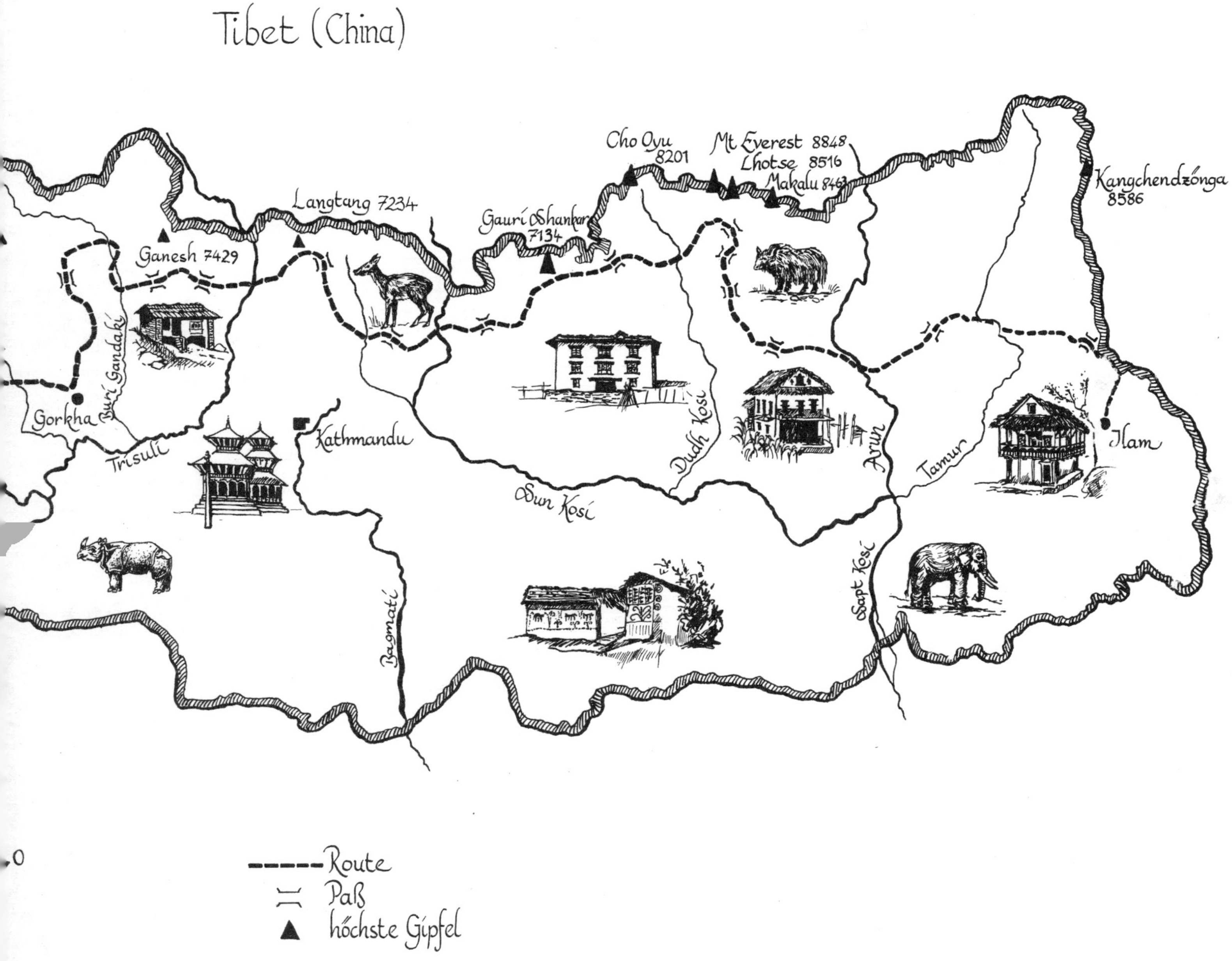

Cho Oyu
8201

Mt Everest 8848
Lhotse 8516
Makalu 8463

Kangchendzönga
8586

Langtang 7234

Gauri Shankar
7134

Ganesh 7429

Buri Gandaki

Gorkha

Trisuli

Kathmandu

Dudh Kosi

Arun

Tamur

Ilam

Sun Kosi

Bagmati

Sapt Kosi

----- Route

⨔ Paß

▲ höchste Gipfel

0

Der lange Abschied

rosenheimer
raritäten

Dietlinde Warth

Der lange Abschied

2000 Kilometer zu Fuß durch Nepal

Fotos Hermann Warth

rosenheimer

Inhalt

Einleitung

Als mein Mann 1975 vom Deutschen Entwicklungsdienst nach Nepal geschickt wurde, brachte man uns vom Flughafen sofort zu einem Fest mit Maskentanz in ein Landstädtchen im Kathmandutal. Wir wurden durch die Menschenmenge zu einigen Stühlen ganz vorne geführt, und ich kam mir zunächst recht fehl am Platze vor, nicht nur weil mir die Bevorzugung peinlich war. Ich wußte doch gar nicht, worum es ging, konnte noch nichts verstehen – und nur das Fremde, Ungewohnte anstarren, ohne es zu begreifen?

Hinter mir drängten sich die Leute wie bei uns, wenn es etwas zu sehen gibt. Ich drehte mich um zu den Frauen, die an meiner Stuhllehne Halt gefunden hatten. Wie zierlich sie waren, wie schön sie sich geschmückt hatten zum Fest mit ihren besten Saris, Blumen im Haar, gläsernen Armreifen an den schmalen Gelenken über von der Arbeit rissigen Händen. Sie lächelten mir zu und sprachen mich an. Das einzige, was ich antworten konnte, war: »Mero nam Dietlinde ho. Tapāiko nam ke ho?« – Mein Name ist Dietlinde. Wie heißen Sie? Bald saßen zwei Mädchen mit auf dem Stuhl. Sie und die umstehenden Frauen unterhielten sich mit mir in Zeichensprache und führten mich unter viel Gelächter in meine Umgebung ein: »Das ist meine Tochter. – Das ist meine Hand, mein Kopf, mein Mund. – Das ist ein Stuhl...«

Von diesem Augenblick an wußte ich, daß es mir die Nepali leicht machen würden, mich in ihrem Land heimisch zu fühlen. Wie oft haben sie später meine Fragen geduldig beantwortet und ihrerseits mich ausgefragt nicht aus plumper Neugier, sondern weil sie eine, und sei es auch noch so oberflächliche Beziehung aufbauen wollten. Vieles durfte ich in den nächsten Jahren sehen, hören und lernen, vieles blieb auch mir verborgen von dieser reichen Kultur mit ihrer Vielfalt der Stämme, Sprachen und religiösen Gebräuche.

Doch nie waren mir die Menschen fremd. Sie lachen genauso wie wir, nur mehr. Sie haben auch große Sorgen: um die Kinder, um das tägliche Brot, und ihre Ängste: vor Not und Naturkatastrophen – nur beklagen sie sich selten. Wenn sie sich auch anders kleiden, anders ernähren, manchmal anders denken, sind sie im Grunde doch die gleichen Menschen wie wir mit all ihren Stärken und Schwächen.

Als wir 1984 unseren Wohnsitz in Nepal aufgaben, wollte ich das Land nicht einfach so verlassen. Noch einmal wollte ich die ganze Fülle der großartigen Natur und der bäuerlichen Kultur erleben, noch einmal einkehren bei den Menschen, die dem Fremden nicht mit Ablehnung oder Mißtrauen begegnen, sondern immer bereit sind zum Gespräch. Als Abschiedsgeschenk wünschte ich mir die längste mögliche Wanderung, nicht nur in dieses oder jenes Gebiet wie bisher auf Dienst- oder Urlaubsreisen (fast immer zu Fuß, in Nepal gibt es kaum Straßen), sondern durch das ganze Land von der Ost- an die Westgrenze. Hermann und ich überschritten mit unseren vier einheimischen Begleitern, Norbu und Lhakpa Sherpa, Jetha Rai und Maila Tamang, schwierige Himalaya-Pässe in arktischer Kälte, querten zahllose Bäche und Flüsse auf oft abenteuerlichen Brücken, schwitzten in den subtropischen Tälern und in der Tiefebene des Terai, wurden von Gewitterstürmen fast weggeschwemmt. Und doch, wäre dies allein des Erzählens wert gewesen, wenn nicht die Dörfer wären und die Menschen, denen wir begegneten? Deshalb möchte ich dieses Buch jenen Frauen widmen, die mich in ihrem Land willkommen hießen, stellvertretend für alle, die uns auf unseren Wegen zulächelten.

Im Aufbruch

Durch die Terai-Ebene zum Fuß des Kangchendzönga

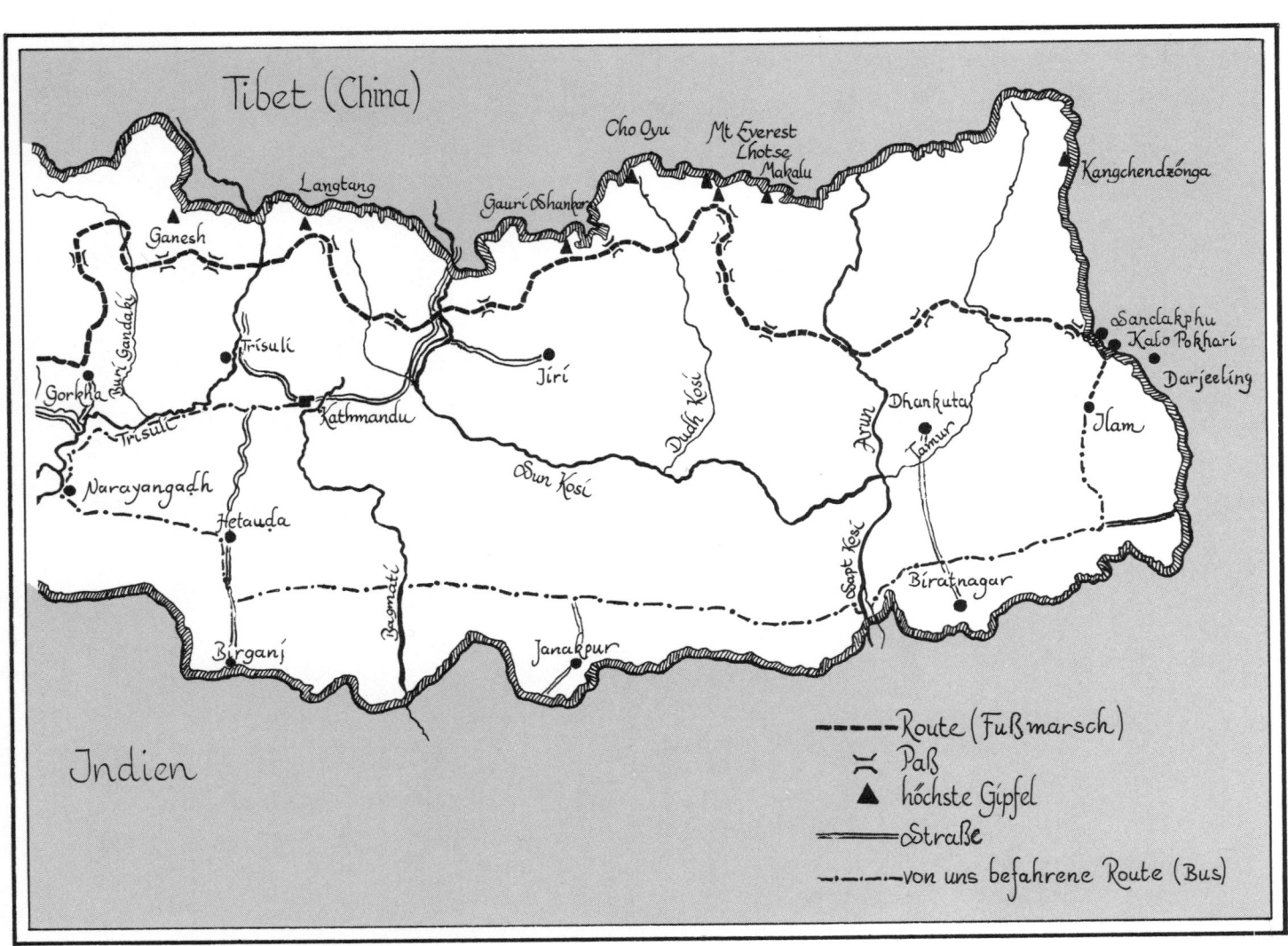

»Ich weiß nicht, warum ich mich auf so anstrengende Reisen begebe.
Es ist wie eine Droge: Ich gehe. Der Himalaya und die in seinem Schatten
lebenden Menschen sind etwas Gutes und, wie gewöhnlich,
kann ich davon nicht genug bekommen.«

Phil Cyr, ein amerikanischer Entwicklungshelfer

Unerwarteter Auftakt

In einer sonnenarmen Schlucht zwängt sich die Trisuli durch den letzten hohen Gebirgszug nach Süden zum Flachland. Kurz bevor sie den Durchbruch geschafft hat, trifft ihr milchig-grünes Wasser auf das graue der Kali Gandaki. Wo die beiden Flüsse sich vereinen, steht ein Tempel auf dem Schwemmland des Mündungsdreiecks. Eine kleine Ebene, umgeben von dunklen Hängen, eine Oase voll unerwarteten Lichts. Hierher pilgern fromme Hindus, verehren den einen unvergänglichen Ursprung aller Wesen, das ›Allgegenwärtige‹ und doch ›Undenkbare‹, das sie in vielen Formen und Gestalten verhüllt zu erfassen suchen. So erscheint die Liebe Gottes verkörpert in Vishnu, »der immer daran tätig ist, die Welt zu erlösen« (Radhakrishnan), der deshalb als Krishna menschliche Gestalt annahm und lehrte, wie es in der Bhagavadgita überliefert ist:

> »Der Erhabene sprach:
> Ich bin das Ziel, der Träger, der Herr,
> die Wohnung, die Zuflucht und der Freund.
> Ich bin der Ursprung und die Auflösung,
> der feste Grund, die Ruhestätte . . . «

Wie die beiden schäumenden Gebirgsflüsse Ruhe finden in dem neuen breiten Strom, suchen die Pilger Narayan, das Ziel und den Ruheplatz der Götter und Menschen, wie Vishnu auch genannt wird. Ihm ist auch der Strom von hieran geweiht: die Narayani. Nur einige hundert Meter flußabwärts verläßt sie endgültig die Berge bei Narayangadh, ein guter Platz für einen Übergang, auch ein guter Ort für die erste Station unserer Reise. Hier hatten wir im März 1975 begonnen, uns über Sprachunterricht den neuen Lebenskreis zu erschließen.

Damals lag Narayangadh noch in einer Art Dornröschenschlaf. Eine große Ost-West-Verbindung mit Brücke war zwar geplant, aber vorläufig gab es nur eine Fähre und einige Dutzend kleiner Häuser an einer schmalen Schotterstraße, auf der kaum Verkehr herrschte. Schon nach wenigen Minuten hatte man die Betriebsamkeit des Bazars hinter sich gelassen und stand am Ufer der Narayani. Eine Büffelherde zog langsam heimwärts über mageres Gras, der aufwirbelnde Staub teilte das Nachmittagslicht in Streifen. Die hölzernen *Abb. S. 20* Räder einachsiger Karren, gezogen von hochbeinigen Buckelrindern, mahlten ächzend den Sand der Feldwege. Bald tauchte jenseits des Flusses die Sonne in

Abb. S. 176

die Staubschicht, die in der trockenen Jahreszeit über dem Land steht. Immer größer und von dunklerem Rot erschien ihr Feuerball, ihre Strahlen legten eine goldglänzende Bahn über den Strom. Lautlos folgte ihr ein großer Einbaum, Ruderer und Fahrgäste wie schwarze Scherenschnitte vor dem Licht-Boten der Nacht.

Wer auf der Straße weiterreisen wollte, stieg im Morgengrauen hinunter zum Fluß, über den feucht-kalte Nebelschleier zogen, wartete fröstelnd, bis das große Fährboot sich füllte, während schemenhaft in der Dämmerung flußauf, flußab Frauen ins Wasser tauchten und durch die verschränkten Finger Gott im Licht des neuen Tages verehrten. Danach wuchteten sie die schweren, bauchigen Wassergefäße auf die Hüfte und gingen, einen Arm um den engen Hals der Krüge geschlungen, um sich ihrem Tagwerk zu widmen. Die Wellen plätscherten am Bootsrand, die Fahrgäste schlugen die klammen Hände zusammen, die aufbrechenden Frauen riefen sich aufmunternde Worte zu, vom Dorf klang das Klappern der Teekessel – und doch lag darüber eine große Stille. Inzwischen wurde die Straße verbreitert und geteert, die Brücke gebaut und eine neue Nord-Süd-Verbindung in die Felsen der Trisuli-Schlucht gesprengt. Narayangaḍh ist plötzlich zum Haupteingang des motorisierten Verkehrs ins Bergland geworden, in wenigen Jahren zu einer Stadt gewachsen. Breitgemacht haben sich Allerweltsbauten in jenem Stil, den wir »indischer Betonbarock« tauften und der das Bild aller Terai-Städte prägt. Vervielfacht hat sich aber auch die Zahl der schlichten Holzhäuser und Buden. Alle sind zur Straßenseite offen, denn für Kunden sind sie gebaut:

Die Restaurants mit einem gemauerten, mit rotem Lehm verputzten Herd am Eingang, auf dem der Teekessel summt und in schweren Eisenpfannen allerhand Köstlichkeiten in Öl sieden: Teigtaschen mit Füllung, pikant gewürzte Kartoffelbällchen, in scharfen Teig getauchte Zwiebelringe; beim Nachbarn süßes Fettgebackenes, kunstvolle Kringel aus buntgefärbter Zuckermasse, weiße Kugeln aus eingedickter Milch in Zuckerrohrsaft. Draußen ein, zwei Bänke für die eiligen Gäste, unter dem Dach Tische und Stühle zum Einnehmen einer richtigen Mahlzeit, die auf einem zweiten Herd im Hintergrund zubereitet wird. Das bedeutet: viel Reis (Bhat), zwei Schöpflöffel Linsensauce (Dal) und zwei Löffel Gemüse (Tarkari), dazu ein Klecks Achar, das aus hunderterlei verschiedenen Zutaten bereitet werden kann, aber immer chilli-scharf dem Ganzen die Würze gibt – Dalbhat, das nepalische Nationalgericht. Fleisch können sich nur wenige leisten, es wird in kleinen Stücken auf winzigen Tellern serviert, 30 bis 40 Gramm für den Preis eines Dalbhat.

12

Dann die Läden, oft nur wenige Quadratmeter groß. Obst in Pyramiden aufgebaut, die Äpfel blankpoliert, Gemüse in Bambuskörben; all die verschiedenen Sorten Linsen in offenen Holzkästen, daneben getrockneter Chilli; Gewürze in geschlossenen Behältern, Reis, Mehl und Zucker in Säcken, Salz in Plastiktüten oder als Berg von grauweißen Brocken; Seife, Zahnpasta und Zahnbürsten, Streichhölzer, Zigaretten, Taschenlampen, Batterien, Schulhefte, Bleistifte in restlos vollgestopften Regalen, doch säuberlich geordnet; Türme aus Blechtöpfen, Emailletellern, Schüsseln, hängende Trauben aus Tassen oder Plastikkanistern; gläserne Armreifen zu dicken, glänzenden Raupen gebunden, schwarz-rote Zopfbänder von der Decke baumelnd, Lippenstift und Nagellack; Gummi- und Plastiksandalen dicht an dicht hinter Leisten an der Wand geklemmt, Schuhe. Etwas größer und vornehmer sind die Läden für Edelstahlgeschirr oder Stoffe, wo die Verkäufer mit untergeschlagenen Beinen sitzend ihre Herrlichkeiten auf einem Tuch ausbreiten, alles vom billigen Baumwolldruck bis zum golddurchwirkten, roten Hochzeits-Sari.

Dazwischen die Schneider, manchmal die Nähmaschine nur im Treppenhaus oder auf den Eingangsstufen eines Stoffhändlers aufgestellt, um sogleich die passende Bluse zum neuen Sari zu fertigen oder eine moderne Hose für den Herrn anzumessen. Friseure sorgen für glattes Kinn und flotten Schnitt. Fotografen warten darauf, die Eingekleideten zu verewigen, auf Wunsch vor einer buntgemalten Landschaft.

Neben dem Laden mit handgeschmiedeten Eisenwaren der neue Sanitärausstatter mit seinen Rohren, Hähnen, Becken. Neben dem Kesselflicker die Reparaturwerkstätten für Fahrräder, Autos, LKW. Neu auch die Elektrogeschäfte und der Laden mit Radios, Kassettenrekordern und Uhren. Vor alledem noch die Straßenhändler mit einem hochrädrigen Karren, einem abgestellten Tragkorb oder einfach einem Bambustablett auf dem Kopf.

Eine ganze Stadt für den Kunden, wirbelndes Leben, Kaufen und Verkaufen, gute Geschäfte und schlechte, satte Gewinne und ein paar mühsam verdiente Pfennige. Die Einbäume und Kähne, die Autofähre, bestehend aus einer hölzernen Plattform über zwei Ruderbooten, und die Fährleute sind verschwunden. Immer in Eile scheinen die Busse und Lastwagen zu sein, mit schwarzen Abgaswolken und lautem Hupen beherrschen sie die Straßen, selbst nachts, wenn noch ein Teil der Läden und Restaurants mit hellem Licht seinen 24-Stunden-Service anbietet.

Doch am Abend geht die Sonnen glutrot und riesig jenseits der Narayani unter. Im Morgengrauen steigen die Frauen in den Fluß und beten, durch die verschränkten Finger auf das erste Licht blickend.

»Der Erhabene sprach:
Ich bin der Geschmack in den Wassern...
ich bin das Licht in Mond und Sonne...
ich bin der reine Geruch der Erde und der Schein
im Feuer. Ich bin das Leben in allen Wesen...«

Pilger kommen mit den überfüllten Bussen und ziehen stromaufwärts zum Tempel auf dem Platz voll Licht zwischen dem hellen und dem dunklen Fluß und beten zu Narayan, dem Ziel und Ruheplatz der Götter und Menschen... Deutlicher als bei uns, die wir fein säuberlich Sonntag und Werktag trennen, werden hier die Extreme spürbar, zwischen denen sich der Mensch bewegt. Dieses nicht nur Neben-, sondern Ineinander von tiefster Frömmigkeit, Verehrung des Göttlichen in jedem Berg, jedem Fluß, jedem Tier, jeder Pflanze, ja selbst in Steinen und im elektrischen Licht und gleichzeitig von äußerst pragmatischer Nüchternheit und irdischer Lebenstüchtigkeit ist überwältigend für den, der vielleicht wie ich in der Schulzeit ein Bild von den ›armen Heiden‹ vermittelt bekam, die vor lauter Götterglauben und Dämonenangst nicht zu sogenanntem rationalem Denken und Tun fähig seien. Noch unerwarteter anscheinend für Leute, die begeistert von der edlen Weisheit hinduistischer und buddhistischer Lehren hofften, lauter weltentsagende Heilige zu finden.

Wir ließen uns treiben im Marktgetümmel, landeten schließlich teeschlürfend auf einer Bank und betrachteten das Leben auf der Straße. »Wir«, das bedeutete Hermann und ich und drei junge Burschen: Lhakpa Sherpa, 21, Jetha Rai, 20, Maila Tamang, 19. Was wohl durch ihre Köpfe ging, wenn sie an die bevorstehende Tour dachten? Finanziell gesehen war es für sie ein guter Job. Mindestens drei Monate am Stück verdienen, dazu Kost und Logis frei, solch ein Angebot bekommt man nicht oft. Alle drei Burschen schlagen sich seit ihrem 14. Lebensjahr selbst durch, waren aus ihren Dörfern in den Bergen Ostnepals nach Kathmandu gekommen, um sich von Gelegenheitsarbeiten und Lastentragen zu Küchenhelfern bei Trekkings und Expeditionen hochzuarbeiten. Meist gibt es nur Aufträge für zwei oder drei Wochen. Dazwischen sitzt man tage- und wochenlang wartend herum und verbraucht das meiste Geld wieder. Sie freuten sich nicht nur auf den Verdienst, sondern waren auch voll erwartungsvoller Neugier: Sie sollten von ihrem Land soviel sehen wie nur wenige ihrer Landsleute – es gibt ja eigentlich keinen Grund für einen Bewohner Ostnepals, nach Westnepal zu gehen (oder umgekehrt), wo doch fast alle **14** Hauptverbindungen und Handelsrouten von Norden nach Süden verlaufen.

Lhakpa, Jetha und Maila waren wohl auch ein wenig bang: Mindestens drei Monate jeden Tag bei Sonne oder Regen, Hitze oder Kälte zusammenzupacken und weiterzuziehen mit einer Last auf dem Rücken, auch wenn sie zeitweise nur leicht sein würde, bedeutet eine ganz schöne Anstrengung. Und dann kannten sie auch die zwei komischen Vögel nicht näher, mit denen sie – manchmal auf Gedeih und Verderb – für viele Wochen verbunden sein sollten. Sie mußten auf Norbus Wort vertrauen, daß es mit uns auszuhalten sei, wie wir darauf vertrauten, daß Norbu eine für unsere Pläne geeignete Mannschaft zusammengestellt hatte.

Norbu Sherpa, 45, das Bindeglied unserer kleinen Gesellschaft, hatte sich gleich nach unserer Ankunft in Narayangaḍh im Hotel hingelegt. Er hatte die ganze letzte Nacht nicht geschlafen. Heute morgen, 6. März 1984, war er nicht, wie vor Wochen vereinbart, bei uns erschienen zum Frühstück mit Freunden und anschließender Abfahrt. Unzuverlässigkeit? – Weit gefehlt! Einen schönen Gruß ließ er ausrichten und zum Abschiedfeiern hätte er keine Zeit, aber er sei fertig gestiefelt und gespornt und würde unterwegs zusteigen, wir müßten ja ohnedies am Entbindungshospital vorbeifahren. Des Rätsels Lösung: Kurz nach Mitternacht hatte er seine Frau dorthin gebracht, um drei Uhr morgens wurde sein Töchterchen geboren...

»Warum hast du nicht erzählt, daß Ngawang Chhamji ein Kind erwartet? Wir hätten selbstverständlich das Abreisedatum offen gelassen. Laß uns einfach ein paar Tage später aufbrechen, darauf kommt es doch nicht an! – Bhauju (Schwägerin), du willst doch wohl nicht, daß dein Mann heute wegfährt für so lange Zeit?« Die beiden schüttelten nur lächelnd den Kopf: »Nein, nein, es wird gefahren. Es ist alles in Ordnung so. – Wenn Norbu auf Expedition geht, kann er auch nicht erwarten, daß die Teilnehmer wegen Babies ihre Termine verschieben. Und so eine gute Arbeit kann er jetzt erst recht gebrauchen.«

Obwohl wir manche Tour zusammen gemacht und manches Glas gemeinsam geleert hatten, kam es für Norbu anscheinend gar nicht in Frage, von seinen ›Arbeitgebern‹ private Rücksichten zu erwarten. So hatten wir am Bett der strahlenden Mutter Milch auf das Wohl des neuen Erdenbürgers getrunken, Norbu hatte zärtlich das schwarz-flaumige Köpfchen geküßt, und dann waren wir auf die Ladefläche des kleinen Lastwagens geklettert, der uns zunächst nach Narayangaḍh bringen sollte.

Zum Abendessen holten wir Norbu aus dem Schlafsack. Er spendierte eine Runde des sündteuren Bieres. Er war einfach viel zu glücklich, um über den Abschied traurig zu sein. Ein Mädchen, eine Tochter! Norbu ist auch seinen drei Söhnen ein liebevoller Vater, aber sein Augapfel war die einzige Tochter gewesen. Sie war fast vier Jahre zuvor gestorben. Wie hatte Ngawang Chhamji geweint, wie starr vor Kummer war Norbu gewesen. (Es ist eine Unterstellung zu behaupten, Eltern in anderen Kulturen empfänden den Tod eines Kindes als nicht so schlimm, weil sie wegen der hohen Sterblichkeitsrate schließlich damit rechnen müßten.) Nun waren die beiden getröstet. War dies nicht ein rechter Aufbruchstag, voll freudiger Zuversicht?

Mücken und Elefanten

»Das Terai wimmelt von Tieren aller Art, die sich gegenseitig die besten Bissen wegzuschnappen suchen und einander nach dem Leben trachten. Der Geier zerreißt den Kranich, der sich eben ein saftiges Fröschlein aus einem Infusorienbrei herausgespießt hat, und übersieht den auf ihn lauernden Leoparden, dem alsbald ein wild daherstürmender Elefant einen tödlichen Fußtritt versetzt, dabei aber vielleicht unterwegs ein Rhinozeros aus seinem Pfuhle aufscheucht, das dann wutschnaubend dem Rüsselschwinger zu Leibe geht und den ungeheuren Körper aufschlitzt und zerfetzt.«

Mit solch abenteuerlichen Beschreibungen wie Kurt Boeck um die Jahrhundertwende kann ich nicht mehr aufwarten. Wenig ist geblieben von dem dichten Urwaldgürtel, der zwischen 80 und 280 Metern Meereshöhe eine natürliche Grenze zum indischen Teil der Ganges-Ebene bildete und wo nur der alteingesessene Stamm der Tharu der Malaria widerstand. Wir fuhren ganz prosaisch mit dem Bus durch die heutige Kulturlandschaft mit ihren weiten Ackerflächen, die, durch niedrige Erdwälle parzelliert, 60 Prozent der landwirtschaftlichen Erträge Nepals liefern, vor allem Reis.

Seit Mitte des 19. Jahrhunderts bemühten sich die Herrschenden, den natürlichen Reichtum des Terai zu nutzen. Sie exportierten mit gutem Profit die Edelhölzer, warben Siedler an, um Steuerzahler zu gewinnen. Zunächst waren nur wenige bereit, das Risiko auf sich zu nehmen, vor allem arme Inder. Trotz Raubbaus fraß sich die Zivilisation nur langsam in den Dschungel. Die Tharu in ihren versteckten Dörfern bekamen kaum zu spüren, daß das Land, welches sie bebauten, und die Wälder, die sie durchstreiften, auf dem Papier längst irgendwelchen Lehensherren und Großgrundbesitzern gehörten. Und wenn im Winter eine fürstliche Jagdgesellschaft unterwegs war, freuten sie sich vielleicht, daß die Tiger, Nashörner und Elefanten, die ihre Herden und Pflanzungen bedrohten, erlegt wurden.

Seite 17:
Nepal ist vergleichbar mit einem steilen Dach. Aus der Gangesebene bei etwa 200 Metern über dem Meeresspiegel bäumen sich die Grate auf, um oft nur 100 Kilometer weiter nördlich in Achttausendern zu gipfeln. Dörfer kleben an den Hängen, klammern sich an Bergrücken wie der kleine Ort Basogara über dem Tamur.

Seite 18 oben:
Im schwierigen Gelände legen die Bauern in mühsamer Arbeit ihre Terrassenfelder an. Dünger, Viehfutter und die Ernte müssen oft weit getragen werden. Auch Handelsgüter werden meist mit dem Tragkorb »Doko« transportiert. (Rastplatz in Ostnepal)

unten:
So sanfte Flächen wie in Dhoban sind selten. Über den Häusern leuchtet ein Kapokbaum, an dem alles nutzbar ist: die Blütenknospen zum Essen, die Samen für Öl, die Samenhaare (Kapok) für Kissenfüllungen, Saft und junge Wurzeln für Medizin, das Holz für Bootsbau und Streichhölzer.

Noch 1940 durchquerte der deutsche Forscher Wilhelm Filchner die »Fieber-hölle Nepals« voll Schaudern. Doch das Gesicht des Terai wandelte sich mit atemberaubender Geschwindigkeit, nachdem Anfang der sechziger Jahre die Malaria mit Hilfe der Chemie ausgerottet schien. Aus den Bergen kamen Bauern auf der Suche nach Land und auf der Flucht vor Erdrutschen. Die Einwanderung aus Indien nahm zu, auch weil sich eine bescheidene Industrie zu entwickeln begann, Straßen gebaut wurden und Umschlagplätze wie Pilze aus dem Boden schossen. Etwa 45 Prozent der Bevölkerung, das bedeutet fast acht Millionen Menschen, leben heute hier auf nur 17 Prozent der Staatsfläche. Einige wenige sind im Terai reich geworden, manche haben sich ein bißchen verbessert, die meisten sind arm geblieben, vor allem die vielen ohne eigenes Land. Die Tharu fanden sich als abhängige Pächter, als Minderheit in einer expandierenden Wirtschaft.

Stunde um Stunde ratterte unser Bus auf der schmalen Teerstraße durch die Ebene. Jetzt in der trockenen Zeit stand nur auf einigen Feldern mattgrüne Gerste oder gelber Senf. Dazwischen lagen die Dörfer, neben den Häusern auf hölzernen Gerüsten hohe Kuppeln aus Stroh und Heu, das sanft gebogene Rohr der Bambusstauden, das dunkle Grün von Mangobäumen.

Besonders schön und dem Klima angemessen sind die Häuser der Tharu und weiter im Osten der Maithili. In den aus Bambus geflochtenen, mit Lehm verputzten Wänden sorgen geschickt angebrachte Öffnungen für frische Luft. Weit vorgezogene Dächer, mit Gras oder Ziegeln gedeckt, schützen vor der Glut, wenn im Sommer das Thermometer bis auf 45 Grad klettert. Die Maithili-Frauen verzieren die Häuser noch kunstvoll mit Lehmreliefs und Malereien. Den meisten Dörfern sieht man allerdings an, daß sie nicht altgewachsen sind. Die Neusiedler bauten oft ähnlich, aber nicht so künstlerisch, gelegentlich Holzhäuser auf Stelzen aus Angst vor Schlangen und Überschwemmungen, manchmal Betonburgen.

Wir fuhren auch durch große Waldgebiete. Vielseitig genutzt, verdienen sie kaum noch den Namen Dschungel. Eine Affenhorde vergnügte sich auf dem breiten Wiesenstreifen neben der Fahrbahn. Einige hockten auf den Begren-zungspfosten und schauten sich die wenigen vorbeifahrenden Fahrzeuge an. Die Affen haben wohl am besten verkraftet, daß die Wälder in 15 Jahren auf weniger als ein Viertel des Bestandes geschrumpft sind. Sonst ist die reiche Tier- und Pflanzenwelt weitgehend verschwunden. Eines der letzten unbe-rührten Gebiete ist als Chitwan Nationalpark unter Schutz gestellt worden. Hier wurden mit Erfolg die letzten Königstiger, Panzernashörner, Gharials (Krokodile mit langen, schmalen Schnauzen) und andere Wildtiere vor dem

Seite 19:
Ganz verschieden ist der Bau-stil je nach Stamm und klima-tischen Gegebenheiten.

oben links:
Meist besitzen die Häuser über-stehende Satteldächer als Schutz gegen die heftigen Nie-derschläge wie dieses Limbu-Haus in Longbaden.

oben rechts:
Im Regenschatten der Hima-laya-Hauptkette und in man-chen Gebieten Westnepals genü-gen Flachdächer. Oft sind die Häuser dann an- und überein-andergebaut wie in diesem Dorf bei Jumla.

unten:
Verwendet werden Bruchsteine, luftgetrocknete oder gebrannte Ziegel, Holz und, besonders im heißen Süden, häufig Bambus und Lehm. (Maithili-Dorf bei Janakpur)

Seite 20:
Im Süden besitzt Nepal auch einen schmalen Streifen ebenes Land, das Terai. Obwohl es nur 17 Prozent der Staatsfläche umfaßt, lebt beinahe die Hälfte der Bevölkerung heute in der »Kornkammer« Nepals. Land-schaft, Kultur und Bewohner zeigen deutlich die Nachbar-schaft Indiens.

Aussterben bewahrt. Wilde Elefanten gibt es nicht mehr. Die Mücken sind von alleine wiedergekommen – resistent gegen chemische Gifte – und mit ihnen die Malaria.

Wir nahmen uns diesmal keine Zeit für einen Elefantenritt im Nationalpark. Zum Trost trug unser Omnibus den stolzen Namen »Chitwan Tiger«. Einige Stunden später, schon weit im Osten, quetschte sich der »Tiger« allerdings respektvoll an den Straßenrand, um einen der letzten unabhängigen Könige des Terai vorbeizulassen, Siddhi Binayak, den verehrten und gefürchteten.

Siddhi Binayak erlangte landesweite Berühmtheit vor allem durch einen Prozeß, bei dem er des zweifachen Mordes angeklagt war. Er war ordnungsgemäß im Hof des Justizgebäudes erschienen und wartete geduldig auf den Urteilsspruch. Personalien: Identität der Eltern nicht ganz klar, genaues Geburtsdatum unbekannt. Lebenslauf: Von einem alten Ehepaar in den ersten Jahren aufgezogen, keine Beziehungen zu anderen Personen. Nach dem Tod der Adoptiveltern verwaist, keine weiteren Erziehungsberechtigten, keine festen sozialen Bindungen, ohne festen Wohnsitz. Lebensführung: Mehrere Fälle von Mundraub bekannt, aber niemals geahndet, da Siddhi Binayak es auf seinen Wanderungen durch drei Distrikte nie versäumte, die Tempel auf dem Wege in vorbildlicher Frömmigkeit zu umrunden.

Anklage: Er hatte ein Lagerhaus zum Einsturz gebracht und auch versucht, das dazugehörige Wohnhaus einzureißen. Dabei waren zwei Menschen zu Tode gekommen. Obwohl Mordprozesse in Nepal seltener stattfinden als bei uns, hätte der Fall nur wenig Aufsehen erregt, wenn Siddhi Binayak ein Mensch wäre – aber er ist ein Elefant!

Ich konnte nicht erfahren, was Siddhi Binayak zu dieser ungewöhnlichen Zerstörungswut brachte. »Sie haben ihn gereizt«, meinte ein Mitfahrer lapidar. Das Gericht stellte jedenfalls fest, daß der Tod der beiden Opfer nicht beabsichtigt war, sprach den Elefanten von der Anklage des Mordes frei und bewahrte ihn vor der Todesstrafe durch Erschießen. In einen Zoo sperren konnte man den völlige Freiheit gewohnten Missetäter nicht. So nahm Siddhi Binayak seine Wanderungen wieder auf, klaut ein bißchen Futter von den Feldern und vergißt nie, die Tempel zu umrunden. Alle machen ihm – ein wenig ängstlich – Platz und brechen bei seinem Anblick in »Jai Ganesh«-Rufe aus, »Gelobt sei Ganesh«. Ein Elefant, der Tempel besucht – da muß doch ein Zusammenhang mit Ganesh bestehen, dem Gott mit dem Elefantenkopf! Siddhi Binayak trottete gemächlich mitten auf der Straße, ganz in Gedanken versunken, und würdigte den »Tiger« und seine Insassen keines Blickes.

22

Mit viel Köpfchen

Wir stiegen noch einmal um in einen kleineren Bus mit dem vielversprechenden Namen »Rakete«. Auf einem schmalen Sträßchen ›schoß‹ das Gefährt dann doch mit recht verhaltenem Tempo um enge Kurven hinauf ins Bergland nach Ilam, vorbei an schwindelerregenden Tiefblicken. So waren wir am Mittag des dritten Tages nach etwa 600 Kilometern Fahrt dort angelangt, wo es Ernst werden sollte, fast an der Grenze zu Sikkim.

Jetzt breiteten wir erst einmal unsere Habseligkeiten aus, um die Lasten zusammenzustellen. Obwohl dies unsere bis dahin längste Tour werden sollte, waren nur einige Stunden Vorbereitung nötig gewesen. Ob drei Wochen oder drei Monate, die Grundausstattung ist die gleiche. Was braucht der Mensch, um 2000 Kilometer zu marschieren? Wäsche für etwa 10 Tage, danach sollte (müßte) es möglich sein, zu waschen; 2 Trainingshosen, 3 T-Shirts, 1 Pullover, 1 Windjacke, 2 Paar Turnschuhe, 1 Paar Gummisandalen, 5 Paar Socken; für den Herrn noch 2 Turnhosen, für die Dame eine leichte Hose und ein Wickelkleid aus Baumwolle mit einem langen Unterrock, der, unter die Achseln gezogen, vor allem als Badeanzug dient; das Notwendigste für die Hygiene und 1 Handtuch; 1 Sonnenhut, 1 Regenschirm, 1 Taschenlampe, 1 Taschenmesser, 1 Trinkflasche, 1 Liegematte und 1 Schlafsack. Man und frau wird sparsam, wenn möglichst alles im eigenen Rucksack Platz finden soll. Ein wenig lästig, was nur wegen der hohen Pässe dazugehört: Bergstiefel, Kniestrümpfe, lange Unterhose, Nylon-Überhose, Mütze, Handschuhe, ein zweiter Pullover (Daunenjacken wurden als Luxus verworfen), Steigeisen, Gamaschen, Brust- und Sitzgurt, Eispickel.

Was brauchen dann 6 Leute mehr als die Summe des Einzelnen? 2 Zelte, 3 Kochtöpfe, 1 Teekessel, je 6 Teller, Tassen und Löffel, 2 scharfe Messer, 1 Schöpflöffel, 1 Kochlöffel, 1 Sieb, 1 Holzbrett und 1 Nudelholz, 2 Plastikkanister, 1 Bambustablett (nicht zu vergessen mit einem bunten Tuch, um es als ›Tisch‹ hübsch herzurichten), 3 Geschirrtücher, Plastikbahnen als Unterlage für die ›Küche‹ und Schutz gegen Regen; ein bißchen Medizin, vor allem Pflaster, 1 Bergseil, ein paar Firnanker, Eisschrauben, Felshaken und Karabiner; Kerzen, Streichhölzer, Gaskocher und Kartuschen, Leinensäckchen und Plastiktüten, um den Proviant zu verpacken. Was noch? Natürlich die Kameras und viel Fotomaterial. Lesestoff? – gestrichen. Nur ein Heft für die Tagebucheinträge. Und ein dickes Bündel Geld in kleinen Scheinen. An Proviant hatten wir nur eine Dose Pulverkaffee mitgebracht. Wir legten uns in Ilam noch einen Vorrat an Tee, Zucker und Milchpulver zu und vorsichtshalber Zutaten für drei

Mahlzeiten. Wir würden uns ja zunächst in besiedeltem Gebiet bewegen und uns möglichst in den Dörfern versorgen.

Lhakpa wählte den »Schwer«punkt Technik mit Zelten, Seil und Haken, Jetha übernahm die Hauptverantwortung für die Küche, die Wasserkanister als Wahrzeichen obenauf gepackt. Maila erhielt Vermischtes, wie es sich eben ergab, um Umfang und Gewicht der Lasten auszugleichen. Lhakpa hatte das Traggestell eines großen Rucksacks mitgebracht, doch das Hauptgewicht trug er mit dem Namlo auf dem Kopf wie Maila und Jetha, die sich für den traditionellen Doko entschieden hatten. Der Doko ist ein aus Bambus geflochtener

Abb. S. 155 Korb, der, oben weit, nach unten eng zuläuft. Der breite Tragriemen Namlo wird in Scheitelhöhe auf den Kopf gelegt, wo kein empfindliches Fleisch, keine Muskelstränge und Hauptadern dem Druck ausgesetzt sind. Die Seilenden des Namlo werden so um die Last geschlungen, daß, auch durch die Form des Doko bedingt, das Gewicht hauptsächlich auf dem Rücken im oberen Bereich der Schulterblätter ruht. Diese Technik ermöglicht den Nepali das Tragen unvorstellbar schwerer Lasten bis zum Doppelten des Eigengewichts, selbst über lange Strecken. Man braucht dazu eine über Jahre trainierte Nackenmuskulatur und eine ausgefeilte Gehtechnik mit beweglichen Hüften und Beinen, wobei Kopf und Oberkörper ganz ruhig bleiben. Namlo und Doko sind dem Rucksack bei weitem überlegen, doch das Schleppen zu schwerer Lasten ist natürlich auch so ungesund. Die Nepali sagen, bis zu zwei Drittel des Eigengewichts könne man ständig ohne schädliche Folgen für die Wirbelsäule und Gelenke tragen. Norbu, Hermann und ich schulterten die Rucksäcke. Nach einem Abschiedsfoto, frischgewaschen und wohlgenährt, machten wir uns auf den Weg nach Nordosten zur Grenze.

Der alte Soldat vom Singalila

Aus dem Terai steigt ein langer, ungebrochener Bergrücken auf, wächst aus der Ebene bei nur 100 Metern über dem Meeresspiegel, schwingt sich auf wie über Riesentreppen zu immer höheren Gipfeln und endet etwa 100 Kilometer weiter nördlich auf 8586 Metern im dritthöchsten Punkt der Erde, dem Kangchendzönga. Dieser gewaltige, weithin sichtbare Grat, genannt Singalila, trennt Flußsysteme und Länder. Die Westhänge gehören zu Nepal, die Osthänge zu Sikkim/Indien. Es ist eine wunderschöne Grenze, ein Kamm, von dem wir auf beide Seiten hinunterblickten über die vielen Hangfalten, die Wälder, die Terrassenfelder mit den verstreuten Häusern darin. Eine Grenze ohne Stacheldraht, ohne Schlagbaum, ohne Grenzposten – eine Grenze, über welche die Anwohner hin- und herziehen, auf der die Kühe weiden und die Wege von Ilam und Darjeeling sich treffen, um gemeinsam nach Norden zu führen. In einer Gratsenke auf über 3100 Metern liegen ein kleiner dunkler See, »Kalo Pokhari«, und ein einsames, einer Berghütte nicht unähnliches Haus mit einem großen Schlafraum, an dessen halbrunder Südseite mehrere Fenster eine herrliche Aussicht bieten mußten. Jetzt aber krochen schwarze Wolken über den Grat, durchdrangen jede Ritze, jeden Gegenstand mit ihrer Feuchtigkeit. Wir beeilten uns, zu den Wirtsleuten ans Feuer zu kommen.

»Buona sera! Nehmen Sie Platz, per favore.« »Buona sera. Come sta, signore?« konterte Hermann geistesgegenwärtig. Der Wirt strahlte über sein wettergegerbtes Faltengesicht und zog Hermann neben sich auf die Bank, während wir es uns auf niedrigen Bambushockern und Ziegenfellen vor dem Herd bequem machten. »Molto freddo, was? – Frau gieße Tomba auf, subito, subito!« Die Wirtin stellte hohe Holzgefäße mit vergorener Hirse vor uns und goß kochendes Wasser darüber. Wir setzten den Deckel mit dem Bambusröhrchen darin auf und saugten genüßlich die heiße, leicht säuerliche und schwach alkoholische Flüssigkeit. Wir wollten wissen, ob wir in Nepal oder Indien waren. »Die Grenze verläuft außerhalb der östlichen Hausmauer. So sind wir Nepali, aber wenn wir etwas brauchen, gehen wir nach Darjeeling.«

Bald durchströmte uns wohlige Wärme, und der Wirt erzählte aus seinem Leben, angeregt von der Tomba und von Hermanns italienischen Brocken. »Rund vierzig Jahre ist es her, daß ich in Italien war, Neapel, Rimini, Monte Cassino . . .« Aber auch in Nordafrika hatte der alte Soldat gekämpft, bei Tobruk, und in Griechenland. Nach Ende des Zweiten Weltkrieges war er noch in Asien stationiert, 15 Jahre britische Armee. 1814 bis 1816 hatten die Engländer Krieg gegen Nepal geführt und Gebiete im Westen und Osten (Teile des heutigen Sikkim, Kumaon und Garhwal) sowie das Terai erobert, doch schlossen sie dann recht gern Frieden, beeindruckt von ihrem Gegner, und begannen Nepali anzuwerben. Vor allem seit die damals Nepal beherrschenden Rana 1857 den Engländern mit ihren Truppen zu Hilfe geeilt waren, um den großen Sepoy-Aufstand in Nordindien niederzuschlagen, standen und stehen nepalische Soldaten im Dienst der britischen Armee. Die Rana erkauften sich mit dem Blut ihrer Landeskinder das Wohlwollen der Engländer, die Rückgabe des Terai und nicht unerhebliche Deviseneinnahmen für die nächsten Jahrzehnte. Die Briten nannten die nepalischen Söldner »Gurkha«, nach dem Städtchen ziemlich genau in der Mitte Nepals, von dem der Ahnherr des jetzigen Königs mit seinen Soldaten ausgezogen war, um sein Reich zu erobern. Die Gurkha trugen maßgeblich zum Bestand des britischen Kolonialreiches bei. Rund 200 000 von ihnen zogen in den Ersten Weltkrieg, 20 000 kamen nicht zurück. Die Angaben über die Opfer im Zweiten Weltkrieg schwanken zwischen 9000 und 40 000 – sie fielen bei Tobruk, Neapel, Monte Cassino...

Heute stehen nur noch wenige Gurkha-Regimenter in englischen Diensten, einen großen Teil haben nach der Unabhängigkeit die Inder übernommen. Immer noch verdient die Regierung Devisen durch die Einwechslung von Pensionsgeldern in Rupies. Vor allem die rar gewordenen Stellen in der britischen Armee sind heiß begehrt. So mancher arme Bergbauernsohn sieht darin die einzige Chance, zu etwas Geld zu kommen und sich nach 15 oder mehr Jahren zu Hause davon eine Existenz aufzubauen. Wirtschaftliche Zwänge hatten wohl auch unseren Wirt dazu getrieben. Er war ein Sherpa, und die meisten Sherpa halten als fromme Buddhisten und ausgeprägte Individualisten nichts vom Soldatenleben. Die Gurkha werden hauptsächlich bei den Bergstämmen der Gurung, Magar, Tamang, Rai und Limbu rekrutiert.

»Ein Job wie jeder andere«, meinte ein britischer Offizier. Nun ja, heute bewacht man die Königin im Buckingham-Palast, die Grenze Hongkongs und die Ölfelder des Sultans von Brunei – und schiebt den Gedanken an Krieg weit von sich. Nur einmal tauchte die Frage nach Recht und Unrecht auf: als die Engländer im Falkland-Krieg Gurkhatruppen gegen die Argentinier schickten, gegen ein Land, mit dem Nepal im Rat der Blockfreien zusammensitzt.

Die Gurkha wurden immer sehr gerühmt für ihre durch nichts zu erschütternde gute Laune, ihre Anpassungsfähigkeit, vor allem für ihre Tapferkeit und Disziplin, auch der Zivilbevölkerung gegenüber. Sie schienen wirklich ihren Einsatz einfach wie eine übernommene Pflicht auszuführen, frei von Haß und Selbstsucht, wie es die Bhagavadgita vom Krieger verlangt. Farwell berichtet von einem Rai-Soldat, der einen Deutschen im Kampf verwundete und ihm anschließend – den blutigen Khukri, das krumme Messer der Nepali, noch in der Hand – besorgt auf die Schulter klopfte und bat, er möge ihn doch nicht so entsetzt anschauen, er habe halt keine andere Wahl gehabt, gleich würde der Arzt ihn versorgen und der Deutsche sei jetzt völlig sicher. Ob sie allerdings nur in den Kampf geschickt wurden, um das Gute, das Rechte zu verteidigen, wozu die Bhagavadgita den Krieger verpflichtet, haben die Gurkha ihre Herren wohl kaum gefragt. Zu ihrer bedingungslosen Kampfbereitschaft und berühmten Furchtlosigkeit beeinflußt sie vielleicht der Glaube, sie seien nur der Arm des Schicksals und die unsterbliche Seele könne durch Menschen nicht

26

zerstört werden, wie es in der Bhagavadgita heißt: »Wer denkt, er tötet, wer glaubt, er werde getötet, sind beide im Irrtum.« – Ich weiß es nicht. Ich weiß nur, daß ich nie begreifen werde, wie Menschen, die soviel friedlicher sind als viele andere Völker, gleichzeitig ›bessere‹ Soldaten sein können.

Wie fast alle seiner (überlebenden) Kameraden kehrte unser Wirt nach der Militärzeit dorthin zurück, wo er geboren und aufgewachsen war, nach Kalo Pokhari, nahm sein altes Leben wieder auf, als wäre er nur kurz auf Urlaub gewesen. Er baute das Elternhaus zur Touristenunterkunft aus und zu einem kleinen Laden. 67 Jahre war er jetzt alt, sein Haar war grau geworden, das Leben hatte tiefe Spuren in sein Gesicht gezeichnet, doch zeigten die vielen Falten um Augen und Mundwinkel keine Härte, sondern wie gerne er lachte.

Eine Leiter zum Himmel

Wir stiegen weiter auf nach Norden. Über den Tälern zu beiden Seiten der Grenze lag ein dichtes, stilles Wolkenmeer. Einzig der Singalila wuchs daraus wie eine langgestreckte, dunkle Insel, verlor sich aufwärts im Dunst. Seltsam ist es, so einsam über den Wolken zu gehen, ganz losgelöst. Die Wolkenflut stieg und warf Nebelwellen über den Grat, bis wir Sandakphu erreichten: ein verschlossenes indisches Rasthaus aus Stein mit einem Schild »3659 Meter«, ein kleines Holzhaus, in die nepalische Seite des Hanges halb hineingebaut. Der Besitzer, ein hagerer Brahmane, bot es uns zum Aufenthalt an. »Mit dem Geld, das ich von Touristen einnehmen kann, mit Spenden und mit meiner Hände Arbeit baue ich hier einen Tempel.« Er zeigte uns die Grundmauern. Vor 15 Jahren hatte er sich aus dem weltlichen Leben zurückgezogen, wie es der ideale Lebensplan des Hindu vorsieht. Der ersten Stufe der Schülerschaft und der zweiten des Hausherrn und Familienvaters sollen die Stufen der Zurückgezogenheit und schließlich der vollkommenen Entsagung folgen. Unten am Grat stand sein erster Tempel, ein zweiter weiter oben, und nun hatte er hier einen dritten begonnen, noch eine Stufe höher auf der Himmelsleiter des Singalila. Die Kälte scheute er nicht – Brahmanen, Angehörige der Priesterkaste, stammen ursprünglich aus dem tropischen und subtropischen Indien und leben auch in Nepal kaum über 1500 Metern. Er scheute auch nicht die schneereichen Winter, nicht die Gewitterstürme des Monsuns, nicht das Alleinsein – er suchte einen Weg zur Erlösung aus dem Kreislauf der Wiedergeburten.

»Der Erhabene sprach:
Jene aber, die all ihr Handlungen auf mich laden,
die auf mich bedacht, über mich nachsinnend,
mit unerschütterlicher Hingabe Verehrung üben,
diese . . . erlöse ich geradewegs aus dem Meer
des todgeweihten Daseins.«

»Werden Sie weiter oben noch einen Tempel bauen, wenn dieser fertig ist?« –
»Nein, dann wird es wohl Zeit sein, woanders hinzugehen, Akas tira«, lächelte
er und zeigte gegen den Himmel.
Für den nächsten Tag auf die berühmte Aussicht von Sandakphu hoffend,
krochen wir erwartungsvoll in die Schlafsäcke, während sich draußen ein
gewaltiger Sturm erhoben hatte. Wirklich waren am Morgen die Wolken
hinweggefegt, doch wirbelnde Schneefahnen verhüllten den Kangchendzönga.
Vier Gipfel über 8000 Meter, fast ein Dutzend über 7000 Meter und noch mehr
Sechstausender umfaßt das Massiv. Wir konnten nur verwehte Schemen am
hellen Himmel erkennen. Aber es gab genug Schönes in der Nähe zu schauen.
Nachtfrost und Nebel hatten an die rötlichen Zweiglein und Dornen eines
Berberitzendickichts einen Reifsaum genäht, hatten um jedes der Blättchen
eine Spitzenkante gehäkelt. Mit Frostperlen behangene Spinnwebfäden ließen
Distelstauden wie wertvolle Kronleuchter funkeln.
Unser Gastgeber für eine Nacht ging, um Steine zu brechen und an seinem Weg
zum Himmel weiterzubauen. Wir folgten noch ein wenig der geologischen
Himmelsleiter des Singalila und wandten uns dann nach Westen, wo sich
Hügelkette hinter Hügelkette erhob, bis sie sich wie Wellen im Meer am
Horizont verloren.

Höhen und Tiefen

Vom Kangchendzönga zum Mount-Everest-Gebiet

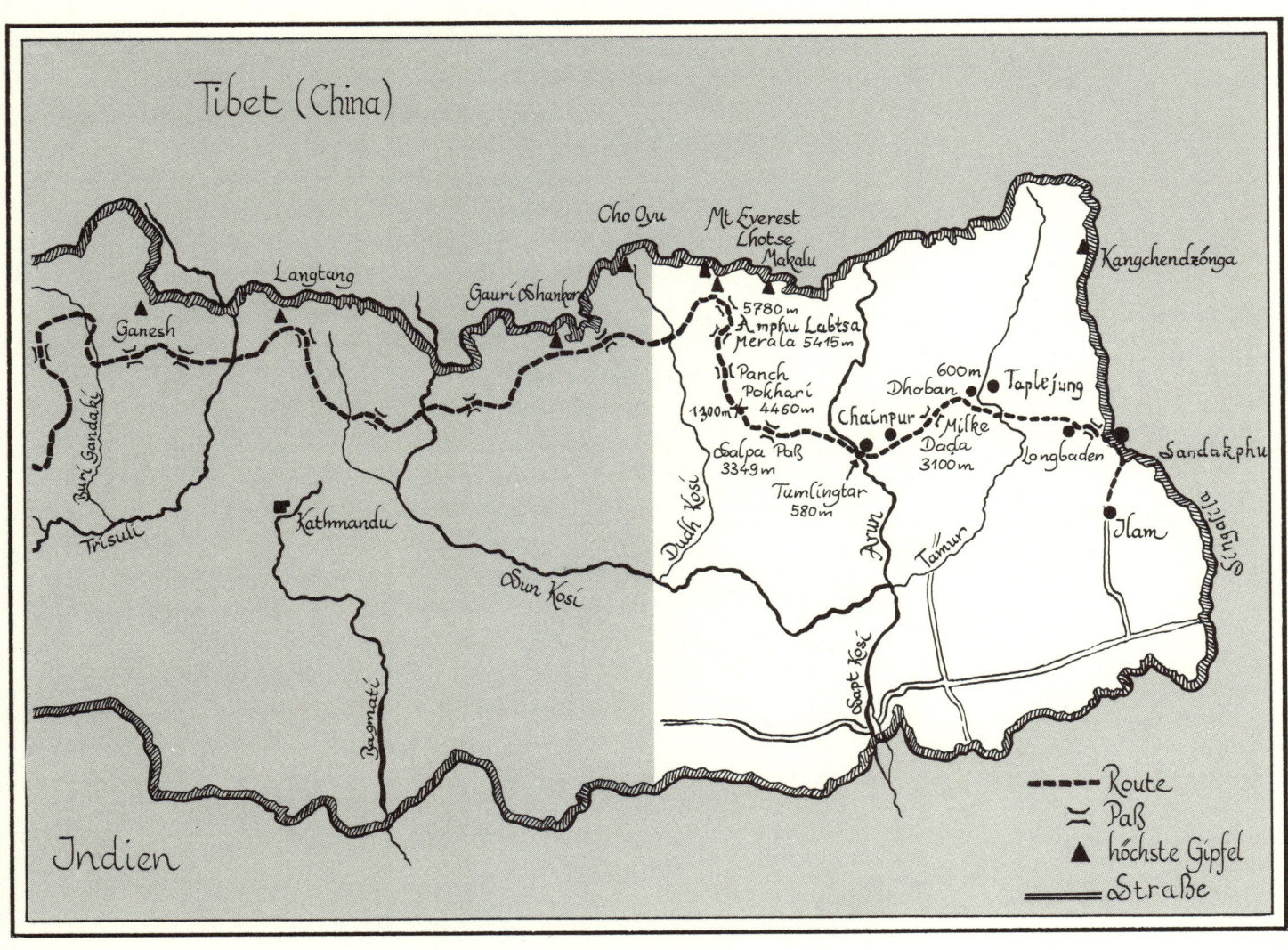

».. . und eine Weile durch den Wald laufen, dem Wetter und den Blumen,
den Nebeln und Winden nachspüren und in sich den stillen Punkt wiederfinden,
von wo aus die Welt zur Einheit wird. «

Hermann Hesse, aus: Lektüre für Minuten, Frankfurt 1976

Gehen, Essen, Schlafen, Schauen

Spätnachmittag – wir waren nach 2500 Höhenmetern immer noch im Abstieg vom Singalila. Im Dorf Longbaden fragten wir einen Bauern, wo wir wohl essen und übernachten könnten. »Einen Chiya Pasal (Teeladen) oder ein Hotel haben wir nicht. Geht dort in das alte Haus zur Witwe.« Professionell geführte Unterkünfte gibt es normalerweise nur in großen Orten und an vielbegangenen Routen. Es sind meist einfache, ebenerdige Bauten, die außer dem Herd und einigen Sitzgelegenheiten nur noch ein Regal mit oft verlangten Dingen wie Keksen, Zigaretten, Streichhölzern und Seife besitzen. Dort kann man Tee und eine warme Mahlzeit bekommen und auf Strohmatten, manchmal auch Holzpritschen schlafen. Wir fragten also, wie das ganz üblich ist, im Privathaus bei der Witwe. »Sie können gerne bleiben. Es ist eine Abwechslung für mich.« – »Sind Sie ganz alleine?« – »Ich habe drei Kinder. Mein Ältester arbeitet in Indien. Er will sich etwas verdienen, bevor er heiratet. Der Jüngste trägt jetzt, wo auf den Feldern wenig zu tun ist, Waren nach Taplejung. Meine Tochter ist im selben Ort verheiratet. Sie schaut fast jeden Tag vorbei und hilft mir auch. – Mein Mann ist schon lange tot. Geheiratet habe ich nicht wieder, ich hatte ja Kinder. Für die habe ich die Landwirtschaft weitergeführt.« – »Wie haben Sie das geschafft, solange die Kinder klein waren?« – »Es war schon viel Arbeit, aber die Verwandten meines Mannes waren ja verpflichtet, mir beim Pflügen, bei der Ernte und auch sonst zu helfen.«

Wir freuten uns auf eine ruhige Nacht in dem alten Limbuhaus mit dem besonders schön geschnitzten Umlaufbalkon. Wie bei fast allen Häusern in *Abb. S. 19* Ostnepal war die Giebelwand im Erdgeschoß zurückgesetzt, so daß ein überdachter Vorraum entstand. Diese Vorhallen sind für beide Seiten besonders praktisch. Die Gastgeber bleiben ungestört und brauchen sich keine Gedanken zu machen, ob der Fremdling wegen seines Kastenstatus oder seiner Unkenntnis der Regeln besser nicht dem heiligen Herdfeuer oder dem Sitz der Hausgötter zu nahe kommen sollte. Und wir waren da draußen nicht gestört vom Qualm des Feuers oder vom nächtlichen Husten der Bewohner. Doch wir hatten uns getäuscht. Kurz nach Mitternacht begann die Limbuni zwischen Haus und Stall, also immer an uns vorbei, hin- und herzulaufen, sie trug Tücher und entfachte ein Feuer an der Stallwand. Trotz geschlossener Türe und beträchtlicher Entfernung hatte sie mitbekommen, daß ihre Ziege geworfen hatte. Jetzt trocknete und wärmte sie die beiden Zicklein. Nach einer Schlafpause von etwa zwei Stunden begann sie um halb fünf mit Vehemenz den Hof zu kehren. So standen auch wir etwas früher auf als sonst, fast noch im Dunkeln, verstauten

31

Schlafsack und Matte in den abends fertig gepackten Rucksäcken und nahmen das übliche Frühstück ein: einen großen Topf Tee mit viel Zucker und Milch oder Milchpulver, der den Magen mit nahrhafter Wärme zufriedenstellt. Wir bezahlten für den abendlichen Dalbhat, von dem Norbu, Maila, Hermann und ich ›normale‹ Portionen vertilgt hatten. (Das bedeutet soviel Reis, wie in Deutschland für vier bis sechs gute Esser reicht.) Lhakpa hatte eine größere ›Trägerportion‹ verzehrt. – Und Jetha? Der strich sich danach zufrieden über den Bauch und meinte: »Viel kann ich ja nicht essen. Mehr als drei Portionen schaffe ich einfach nicht!« Die Übernachtung war kostenlos, wie es die Gastfreundschaft gebiet. Wir verabschiedeten uns von der fleißigen Witwe und waren bald unterwegs, bergab zum Bach, über ein Päßlein zum nächsten Bach und dann wieder hinauf.

In der Morgenkühle kamen wir schnell voran, doch gegen 10 Uhr begann der Magen zu knurren. Von weitem schon hatten wir ein in den nepalischen Tagesrhythmus passendes Haus ausgemacht, und die Hausfrau war auch gleich bereit, mehr Reis aufzusetzen, da sie ohnedies am Kochen war. Wir bewunderten inzwischen die Wasserleitung: halbierte Bambusrohre auf gespaltenen Bambusstöcken gelagert, mit denen der Bauer von einer sauberen Quelle Wasser bis auf den Hof führte. Die Limbu und ihre westlichen Nachbarn, die Rai, gehören zu den ältesten Bewohnern des Berglandes und sind besonders geschickt in der vielseitigen Verwendung von Bambus. Wir wuschen uns die Hände, wie es jeder Nepali vor dem Essen mit den Fingern tut, zogen vor dem Haus die Schuhe aus, wie es sich gehört, und betraten die Küche, die durch die Tür und das winzige Fenster nur wenig Licht erhielt. Zudem war der Raum erfüllt vom Herdrauch, den die Nepali meist nicht durch einen Kamin ableiten, damit er Ungeziefer und Schädlinge vertreibt, die sonst in wenigen Jahren die Dach- und Deckenkonstruktionen aus Holz oder Bambus völlig zerfressen würden. (Leider leiden viele Nepali deshalb an chronischer Bronchitis, die sie auch besonders anfällig macht für Tuberkulose. Um dieses bedeutende Problem zu lösen, verfiel man in jüngster Zeit auf die Idee, Ofenrohre mit Klappen zu konstruieren, durch die man den Qualm zeitweise ins Haus lassen kann.)

Da saßen wir nun auf Strohmatten im Schneidersitz vor unseren Tellern, mittendrin ich mit meinem für das ländliche Nepal doch ungewöhnlichen Aufzug: kurze Haare, Trainingshosen und ein loses, langes T-Shirt. Plötzlich fragte die Frau, die uns im Düsteren nur undeutlich sehen konnte, ob Hermann und ich Vater und Sohn oder im Alter sehr verschiedene Brüder seien, da

Hermann mit seinem Bart (die Nepali schätzen Männer mit Bart meist auf ein ehrwürdiges Alter) offensichtlich sehr viel älter sei als ich. – Das Haus wakkelte fast vor unserem Gelächter. Wir versicherten unserer verwirrten Gastgeberin, daß sie sich nicht zu entschuldigen brauche. Was lief ich auch so komisch herum, bloß weil es praktisch war! Doch nicht nur wir gaben Anlaß zur Belustigung. Gerade hatten wir uns anderntags zum Essen in einem Limbuhaus niedergesetzt, als der Hausherr in höchster Aufregung erschien. Er hatte vom nahen Feld aus beobachtet, wie Maila schnell noch in die Ecke des Büffelstalles gepinkelt hatte, dort, wo der gesammelt Mist lag. Bei ihm zu Hause war dies durchaus erlaubt. Nun haben die Limbu strenge Regeln. Sie kennen zwar wie die meisten Nepali keine Toiletten, aber es gibt in jedem Dorf einen besonderen Platz, eigentlich zwei – getrennt für Damen und Herren, die einzig dafür vorgesehen sind. Auf die erregten Vorhaltungen des Hausherrn, er habe sein Anwesen beschmutzt, was nicht einmal seine kleinen Kinder täten, wagte Maila nur einmal schüchtern einzuwenden, es sei doch nur der Büffelstall gewesen. Dann schlang er sein Essen hinunter, packte seinen Korb und entfernte seine anstößige Person vom Tatort. Norbu brachte als Entschuldigung die Unerfahrenheit der Jugend vor, obwohl wir, ehrlich gesagt, alle zuvor nichts von den so strengen Sitten der Limbu gewußt, uns nur über die Reinlichkeit ihrer Dörfer gefreut hatten. Jedenfalls vergaß keiner, daß das Dorf Chittok Ningale hieß, und die Erwähnung des Namens reichte, um Maila schadenfrohem Gelächter auszusetzen.

Nach dem Vormittagsessen wurden die Rasten etwas häufiger und länger. Wenn sich Gelegenheit bot, tranken wir auch mal Tee oder Chang, ein säuerliches Kaltgetränk aus vergorenem Getreide mit wenig Alkohol – zum Essen gab es immer nur Wasser. Später am Nachmittag steigerten wir unser Tempo nochmals und begannen gegen fünf Uhr, uns nach einem passenden Lagerplatz oder Dorf umzusehen. Wenn nach kurzer Dämmerung die Nacht früh hereinbrach, wollten wir eine Bleibe mit Wasser gefunden haben. Diesmal wählten wir ein Bhatti, ein öffentliches Rasthaus, das von den Gemeinden für Träger und Wanderer unterhalten wird.

Zuerst frönten wir unserem einzigen nepal-untypischen Laster: Jeder trank zwei bei drei Riesentassen (mit etwa einem Drittelliter Fassungsvermögen) Tee oder Kaffee. Heute kochte Norbu selbst, aber den zweiten Dalbhat gab es wie immer nach Einbruch der Dunkelheit. Dann verpackten wir unsere Habseligkeiten und schlüpften in die Schlafsäcke. Hermann und ich wollten unsere Schuhe an die wie üblich offene Frontseite des Bhatti stellen, aber Maila warnte uns: »Streunende Hunde lieben nichts mehr als käsende Schuhe!« Wenn es auch noch lange nicht soweit war, verstauten wir die Latschen doch lieber am Kopfende und schliefen traumlos und tief, bis der Morgen wieder graute.

Abb. S. 18

Für Nepal verhältnismäßig weit und sanft sind die Hänge vom Singalila nach Dhoban am Tamur, über den Milke Daḍa und seine Ausläufer nach Tumlingtar am Arun. Jede für Ackerbau nutzbare Fläche ist zu Terrassen umgearbeitet. Bäume künden von fern einen Rastplatz oder Häuser an. Fast alle Dörfer liegen im Mittelteil, wo die Hänge weniger steil sind als in der Nähe der meist engen Flußbetten oder der hohen Grate. Weiter oben ist zudem selten Wasser zu finden, nahe am Fluß ist die Gefahr durch Hochwasser zu groß, oder kostbares Reisland müßte verschwendet werden. Die meisten Felder lagen noch brach, nur in höheren Lagen stand Wintergerste. Von den Braun- und Gelbtönen der Erde und des trockenen Grases hoben sich die hellen Triebe von Erlengesträuch und die immergrünen Blätter der Feigenbäume ab. In tieferen Lagen leuchteten auch die großen, tiefroten Blüten eines Phaledo Baumes oder eines Simal (Kapokbaum) auffallend an den noch blattlosen Zweigen.

Unsere kleine Gruppe mußte zunächst ihren gemeinsamen Rhythmus finden. Noch hatten wir nicht gleichzeitig Hunger oder Durst, noch hatten wir nicht gleichzeitig das Bedürfnis zu rasten und wieder weiterzugehen, noch nicht das gleiche Tempo. Doch der Wechsel des Tageslichts, die Beschaffenheit der Auf- und Abstiege mit ihren aus jahrhundertelanger Geherfahrung erwachsenen Unterbrechungen durch Rastplätze ließen uns nach etwa zwei Wochen in einem inneren Gleichklang wandern, ohne daß uns bewußt geworden wäre, wie wir uns aufeinander und auf die Natur einstimmten.

Auf Wiedersehen, Schwester!

Nach zwei heißen Tagen und ausgiebigem Baden im nur 600 Meter hoch gelegenen Tamurtal überschritten wir den Milke Daḍa bei etwa 3100 Metern. Wir hätten ihm weiter nach Norden folgen können, aber Hermann und mich zog es in die vertraute Gegend rund um den Wiesenflugplatz von Tumlingtar. Mehrmals hatten wir von dort aus Entwicklungshelfer besucht, die in der Region Trinkwassersysteme bauten. Wir freuten uns auf Chainpur, ein heimeliges Landstädtchen, das langgezogen im Sattel eines Bergrückens liegt. Die Häuser sind besonders hübsch mit einem zur Straßenseite offenen Raum, in dem abends ein einladendes Lämpchen brennt. Geranienstöcke zieren die

Abb. S. 39

Balkone, Blumen blühen in kleinen Hausgärten. Über dem ganzen Ort liegt der Duft von Bienenwachs – Chainpur ist berühmt für schöne Bronzearbeiten nach dem Verfahren der verlorenen Form, das die Newar wohl schon seit 2000 Jahren kennen und vom Kathmandutal ins Land hinausgetragen haben.

Wir steuerten das erste Hotel am Platze an, ein dreistöckiges Gebäude, wo wir immer von Chainpur-Didi und ihren Töchtern mit liebevoller Aufmerksamkeit bedient worden waren. 1975 und 1976 hatten wir hier auf Dienstreisen eine Essenspause eingelegt, 1982 mit Entwicklungshelfern zwei Tage und zwei Nächte im »Hotel Quality« verbracht. »Eh, namaskar, namaskar«, strahlte die Wirtin. »Haben Sie schon gegessen? Nein? Ich habe zwar das Restaurant geschlossen, weil meine Töchter inzwischen alle verheiratet sind, und allein ist es mir zuviel Arbeit. Ich vermiete nur noch Zimmer. Aber für alte Freunde koche ich selbstverständlich. Es kommt gar nicht in Frage, daß Sie woanders hingehen!«

Dreimal in neun Jahren waren wir hier gewesen, und sie kannte genausowenig unsere Namen wie wir den ihren. Sie hatte aber nicht vergessen, wer wir waren: der Hakim (Boß) nebst Frau von den Burschen, die in Mamling, Phabing und Pangma die Wasserleitung gebaut hatten. Was spielen Namen schon für eine Rolle, wenn man sich nur kennt! Wir nannten sie Didi, ältere Schwester. In Nepal spricht man selbst Fremde mit einer Verwandtschaftsbezeichnung an, als Ama/Ba – Mutter/Vater, als Chhora/Chhori – Sohn/Tochter, meist als Dai/Bhai – älterer, jüngerer Bruder oder Didi/Bahini – ältere, jüngere Schwester, je nach Altersunterschied. Ist dieser nicht allzu groß, gilt es als höflich, den anderen als älter einzustufen. Die wirklichen Verwandten benützen darüber hinaus ganz exakte Anreden, aus denen hervorgeht, ob eine Tante z. B. die ältere oder jüngere Schwester von Vater oder Mutter oder angeheiratet ist. Namen werden selten gebraucht, auch nicht für Kinder. Unser Jetha (ältester Sohn) und Maila (zweitältester Sohn) benützten ihre Kinderrang-Namen auch offiziell, wie das viele Nepali tun. Unterhält man sich auf Nepali, werden Ältere oder Übergeordnete (auch Eltern und größere Geschwister) und fremde Erwachsene mit »Sie« angesprochen. Chainpur-Didi, etwa gleichaltrig, bezeichnete uns auch als Dai und Didi. Wir waren sehr froh, daß sie nie auf den Gedanken gekommen war, das uns so verhaßte Sahib (Herr, Gebieter – weiblich Sah'bni oder Memsahib) zu benutzen, obwohl sie wußte, daß Hermann ein Hakim war.

»Können wir nicht etwas beim Kochen helfen, Didi?« – »Das wäre ja noch schöner! Geht lieber zu den Erzgießern. Das haben wohl noch nicht alle gesehen.« (Ganz allein war Didi allerdings nicht. Der Ehemann saß nebenan in

Abb. S. 127

seinem Laden. Mit dem Hotelbetrieb hatte er keine Arbeit, aber auch nichts mitzureden.) Wir setzten uns zu einem der Handwerker in den offenen Vorraum. Der Meister hatte ein grob vorgeformtes Wachsmodell des künftigen Gefäßes in die Drehbank gespannt. Nun glättete er die Form innen und außen und drechselte verzierende Rillen und Kanten, während sein Sohn die Drehbank über einen Riemen mit dem Fuß wie eine Nähmaschine antrieb und nebenbei in einem Schulbuch las. Durch den offenen Hausflur konnten wir beobachten, wie andere im Hof fertige Wachsformen in einen zähflüssigen, glatten Brei tauchten. »Was unter dem Dachüberstand zum Trocknen hängt, sieht aber ganz anders aus, viel rauher?« – »Diese erste Schicht aus Maishin-cha-Lehm und Kuhdung würde springen, obwohl sie dreimal aufgetragen wird. Die Form muß noch mehrmals mit Gicha-Lehm, vermischt mit Reisspelzen und Wasser überzogen werden.« – »Die dreiarmigen Kanäle an den Formen sind wohl zum Einfüllen des Erzes. Aber wo bleibt das Wachs? Zieht es in die Lehmschicht?« – »Nur ein kleiner Teil. Nach dem Trocknen muß ich das Wachs vorsichtig über einem Holzkohlenfeuer zum Schmelzen bringen und auslaufen lassen.« – »Und dann ist alles fertig zum Guß?« – »Nein, die Form muß noch einmal gebrannt werden. Und erst wenn ich genügend Modelle habe, heize ich den Ofen an. Schauen Sie sich ruhig um im Hof.« In dem großen, gemauerten Ofen standen in den Brennkammern Schmelztiegel bereit. »Die sehen fast aus wie die überzogenen Formen.« – »Sie sind ja auch aus Gicha-Lehm, Reisspel-zen und Sand.« – »Und die halten das aus? Welches Metall verwenden Sie, Kupfer und was noch?« – »Die Legierung ist Familiengeheimnis. Aber heutzu-tage sind wir weitgehend auf das Einschmelzen alter Gefäße angewiesen.« – »Wozu ist die Mulde auf dem Ofen?« wollten wir noch wissen. »Dort werden die Formen vor dem Guß erhitzt, damit sie nicht springen.« Lhakpa nahm einige Formen in die Hand, die in der Sonne lagen. »Das ist der Hals eines Wassergefä-ßes mit dem weit übergezogenen Rand, das der Bauch, das die Tülle. Das müssen Sie nach dem Gießen alles zusammensetzen?« – »Nur ganz einfache Gefäße wie Becher oder Schalen kann ich in einem Stück gießen.« – »Soviel Arbeit!« Der Meister lachte: »Wenn das Metall erkaltet und die Lehmform zerbrochen ist, muß das Gefäß nochmals in die Drehbank und poliert werden. Wenn Ornamente darauf sind, müssen sie mit Drahtbürste und Feile geglättet werden.«

Wir kehrten in den Vorraum zurück und bewunderten jetzt um so mehr die ausgestellten Stücke: Petroleumlämpchen, dickwandige kugelförmige Reis-töpfe, Dal-Schüsselchen mit einem römerglas-ähnlichen Fuß, sanft geschwun-gene Trinkschalen, die beim Anschlagen wie Glocken klangen, und kunstvolle

Trinkgefäße, die zum Teil mit medaillonförmigen Reliefs verziert waren, die Blumenornamente, Tiere oder Götterfiguren zeigten. »Gießen Sie die Teller, die Rühr- und Schöpflöffel und die großen Wasserkrüge auch?« – »Nur einfache Metallplatten werden in einer irdenen Rohform gegossen. Daraus müssen diese Sachen gehämmert werden. Das ist sehr mühsam.«

Immer noch gehören Gefäße aus Kupfer, Messing oder Bronze zur Mitgift und zum Stolz einer nepalischen Hausfrau, die sie blankpoliert auf einem Regal zur Schau stellt. Leider geht die Zahl der Werkstätten ständig zurück, teils weil die Kupfervorkommen der Gegend erschöpft und die Gießer zunehmend auf Importe oder den Ankauf alter Gefäße angewiesen sind – und die überdauern oft Generationen –, teils weil viele auf die billige indische Massenware aus Blech oder ›modernen‹ Edelstahl ausweichen. Beliebt sind die Bronzegefäße bei Touristen, die instinktiv ahnen, daß es sich hier um wertvolle Einzelstücke alter Handwerkskunst handelt. Vielleicht hilft der Tourismus, eine Tradition zu bewahren, wie durch die Nachfrage bei Statuen, die, vom Künstler in Wachs modelliert, nach dem gleichen Verfahren getaucht und gegossen werden.

Wir betrachteten noch bedauernd eine Schale, einen Teller – sie waren einfach zu schwer, als daß wir sie hätten kaufen und mitnehmen können –, als uns Chainpur-Didi zum Essen rief. Danach plauderten wir noch ein wenig. Wir erzählten, daß wir nach Deutschland zurückkehren würden. Als sich Didi von uns verabschiedete, sagte sie wie immer: »Ramro sanga janus, pheri bethãula! – Alles Gute, mögen wir uns wiedertreffen!« Wir würden uns gewiß nie schreiben. Aber wenn das Schicksal es wollte, würden wir uns schon wiedersehen. Wir blieben auf alle Fälle ›alte Freunde‹. Leb wohl, Schwester!

Pilgerseen und steile Wände

> »Rein nichts übertrifft deinen Schreck,
> siehst von Gudel nach Bung du den Weg.
> Das Wort erstirbt auf der Zung',
> blickst zurück du nach Gudel von Bung.«

Wir standen über den Häusern von Gudel und schauten hinüber nach Bung, so nahe am Hang gegenüber, daß wir Tiere und Menschen erkennen konnten. Dazwischen allerdings floß der Hongu Khola, fast 1000 Meter tiefer. Der Weg,

Seite 39 oben:
In Chainpur haben sich Newar als Händler und Handwerker mitten im Siedlungsgebiet der Rai niedergelassen.

unten:
Angehörige verschiedener Stämme und Religionen leben in friedlichem Neben- und Miteinander. So ist Nepal ein wahres Brückenland. (Am Hongu Khola)

Seite 40:
Bei aller Gemeinsamkeit gibt es doch auch Trennendes: Jede Volksgruppe hat ihre eigene Sprache, eigene religiöse Traditionen, Sitten und Gebräuche, Lieder und Tänze. Heiraten zwischen den Stämmen kommen kaum vor.

oben:
Die Bauten der Newar sind an den schönen Schnitzereien zu erkennen, mit denen sie die Tempel und Paläste des Kathmandutales, aber auch ihre Wohnhäuser verzierten.

unten:
Rai-Mädchen haben sich zum Markttag geschmückt, der oft mit Tanz und Gesang endet.

eher eine Zickzacknaht, die den Hang zusammenhält, inspirierte den englischen Forscher und Bergsteiger H. W. Tilman zu jenen denkwürdigen Zeilen. Der Anblick des »Wahnsinnspfades«, wie ich den Weg das erste Mal 1977 auch empfunden hatte, ließ mich heute ziemlich kalt. Schließlich hatte ich ihn schon zweimal überwunden in der bewährten Methode: Schritt- und Atemautomatik einschalten, die Augen auf den Boden heften und jeden Gedanken daran ausschalten, wie lange es so steil weitergehen würde. So ohne Pause die Beine einfach laufen lassend, den Geist mit etwas ganz anderem beschäftigt, stößt man plötzlich auf die ersten Häuser, schaut wieder um sich – geschafft, und es war alles halb so schlimm!

Wir brauchten diesmal auch nicht nach Bung zu gehen. Einige Stunden zuvor, oben am Salpapaß (3349 m), hatten wir zwei Gurung getroffen. Sie kannten einen kürzeren Weg nach Panch Pokhari und weiter ins Hinkubecken, da sie ihre Schafe gelegentlich hinführten. Sie übernahmen unsere Lebensmittellast für zehn Tage, die wir in Tumlingtar besorgt hatten und seitdem durch einen zusätzlichen Träger befördern ließen. Der Ab- und Aufstieg Richtung Chheskam war zwar kaum weniger wild, aber seelisch leichter zu verkraften, da ein paar Bodenwellen und ein Wäldchen den Anblick barmherzig verdeckten. In Chheskam bedauerte man, uns kein gutes Essen, will heißen Reis anbieten zu können, dabei freuten wir uns auf die Abwechslung durch das ›Arme-Leute-Essen‹. Zum Dhido, einem festen Getreidebrei, diesmal aus grob gemahlenem Mais, gab es reichlich dicke Brennesselsauce, gut gewürzt und wunderschön giftgrün.

Unser Gastgeber, ein Rai, hatte ein ›Drei-Mäderl-Haus‹, muntere Gören, die abends auf einer Bambusmaultrommel spielten und sangen. »Kein Sohn?« fragte Norbu. »Vielleicht klappt's ja noch«, lachte der Mann. »Meine Töchter sind mir schon recht. Sie sind nicht so widerborstig wie die Buben und helfen mehr in Haus und Hof. Und wenn ich sie verheirate, verpflichte ich mir als Brautgeber die Familie des Bräutigams. Je mehr solcher Verwandtschaftsbeziehungen ich aufbauen kann, um so besser. Aber was wird aus dem Land? In die Ehe kann ich es meinen Töchtern nicht mitgeben, es würde mit den Mädchen in einen anderen Clan wechseln, und das ist bei uns nicht üblich. Das Land würde an meine Brüder oder deren Söhne fallen, wenn wir nicht mehr sind. Es sei denn, ich adoptiere einen Schwiegersohn in meine Linie. Aber die jungen Männer haben das nicht so gern, sie müßten den eigenen Clan verlassen. Und daß eine meiner Töchter ledig bleibt, um uns im Alter zu versorgen und das Land zu bebauen, möchte ich nicht.«

Von Chheskam stiegen wir im Nebeltreiben auf zum Duhrekom Daḍa. Wir freuten uns über die großen Waldbestände. Im oberen Hongutal, wo die Kulunge-Rai ganz unter sich sind, hat sich das offiziell längst abgeschaffte Kipat-System erhalten. Danach wird Ackerland wie Privatbesitz bearbeitet und vererbt, darf aber nicht ohne Zustimmung des Clans an Nichtzugehörige gegeben werden. Die Nutzung des Clanbesitzes an Wald, Weide und Wasser wird gemeinschaftlich geregelt. Unsere beiden Gurungträger mieteten z. B. die Hochweiden von den Chheskamleuten, die sie deshalb hatten aufsuchen wollen. Die Überführung von Kipat-Land in Privatbesitz hat vor allem in Gegenden mit gemischter Bevölkerung die Kontrollrechte der Gemeinschaft zerstört und privatem Egoismus Vorschub geleistet. Die Wälder wurden verstaatlicht, und mit dem Entzug der Verantwortung entfiel auch die Verpflichtung zur pfleglichen Nutzung. Warum sollten auch die Bürger am traditionellen Verbot, Holz in andere Gegenden zu verkaufen, festhalten, wenn der Staat den Wald zu Geld machte? Die Verstaatlichung hat den Waldbeständen sehr geschadet, weshalb man sie jetzt nach und nach rückgängig macht. In dieser abgelegenen Gegend hatte zum Glück die Kipat-Kontrolle weiter funktioniert. 1800 Höhenmeter waren wir schon gestiegen, die letzten Stunden auf dem scharfen, bewaldeten Grat. Es begann zu dämmern, und nirgends war ein ebenes Plätzchen in Sicht. So wurden wir wohl oder übel zu Wegelagerern. Der Hauptteil des Korpus lag auf dem plattenbedeckten Weg, die Füße ruhten auf einem Baumstrunk, das Loch dazwischen hatten wir notdürftig mit Steinen und morschen Zweigen vollgestopft. Wasser gab's von den ersten Schneeflecken.

Über einen mit vielen Chörten geschmückten Paß (4460 m) traten wir endgültig ein in die Einsamkeit des Himalaya. In tiefen Felskesseln zu Füßen zerklüfteter Wände lagen die heiligen Seen von Panch Pokhari (Fünf Seen), im Sommer ein Pilgerort wie ähnliche Häufungen von Bergseen überall im Land. Ein eisiger Wind trieb Nebelfetzen und Graupelschauer über die teilweise gefrorenen Flächen. Manchmal drang das Sonnenlicht durch und ließ gespenstisch Wolkenschatten über die karge Landschaft jagen. In einem steinigen Kessel bauten wir früh die Zelte auf, da es noch fünf Stunden zum nächsten möglichen Lagerplatz sein sollte. Später verdüsterte sich der Himmel noch mehr, und ein mächtiges Gewitter entlud sich über uns. Kein Wunder, knapp 50 Kilometer Luftlinie entfernt war bei Tumlingtar (ca. 600 m) das Aruntal auf 30 Grad aufgeheizt. Der Donner rollte von Felskessel zu Felskessel, es schien, als sei er zwischen den Gipfeln gefangen. Wir lagen tief in den Schlafsäcken und waren froh, jetzt nicht unterwegs zu sein.

Neuschnee war gefallen, und nun zeigte sich, welches Glück das Treffen mit den beiden Ortskundigen gewesen war. Der Weg zog sich oben in den Steilhängen dahin; wo er breite Geröllfelder querte, war er unter dem Schnee nicht zu erkennen. Wie hätten wir jenseits so schnell den richtigen Ausstieg zwischen Felsnadeln finden sollen? Tief unten tobte der Hinku Khola gefährlich zwischen fast senkrechten Abbrüchen. Wo das Tal sich weitete, stiegen unsere Führer direkt durch eine mit Lawinenresten gefüllte Rinne hinunter. Im Schnee ließ sich ganz gut treten. Dazwischen schlitterten wir über Sand, der unter einer losen Schicht gefroren war, und versuchten, an dem Gebüsch zu beiden Seiten etwas Halt zu finden. Am Bach angekommen, rasteten wir in einem moos- und flechtenbehangenen Zauberwald. Jetzt war der Weiterweg klar, und unsere beiden Gefährten kehrten um. Es sei auch für sie ein glücklicher Zufall gewesen, meinten sie. Sie kämen nur alle paar Jahre mit den Schafen hierher und wüßten nun, daß der Weg noch gangbar sei. Allein und ohne Last könnten sie es leicht in einem Tag bis Chheskam schaffen.

Im Talschluß des Hinku Khola kannte Norbu sich aus, er war von Lukla kommend mit Trekking-Gruppen hier gewesen. »Weiter oben auf der Alm holen wir uns Kartoffeln«, freute er sich. »Die Lukla-Leute haben dort ein paar Äcker und eine Miete im Boden. Wir legen einfach einen Zettel hinein, daß Norbu Sherpa aus Kathmandu soundsoviel Pfund Kartoffeln herausgenommen hat und bezahlen wird, wenn er das nächste Mal nach Lukla kommt. Das geht in Ordnung.« Wir brauchten aber nicht selbst zu graben, denn ein Bauer war heraufgekommen, um nachzusehen, wie die beiden Yakbullen den Winter überstanden hatten. Die halbwilden Bullen werden im Herbst nicht ins Dorf getrieben.

Gestärkt von einem Berg Pellkartoffeln mit Salz und Chilli überschritten wir den Mera La (5415 m), der, obwohl vergletschert, den leichtesten Übergang ins Hongu-Becken bildet. Der Eisbauch am Beginn war ziemlich glatt, eine willkommene Gelegenheit für Jetha und Maila, die unbekannten Steigeisen auszuprobieren. Besonders Maila turnte die steilsten Stellen hinauf und hinunter, restlos begeistert, wie gut diese Ersatzkrallen hielten. Auf dem Hatsch über die fast ebene Gletscherfläche in strahlendem Sonnenschein, erfuhren sie aber gleich die Nachteile. Der weiche Schnee klebte in kiloschweren Klumpen zwischen den Zacken.

Im Hongu-Becken entdeckten wir die Reste unserer Steinküche von 1976*. Am nächsten Tag wanderten Hermann und ich ganz versunken in Erinnerungen

44   * Vgl. H. Warth, Tiefe überall. Menschen, Schluchten und Achttausender, Rosenheim 1986, S. 58–68.

und ins Schauen. Wie kaum eine andere Landschaft ist das Hongu, wo Weite und Begrenztheit harmonisch verwoben sind, für uns der Inbegriff der Schönheit: Die wildwasserdurchtoste Schlucht zwischen dem dunklen Klotz des Chamlang und dem langen Gletscher der Naulekh, der Eiswellen gegen die Schotterflächen wirft wie das Meer gegen den Strand; die sumpfigen Wiesen, wo der Bach fröhliche Schleifen um von Algen rötlich gefärbte Tümpel legt; die schier endlosen Geröllhalden mit den grau und braun, aber auch grünlich, rötlich, gelblich getönten Steinen; die Schuttkämme der Gletscherzungen, wo zu Füßen schwarzer Eiswände milchglasgrüne Seen ruhen, Bächlein unter Eisbrücken hervorsprudeln und sich glucksend in einer Spalte verlieren, vorbei an Büßerschneemännern mit Steinhüten. Im oberen Talgrund große, weißgefrorene Seen zwischen Moränen, der Bach eisgesäumt zwischen Schwemmsand. Von bizarr überwächteten Graten ziehen bläulich schimmernde Eiswände herab, senkrecht geriffelt wie ein Waschbrett. In seltsam ausgeschmolzenen Gletschern türmen sich Dutzende von Terrassen übereinander, aus denen Tauwasser entlang von Eiszapfen überfließt wie Wasser aus Brunnenschalen, Kaskaden aus Eis. An dunkle Felswände sind Eisbalkone getupft, als hätte sich ein Urweltriese einen Scherz mit Tortenspritze und Schlagsahne erlaubt. Über dem Einschnitt des Amphu Labtsa die Bastion des Lhotse und die Schneefahne, die sich in die Weite des Himmels verliert vom Gipfel der Chomolungma, der Göttinmutter der Erde (die wir prosaisch Mount Everest nennen). Es ist etwas in dieser Landschaft, ein geheimer Rhythmus einer Wegbiegung, eines Seeufers, einer Gletscherwelle, eines Gipfelgrates, der in mir eine Antwort hervorruft, eine Schwingung wie eine Tongabel in der anderen. Ein Gefühl des Hineingehörens, von ›Heimat‹ in der Wildnis.

Bergsteiger, die zu Hause von der Schönheit des Himalaya schwärmen, hatten am Fuß des Passes einen Berg aus Blechdosen und leeren Schnapsflaschen zurückgelassen ...!

Abb. S. 59

Nervenkitzel Amphu Labtsa

Hier steh ich nun, ich armer Tor ... (in dem schrägen, über 60 Grad steilen Kamin, der vom Amphu Labtsa, 5780 m, nach Norden hinunterführt). Dort drüben eine schneebedeckte Platte mit Norbus Spuren. Verflixt, meine Beine sind zu kurz, ein kleiner Sprung ist nötig. Wenn ich wenigstens einen Griff auf der anderen Seite erreichen könnte, ohne vorher meine Sicherheit hier aus der Hand geben zu müssen. – Warum sollte ich aber Griff und Tritt verfehlen? Außerdem hänge ich am Seil, das Lhakpa und Hermann straff halten. – Ja eben! Woher sollten sie wissen, wieviel Seil sie nachlassen sollen? Und manche Steine sind locker. Vielleicht löse ich einen Steinschlag aus und ein Irrgänger trifft die Untenstehenden? – Aber hier stehenbleiben kannst du nicht. Wir können nicht tagelang ohne Essen durchs Hongu und Hinku zurückmarschieren. Und du wolltest schließlich durch ganz Nepal, zumindest da hinunter ins Tal mußt du! – So stehe ich im Kamin, plötzlich und unerklärlich von allem Mut verlassen, dabei war ich doch ganz locker eingestiegen, denke hin und her und versuche gleichzeitig, mich auf diesen blödsinnigen Sprung zu konzentrieren. Stehe eine Ewigkeit (wahrscheinlich fünf Minuten) und schüttele den Kopf. Hermann oben und Norbu unten warten schweigend, sie wissen, daß ich mit mir selbst fertig werden muß. Und plötzlich habe ich den Sprung getan, habe selbstverständlich Tritt und Griff erwischt, bin in den Schnee abgeklettert und unter das Felsband gequert, hänge an der Selbstsicherung.

Lhakpa und Hermann begannen wie geplant, direkt über die Plattenfluchten eine Last am Seil herunterzulassen – mit einem Korb am Stirnband kann man sich schlecht abseilen. Schon nach wenigen Metern verhängte sich der Doko, drehte sich kopfüber, die Kerzen purzelten vorbei. Dabei riß er einen Felsbrocken los, der, eine kleine Steinlawine auslösend, über unsere Köpfe hinwegsauste. So ging es nicht! Also nahm Lhakpa die Lasten auseinander, und Hermann seilte sich jeweils mit einem Teil ab, um dann mit einem Steigbügel wieder hochzuturnen. Zeitraubend, aber es war ja erst Mittag, die Sonne schien, und gegenüber spielten leichte Wolken um die Lhotse-Südwand.

Eine zweite Abseillänge über Firnrippen bereitete keine Schwierigkeiten. Die Lasten ließen wir mit einer breiten Schleifspur abrutschen. Dann luden wir wieder auf (auch die Kerzen warteten hier auf uns) und gingen auf die Felsformation mitten in der vergletscherten Wand zu und im Blockwerk bis zu dem Punkt, wo der Weiterweg von oben nicht einzusehen gewesen war. Dort hatten Vorgänger mühsam zwei kleine Plattformen für ein Notlager geschichtet, sehr ausgesetzt auf der Amphu Nasenspitze.

Die Felsen glichen tatsächlich der Nase eines schlafenden Riesen mit einem zunächst gemächlichen Rücken und dem unvermeidlichen Abbruch. Wir mußten also gleichsam in der steilen Falte zwischen Nasenflügel und Wange (der Nordwand des Baruntse) absteigen. Den Übergang von dieser eben entdeckten Schneerinne zu dem von der Paßhöhe aus sichtbaren Gletscherbecken tief unten verhüllten aufsteigende Wolken. Norbu ging voraus, die drei Burschen

folgten einzeln, Hermann und ich sicherten mit tief eingerammtem Pickel. Sicht jetzt höchstens zehn Meter, aber bei dem festen Schnee scheinbar kein Problem, auch wenn die versenkte Rinne inzwischen zu einer erhabenen Rippe geworden war. Dann eine Stockung. Wir konnten Norbu weder sehen noch hören, denn inzwischen war Sturm aufgekommen. Jeder brüllte dem nächsten nach oben die Meldung zu: »Stehenbleiben! Gut sichern! Jetzt wird's ekelhaft!« Der Sturm bemühte sich um die richtige Stimmung dazu, trieb nadelscharfe Eiskristalle ins Gesicht, blies erbarmungslos durch die Windjacke und ließ die vor kurzem noch sonnendurchwärmten Glieder eiskalt werden. Ich weiß nicht, ob es leichter gewesen wäre, so nichts sehend und hörend zu warten. Doch plötzlich ein Wolkenloch: Wie in einem Filmausschnitt stand Norbu ausgesetzt auf einer Blankeisnase, darunter das aufgerissene Maul eines Gletscherbruchs. Ein Abstieg hier schien nur in stundenlangem Abseilen oder gar nicht möglich. Und in zwei Stunden würde es dunkel werden! Hatten wir uns von der Nase weg zu einem falschen Abstieg verleiten lassen wegen der mangelnden Sicht? Die furchterregende Vision war im Nu wieder von beißenden Eisschauern verwischt. Ein Ruck am Seil, ein Ruf: »Seil langsam nachlassen!« – »Halt!« – »Der nächste zum Stand!« Wir näherten uns allmählich der Blankeisstelle. Endlich konnte ich sehen, daß Norbu ein Winkeleisen tief in einen Riß geschlagen hatte, daß das Seil und an ihm Norbu, Lhapka und Jetha um eine Ecke verschwunden waren. Nun mußte Maila übers harte Eis und dann nach links, geradeaus war nur Luft und tief unten die gähnenden Spalten. Er war unsicher auf den ungewohnten Steigeisen, trat nicht energisch genug auf, rutschte, blieb sofort mit dem Sicherungskarabiner am Winkeleisen hängen, doch der Korb geriet ins Schwanken. Das Seil wollte Maila nicht mit beiden Händen loslassen, den Korb konnte er so nicht mehr ausbalancieren, deshalb gab er ihm wenigstens mit dem Kopf einen Schwung dorthin, wo das Seil verschwand. (Ein Vorteil des Tragens mit dem Stirnband liegt darin, daß man die Last mit einem Ruck abwerfen kann, damit sie den Träger nicht mitreißt.)
Ich war zwar überzeugt, daß der Doko mit Mailas und meiner Schlafausrüstung nun auf immer in einer Spalte ruhte, doch das interessierte mich im Moment nicht sonderlich. Nur weg hier, weg, bevor es dunkel wird! Maila entschwand jetzt überraschend schnell ums Eck. Ich stieg nach – und es war natürlich alles andere als ausweglos. Es ging noch ein paar Meter fast senkrecht, aber harmlos in tiefem Schnee über den Bergschrund in ein Gletscherbecken mit wenigen Spalten, das wir zuvor nicht sehen konnten. Die anderen saßen bereits vergnügt im Schnee, der Korb und sein Inhalt lagen verstreut in einer Mulde.

Hermann rutschte übermütig über den Bergschrund, der Sturm ließ nach, die Wolken rissen auf, der ganze Spuk war vorbei. Es war, als hätte ein boshafter Dramaturg alles nur inszeniert, um den Höhepunkt dieses Abstieges recht schön gruslig in Szene zu setzen!

Hermann tastete sich, vorsichtig mit dem Eispickel nach verdeckten Spalten stochernd und von Norbu am Seil gesichert, durch die Mulde und sammelte die verstreuten Habseligkeiten wieder ein. Die Spannung machte sich in albernem Gelächter Luft.

Unvorhergesehene Höhepunkte

Vom Khumbu zum Langtang Himal

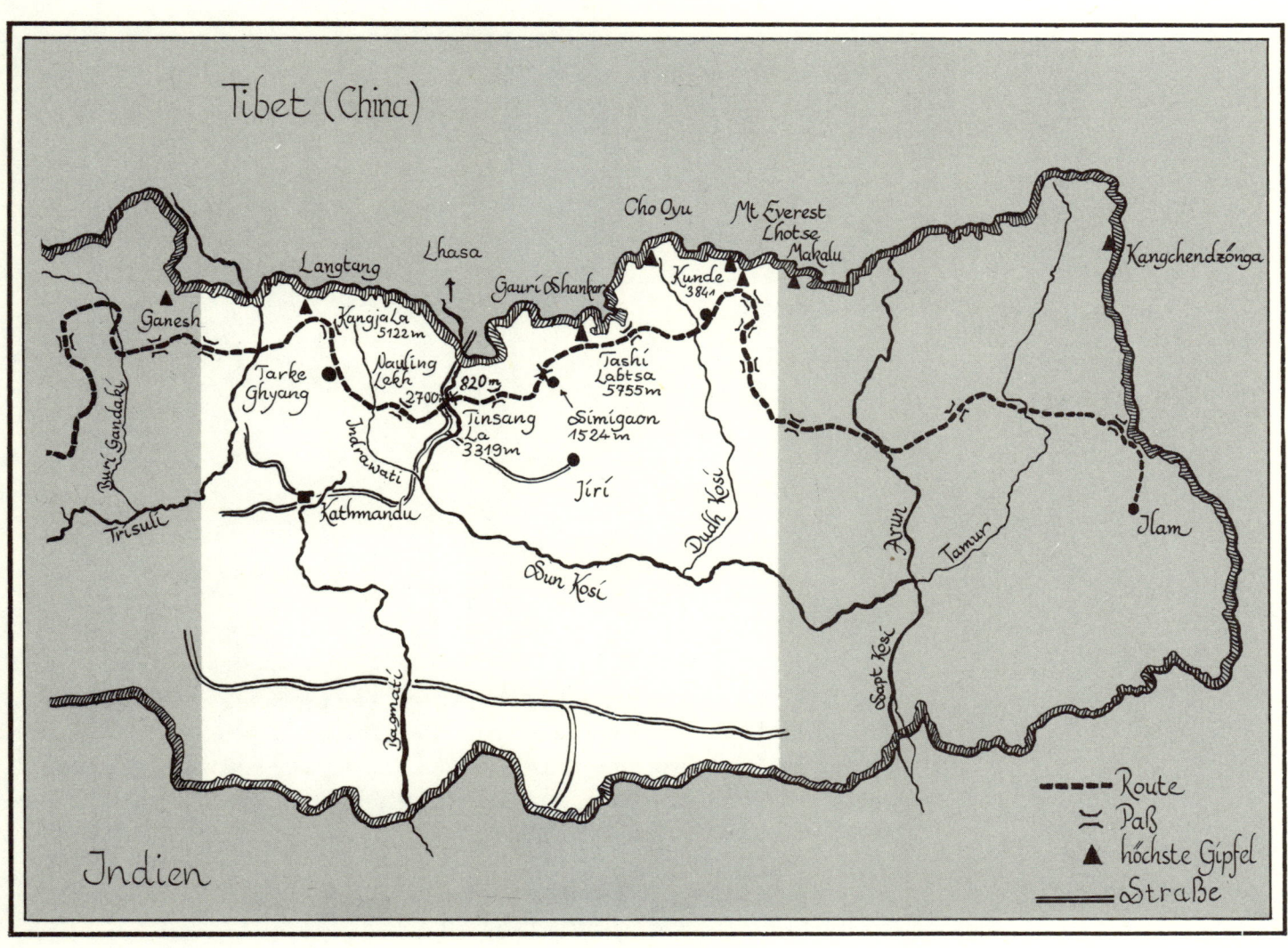

»Der Trekkingtag wird von Geschichten und Überraschungen erfüllt. Aber das Wesentliche bleibt etwas anderes: das Einfachste. Die Elemente. Das Wasser, das man trinkt oder vermißt. Das Feuer der Sonne, der Sherpaküche oder des Lagers im Urwald. Die Erde, ihre Schluchten und Terrassen. Die Luft und ihre Transparenz. Das Einfachste einfach.«

Joëlle Kirch, Die Himalayareise, in: Himalaya. Trekking-Erzählungen
aus Tibet, Nepal und Ladakh, München 1986

Tako, tako, hab Erbarmen!

Vom Moränenkamm des Lhotse-Gletschers sah ich drunten auf der Alm von Chhukung bunte Anoraks wie fröhliche Schmetterlinge leuchten, Touristensaison. Ein Amerikaner keuchte mir entgegen. »Glauben Sie, ich bin jetzt auf 5000 Metern?« fragte er mit verzweifelter Hoffnung, mit dunklen Augenringen im grünlich-blassen Gesicht. Ich log ihn an wider besseres Wissen, ein wenig aus Sorge um seine Gesundheit, aber vor allem, weil er sich die Freude wahrlich verdient hatte, die jetzt in seinen müden Augen aufglomm. Und ich kam mir dabei kein bißchen schlecht vor. 100 Höhenmeter mehr oder weniger, was soll's? Welch seltsame Maßstäbe legen wir Menschen doch manchmal an uns selbst an, Maßstäbe wie die sinnlose Skala eines Höhenmessers oder die Sekundenzeiger einer Stoppuhr.

Heut war uns zumute wie einem Schiffer, der nach stürmischer Fahrt in den Hafen einläuft. Bilder von Ruhe und Wohlbehagen verknüpften sich mit dem Anblick der ersten Häuser des Khumbu. Von Chhukung futterten wir uns durch über Orsho nach Phunki am Fuße des Klosterberges von Tengboche. Das Khumbu war für uns immer schon ein Schlemmerland, denn dort gibt es die besten Kartoffeln, klein und fest und ungemein wohlschmeckend. Die Sherpa verstehen es, sie als Hauptgericht auf viele Arten schmackhaft zuzubereiten, während sie im Mittelland nur als Gemüsebeilage zum Reis verzehrt werden. Unser Norbu soff sich allerdings mehr durch seine Heimat. Mindestens an jedem dritten Haus traf er Bekannte oder Verwandte, die es sich nicht nehmen ließen, ihm zur Begrüßung Chang oder Rakshi (niedrigprozentigen Schnaps) einzuflößen. Er hätte gar nicht ablehnen können, ohne grob unhöflich zu sein. Während des Aufstiegs von Phunki nach Kunde ließen wir Norbu erschöpft schnarchend auf einer Mauer zurück, da Jetha meinte, es genüge vollauf, wenn er als Lotse auf Norbus schwerem Weg zurückbliebe.

Lhakpa, Maila, Hermann und ich konnten unbesorgt vorausgehen, da wir ausnahmsweise genau wußten, wo wir einkehren würden: im Haus von Norbus Bruder. Sonam selbst war zwar als Koch mit Touristengruppen unterwegs, aber in Kunde nicht bei seiner Frau zu wohnen, wäre geradezu eine Beleidigung gewesen. Angemeldet waren wir nicht, das ist ja nur selten möglich und deshalb auch unnötig. Am frühen Nachmittag war noch niemand zu Hause, so setzten wir uns in die Sonne. Anfang April. Überall auf den Feldern arbeiteten Frauen, unterstützt von ein paar halbwüchsigen Kindern und alten Leuten, die teilweise die Kleinsten beaufsichtigten. Einige Frauen brachten in Dokos Dünger aus den Ställen im Erdgeschoß der Häuser, wo den Winter über vermischt mit reichlich eingestreutem Laub eine dicke Humusschicht gewachsen war, andere arbeiteten ihn unter. Wieder andere hackten regelmäßig Löcher in den Ackerboden, in welche die Helfer geschickt Saatkartoffeln warfen, die sofort wieder mit Erde bedeckt wurden. Schnell muß die Feldarbeit vonstatten gehen, sobald die Frühjahrsstürme mit ihren Schneeschauern nachgelassen haben, denn nur kurz ist hier der Sommer.

Die Frauen mittleren Alters tragen dabei seit jeher die Hauptlast, die Männer und die noch unverheirateten oder kinderlosen Frauen sind jetzt mit dem Vieh zu den Weiden oder mit Touristen unterwegs, so wie sie früher Handelsreisen nach Indien oder Tibet unternahmen. Von der Landwirtschaft allein konnten die Khumbu-Sherpa noch nie leben. Als nach der Sperrung der tibetischen Grenze 1959 durch die Chinesen der Zwischenhandel ausfiel, erschien den Sherpa der beginnende Tourismus als Retter in der Not. Heute geht es ihnen materiell besser als je zuvor, wenn auch der Tourismus manche negativen Auswirkungen auf die Ökologie (Entwaldung) und das kulturelle Leben hat. Die Frauen sind gewöhnt, ihre Männer oft ein halbes oder dreiviertel Jahr nicht zu sehen. Sie sind dann, wie auch häufig die Frauen anderer Bergstämme, allein für Haus und Hof verantwortlich und entsprechend selbständig und selbstbewußt.

Als erste kam die dreizehnjährige Tochter aus der Schule nach Hause. Sie war anfangs nicht recht begeistert von den Fremden, die da Quartier beziehen wollten. (Kein Wunder, daß sie uns nicht auf Anhieb erkannte, sie hatte mich vor sieben, Hermann vor fünf Jahren zum letztenmal kurz gesehen.) In der Saison halten sich im Khumbu mehr Touristen als Einheimische auf. Wenn auch ein großer Teil von ihnen in Zelten haust, suchen doch so viele Unterkunft, daß die Sherpa nicht mehr gastfreundlich jedem Fremden ihre Häuser öffnen können, sie kämen sonst zu keiner anderen Arbeit. So ist es verständlich, daß sie Touristen an jene Stammesgenossen verweisen, die Rasthäuser betreiben. Da wir uns auf den Onkel beriefen, ließ Yangtsin uns natürlich ins Haus. Aber dann schnappte sie den Namen Hermann auf. »Sind Sie der Hermann Dai und die Didi, mit denen Papa unterwegs war? Ach Gott, was bin ich vernagelt!« Wie ein Wirbelwind stob sie jetzt durch den großen Wohnraum im ersten Stock, nötigte uns zum Sitzen auf der Ehrenbank an der Längswand hinter dem langen, niedrigen Tisch, setzte Teewasser auf und ließ es sich trotz unseres Protestes nicht nehmen, ihren jüngeren Bruder vom Spielen zu holen und ins Nachbardorf Khumjung zu schicken, wo ihre Mutter auf dem Feld arbeitete.

52 Um die Arbeit zu rationalisieren, bilden die Sherpini, wie viele andere, Parma

(Arbeitsaustausch)-Gruppen, deren Mitglieder reihum gemeinsam die Felder bestellen, wobei die jeweilige Besitzerin für Speisen und Getränke sorgen muß. Kanchhi hätte eigentlich auch bei ihrer Parma-Freundin übernachtet, die Frauen bleiben draußen, bis es dunkel wird, erst dann wird gegessen. Jetzt aber kam sie die Dreiviertelstunde angelaufen, am Stirnband den Wiegenkorb mit der Jüngsten. Nach herzlicher Begrüßung begann sie sofort, einen Festschmaus vorzubereiten, nicht ohne zwischendurch immer wieder unsere Teetassen und Changgläser aufzufüllen. »Sche, sche« – mit beiden Händen nötigte sie uns zum Trinken. Nachdem der Gast den ersten Schluck genommen hat, wird sofort nachgefüllt, denn sonst würde das etwa bedeuten: War ganz nett, daß du gekommen bist; aber es macht auch nichts, wenn du nicht lange bleibst. Kein Sherpa würde so unhöflich sein. Dreimal nachgießen ist das mindeste, um den Gast zu versichern, wie willkommen er ist.

»Ihr müßt solange wie möglich hierbleiben«, beharrte Kanchhi. »Ich habe meine Parma-Verpflichtungen schon abgesagt. Keine Widerrede, meine Freundinnen sind selbstverständlich einverstanden.« Die Gastfreundschaft der Sherpa ist wirklich überwältigend. Am Morgen brachte uns Yangtsin den Tee ans Bett, wie es der Sherpatradition entspricht. Nahtlos ging es nach dem Aufstehen weiter mit Chang, das erste Glas am Rand verziert mit Mehl, was für den ganzen Tag Glück bringen soll. Wir saßen plaudernd um den Herd, während Kanchhi Kartoffeln rieb. Sie buk Kartoffelpuffer auf Sherpa-Art ohne Fett auf einer großen Steinplatte. Wir mußten jeder drei der riesigen Fladen essen, die mit Butter, Quark und einer scharfen Sauce aus Chilli, Salz und Knoblauchgrün phantastisch schmeckten. Wieder füllte Kanchhi die Changgläser und kochte zusätzlich auch noch Kaffee.

Hermann glaubte, einer weiteren Mastkur zu entgehen, indem er Norbu ins Dorf begleitete. Aber weit gefehlt, überall, wo sie einkehrten, wurden sie bewirtet.

Auch ich hatte mich inzwischen nach Kräften bemüht, ein ›guter Gast‹ zu sein, zwischen Tratsch mit Nachbarsfrauen, die mal schnell reinschauten, und Spielen mit den Kindern Thukpa, eine Nudelsuppe, gegessen und natürlich viel getrunken. Wenn mir auch die ›nierenfreundliche‹ Wirkung des Chang kein Kopfzerbrechen bereitete – die Sherpa haben Toiletten –, konnte ich nur abwechselnd von meinem Tee und dem Glas mit Mais-Chang nippen.

Kanchhi kochte schon wieder, diesmal Reis mit Gemüse. »Ich kann nicht mehr«, stöhnte Hermann, als sie uns eine zweite Portion aufladen wollte. »Was soll ich nur machen, damit Kanchhi mir glaubt?« Jetzt kam mir zugute, daß ich schon einmal einige Tage Sherpafreundschaft mit vier Mahlzeiten am Tag im

Abb. S. 53

wahrsten Sinne des Wortes am eigenen Leibe erfahren hatte. Ich hielt meine flache Hand über den Teller, was normalerweise nichts nützt, und sagte dazu: »Tako, tako!« Und siehe da, Kanchhi drängte mich nicht weiter. »Was ist das für ein Zauberwort?« staunte Hermann. »Darf als letzte Rettung kurz vor dem Platzen angewendet werden«, grinste ich, »und heißt soviel wie: Hab Erbarmen!« Auch am dritten Tag unseres Aufenthaltes durften wir erst weiterziehen, nachdem wir nochmals ordentlich gegessen und getrunken hatten. Kanchhi wollte nicht einmal eine Bezahlung für die Unmengen Lebensmittel annehmen, die wir sechs vertilgt hatten. Dabei waren die drei Burschen Wildfremde für sie gewesen, und ihr Mann hatte uns nur ein einziges Mal begleitet, 1976 ins Hongu, da Sonam später, durch einen festen Vertrag an eine Agentur gebunden, nicht mehr mit uns gehen konnte. Erst als ich erklärte: »Ich konnte diesmal den Kindern nichts mitbringen, deshalb möchte ich, daß du ihnen etwas kaufst«, war sie bereit, das Geld einzustecken. Zum Abschied legte uns Kanchhi weiße, glückbringende Schals um den Hals. An dem kleinen Paß, von dem man zum letzten Mal Kunde sehen kann, steht ein großer

Abb. S. 71

Chörten, um dessen Fahnenstangen unzähliger solcher Schals gewickelt sind. Ich band meinen darüber, denn dies soll dem Träger dazu verhelfen, eines Tages nach Kunde zurückzukehren.

Leicht wie ein Vogel

Ein leises Poltern, dann Pfeiftöne, unterbrochen von scharfem Knallen wie Gewehrschüsse. Norbu, der als erster schräg aufwärts den losen Schutthang angegangen war, entschied sich für eine wilde Flucht nach vorn. »Jetha, zurück, zurück!« schrien wir anderen. Jetha warf sich herum und rannte die wenigen Schritte dorthin, wo wir uns hinter einen Grasbuckel duckten, die Arme über dem Kopf zum Schutz gegen Irrgänger, doch nicht ohne vorsichtig zur Seite zu schielen. Eine Steinlawine schoß aus den Felsen hoch oben, die großen schwerfällig polternd, die kleineren nach jedem Aufschlag wieder sirrend mit unberechenbaren Luftsprüngen. Norbu hatte hinter einigen großen Blöcken Schutz gefunden. »Die Pausen«, rief er, »wir müssen herausfinden, wie lange die Pausen sind!« Sie waren zu kurz, zu unregelmäßig – die Gefahr zu groß, selbst jetzt am frühen Morgen. »Es hat keinen Sinn, es geht noch ein

54 ganzes Stück so weiter.« Norbu startete unmittelbar nach einer Steinlawine und hetzte mit langen Sprüngen zu uns herunter, Schleifspuren im Schutt hinterlassend.

Da saßen wir nun. Vor uns das Tal, ausgefüllt mit einem über zwei Kilometer langen See, zu dem rechts und links die Moränenhänge fast senkrecht abbrachen. Unmittelbar über deren Schutthalden die steilen Felsen, aus deren Rinnen jetzt ständig irgendwo die Steingeschosse prasselten. Dabei hatte ich gestern abend erst dem Tashi Labtsa mit meiner Kaffeetasse zugeprostet zum Dank, daß er mir soviel Freude gemacht hatte ...

Der Aufstieg von Thame war leicht gewesen, führte von eisigem Wind begleitet über karge Hochweiden und weite Geröllhalden mit trüben und dennoch tiefblauen und grünen Schmelzwasserseen. Nach einer besonders kalten Nacht auf einer Eisfläche, dem einzigen ebenen Platz, stiegen wir über sanfte Gletscher auf, nur einmal aufgehalten von einem etwa 30 Meter hohen Felsbauch. Ein kleiner Überhang am Einstieg konnte von einer Schneerampe aus mit einem langen Spreizschritt überwunden werden. Hermann kletterte voraus, wir anderen hangelten uns mit Hilfe des Seiles hoch. Die Lasten wurden mit viel Hauruck und Gelächter hochgezogen. – Ich wunderte mich nur, wie die Rolwaling-Sherpa ihre Yaks, die sie zum Verkauf über den Paß treiben, über diese Stelle bringen. Wie ein Paket zusammenschnüren und abseilen? Oder schlittern die Tiere über die glatten Felsen und springen mit einem letzten Satz in den Schnee darunter? Zuzutrauen wäre es den Yaks und ihren Kreuzungen, sie sind unfaßbar ›geländegängig‹.

Abb. S. 58

Auf der Paßhöhe (5755 m) hatte die Natur den schönsten Zeltplatz vorbereitet: ebener Schnee, geschützt von einem Felsmäuerchen. Mittagspause. Wir räkelten uns in der warmen Sonne und beguckten uns die senkrechte Wand des Tengi Ragi Tau im Norden und den Parchamo im Süden. Hermann drängte zum Aufbruch, wir hatten eine Besteigungsgenehmigung für den Parchamo (6273 m). Aber Norbu hatte genausowenig Lust wie ich, das Faulenzen aufzugeben. Nur Lhakpa hatte sich bei einer Expedition eine leichte Infektion mit dem Virus Himalayensis geholt. Er wollte mit. Hermann hatte eigentlich recht: Der Weg war nicht gefährlich, das Wetter bestens, Zeit mehr als genug und, wenn ich auch schon mindestens so hoch war wie der Parchamo, einen richtigen Gipfel von der Höhe »hatte« ich noch nicht. Aber das ist mir von Herzen gleichgültig. Wenn ich die Freude des Steigens und Schauens, die Befriedigung meiner Neugier auch so haben kann, reizt mich wenig an dem Punkt, der Gipfel heißt. Nach kurzer Güterabwägung entschied ich jedenfalls, daß es meinen Bedürfnissen mehr entsprach, Hermann und Lhakpa zuzuschauen, wie sie den vergletscherten Hang hinaufstapften. Später erzählte

Seite 57:
Die Nepali sind sehr gast-
freundlich. Wir konnten
kostenlos in Privathäusern
übernachten und gegen Bezah-
lung auch mitessen, sofern die
Leute selbst genügend Nah-
rungsmittel hatten. – Kanchhi,
die Schwägerin von Norbu
Sherpa, bewirtete uns so reich-
lich, daß unser Magen bis an
die Grenze der Belastbarkeit
gefordert war.

Seite 58:
Die Sherpa siedeln wie andere
tibetisch-stämmige Gruppen in
Hochlagen bis über 4000 Meter.
In Dörfern wie Thame
(ca. 3800 m) bringen die Felder
nicht genug Ertrag, auch die
intensive Viehzucht reicht nicht
aus, um den Lebensunterhalt
zu sichern. In manchen Gebie-
ten weichen die Bewohner des-
halb im Winter nach Süden
aus. Die Sherpa ergänzten ihr
Einkommen früher durch Han-
delsreisen, heute ist der Touris-
mus für sie eine wichtige Ein-
nahmequelle. (Im Hintergrund
Kangtega, 6779 m, und Tham-
serku, 6623 m)

Hermann, der Parchamo sei doch nicht so einfach gewesen, zum höchsten Punkt ziehe ein sehr ausgesetzter Grat mit unangenehm morschem Eis.

Ein Genuß war der Abstieg über aufgefirnte Hänge und griffiges, graues Eis zum Drolambao Gletscher. Er ist die eigentliche Überraschung jenseits des Tashi Labtsa, ein König unter den Gletschern. Mit nur 800 Metern Gefälle auf 15 Kilometer ist er nicht wildzerrissen oder schuttbedeckt wie seine Vasallen, sondern ruht weiß in majestätischer Unerschütterlichkeit in seinem breiten Bett, nur milde durchfurcht von Spalten wie weiche Falten in einem gütigen Gesicht. Um so verdutzter waren wir darüber, als plötzlich der Drolambao seinen Thron räumt. Ohne Vorwarnung ist Schluß mit dem gemütlichen Spazierengehen. Seine Majestät macht einen Buckel, und keine 500 Meter weiter hat er sich 300 Meter tiefer unters Volk gemischt.

Wegen der Buckelwölbung konnten wir den Abstieg nicht einsehen, nur etwas beunruhigend weit hinunter ins untere Gletscherbecken. Der früher benützte Steig, der den Bruch umging, ist durch einen Bergsturz zerstört, so mußten wir irgendwie hier hinunter. Von einer alten Abseilschlinge um einen festgefrorenen Felsblock bestärkt, turnte zunächst Hermann tiefer. Unser 40-Meter-Seil reichte gerade bis zu einem Felsband. Wir stiegen nach auf recht sicheren Tritten hinter Büßereisgesimsen. Man mußte nur aufpassen, wenn man ein Bein über so ein Gesimse gehoben hatte, es nicht zu unbesorgt auf die nächste Stufe plumpsen zu lassen, sonst saß man auf – und die Dinger waren spitzig.

Da das Felsband mindestens einen Meter breit war, schreckte uns der fast senkrechte Abbruch der glattgeschliffenen Felsbarriere nicht, dessen Oberkante es bildete. Wir wandten uns nach rechts und stiegen der langsam fallenden Kante entlang, quer unter dem Buckel des Drolambao. Der machte uns jetzt viel mehr Sorgen, denn so ein Gletscher löst sich ja nicht einfach in Nichts auf. Irgendwann mußten die wilden Eissäulen über uns abbrechen, noch dazu klemmten dazwischen riesige Felsbrocken oder saßen wie düstere Kapitelle obenauf. Einen Platz zum Ausweichen gab es nicht, wir konnten nur hoffen, daß im Falle eines Falles die Brocken mit genügend Schwung über uns hinwegsausen würden. Doch alles blieb ruhig, und bald erreichten wir die schroffen Schuttkämme des Trakarding Gletschers mit dem schwarzen Eis darunter.

Auf einem der Kämme lag hochkant ein mächtiger Felsquader, darunter übernachteten offensichtlich die Rolwaling-Sherpa, wenn sie den Paß überschritten. So stellten auch wir unser Zeltchen vertrauensvoll unter den Klotz auf den ebenen Platz. Norbu kochte Kaffee und brachte mir eine dampfende Tasse. Es lag wohl zum kleinsten Teil am Wasser – ein schöner, wenn auch zum Schluß

gefährlicher Weg hinter uns, ein neues Tal vor uns, gegenüber der Bigphera-Go Nup und Bigphera-Go Shar, genauso malerisch und großartig wie ihre Namen, neben mir ein Zelt und ein schnurrender Kocher – Himalaya-Kaffee, unübertrefflich!

Tschip, tschip. Eine kleine Plusterkugel aus Luft und Federn ließ sich auf einem nahen Felsbrocken nieder und betrachtete uns aufmerksam aus schwarzen Knopfaugen. Ein Vögelchen, hier in der Fels- und Eiswüste des Trakarding! Ich schüttete einige Keksbrösel auf eine Steinplatte zwischen mir und meinem Gast. Darauf hatte er anscheinend nur gewartet. Tschip, tschip und ein unmißverständliches Picken auf die leergefutterte Stelle. Er ging kurz auf Distanz, bis der Bröselplatz wieder gefüllt war, und wiederholte das Spielchen solange, bis er genug hatte.

Ich sah ihm zu, wie er seine Flügelchen putzte und schlürfte meinen heißen Kaffee. Nie im Leben habe ich etwas Besseres getrunken. Prost, Tashi Labtsa – und schönen Dank auch!

... Und nun? Prost Mahlzeit! Entweder russisches Roulett mit Steinschlag. Oder zurück, gegenüber einen Seitengletscher hoch und weit oben am Gegenhang hinaus, fast ein Tag Umweg. Oder?

»Am oberen und unteren Ende sind die Seeufer flach, und die Eisdecke scheint in der Mitte durchgängig zu sein. An den Längsseiten kann der See nur nicht zufrieren, weil ständig von den Moränen Brocken herabstürzen. Ich klettere hinunter und prüfe das Eis.« Hermann verschwand entschlossen zwischen den Blöcken am Ufer. Wir anderen waren etwas ängstlich. Schließlich wird z. B. davor gewarnt, trotz der dicken Eisschicht den Tilichosee im Annapurna-Gebiet zu betreten, da die Schollen oft nicht fest aneinandergefroren sind, bei Belastung am Rand sich plötzlich neigen und sofort wieder über dem in die Wasserrinne Gestürzten schließen, eine tödliche Falle. Andererseits waren wir früher einmal unbeschadet über die Seen im Hongu marschiert. »Verlaßt euch auf mich«, sagte Hermann. »Das Eis hält. Für sowas habe ich einen guten Instinkt.«

Anfangs waren die sicher einen halben Meter dicken Schollen ziemlich klein, doch schienen sie an den auffallend helleren Nahtstellen fest verbunden zu sein. Hermann wählte den Weg so, daß wir sechs am gespannten Seil immer auf mehrere Schollen verteilt waren. Das Eis war ganz eben, aber rauh, so daß wir gut gehen konnten. Die Schollen wurden größer und wir allmählich selbstsicherer. Trotzdem gingen wir rasch und vorsichtig und hielten auch nicht für ein Foto. Wir getrauten uns nicht einmal, laut zu reden. Wenn von den Moränen Brocken ins offene Wasser an beiden Seiten stürzten, spritzten hohe Fontänen

Seite 59:
Wenn wir die besiedelten Gebiete verließen, mußten wir uns selbst versorgen. Das Quellbecken des Hongu Khola suchten wir nicht nur auf, weil uns die Überschreitung der Pässe Mera La, 5415 m, und Amphu Labtsa, 5780 m, reizte. Wir wollten noch einmal die großartige Landschaft dieses Talschlusses erleben, den wir acht Jahre zuvor auf einer anderen Route erreicht hatten. (Im Hintergrund der Chamlang, 7319 m)

Seite 60:
Nicht der höchste und technisch schwierigste, aber bei weitem der gefährlichste Paß war der Tashi Labtsa, 5755 m, zwischen dem sonnenbeschienenen Parchamo (6273 m) und der Felsbastion des Tengi Ragi Tau (6943 m) ganz links oben. Im Abstieg mußten wir so nahe unter dem Eisbruch im Hintergrund queren, daß absturzbereite Seracs und Felsbrocken uns bedrohten. Das Lager bauten wir auf den Schuttkämmen des Trakarding-Gletschers, unter uns schwarzes, sich unmerklich bewegendes Eis.

61

auf. Bei besonders großen Felsen konnten wir sogar eine leichte Bewegung spüren, obwohl wir uns in der Mitte der rund 400 Meter breiten Eisfläche hielten. Doch nirgends öffnete sich eine Nahtstelle.

Zwei Drittel hatten wir schon hinter uns, als der See unserer wachsenden Zuversicht einen Dämpfer aufsetzte. Das Eis war in seiner ganzen Breite gerissen. Der zwei bis drei Meter breite Spalt war nur leicht überfroren. Jetzt zurück? Wir folgten dem Riß bis zu einer relativ stabil wirkenden Stelle, wo sich eine kleine Scholle verklemmt hatte. »Haltet euch auseinander und fern vom Riß so weit wie möglich und beobachtet den genau, der gerade darübergeht. Wenn das Eis bricht, müssen wir uns sofort einstemmen und das Seil so straff anziehen, daß der Betroffene gar nicht ganz einsinken kann.« Hermann als erster war natürlich am meisten gefährdet, aber er hatte sich ja als Eisspezialist empfohlen. Einzeln überquerten wir die Stelle, stumm angestarrt von den reaktionsbereiten Kameraden.

Abb. S. 70

Geschafft! Nein, doch nicht ganz. Der See konnte uns immer noch zur Umkehr zwingen, wenn das Eis nicht bis zum unteren Ufer reichte. Ihn seitlich zu verlassen, war ja unmöglich. Nach gut 40 Minuten wechselten wir aufatmend fast eben hinüber auf Grasbuckel. »Uff!« meinte Maila, seinen Korb absetzend, »nie in meinem Leben bin ich mit einer Last so ›gewichtslos‹ gegangen. Ich habe die Luft angehalten und mich leicht gemacht wie ein Vogel.«

Vor einer Wiederholung dieser vermutlichen ›Erstbegehung‹ des Tsho Rolpa möchte ich eindringlich warnen. Nicht immer sind die Bedingungen und das Glück dem Esel, der aufs Eis tanzen geht, so hold. Und der Mensch ist eben kein Vogel, er hat höchstens einen.

Von Klugheit und List

Das Rolwaling gehört zu den am schwersten zugänglichen, bewohnten Tälern Nepals. Jeweils ein weit über 5000 Meter hoher Paß führt über die Fels- und Eismauern im Norden, Süden und Osten, wobei der östliche Tashi Labtsa noch der ›leichteste‹ Übergang sein soll! Selbst der Hauptzugang von der Bhote Kosi im Westen ist ein teilweise ausgesetzter Steig hoch über dem Rolwaling Chu (Bach).

In dem selten über einen Kilometer breiten Tal leben heute etwa zweihundert **62** Menschen. Seit sie Ende des letzten Jahrhunderts von Gerste auf Kartoffeln als

Hauptfrucht umstellten, sind sie nicht mehr von Hungersnöten bedroht. Ein Überleben inmitten eines kaum zur Besiedlung geeigneten und äußerst labilen Ökosystems war trotzdem nur möglich, weil die Rolwaling-Sherpa eine strenge Nutzungskontrolle entwickelten. Der Anbau- und Erntezyklus, die Nutzung der Weideflächen, selbst Zeit und Ort der Heugewinnung und das Sammeln wilder Pflanzen werden von gewählten Vertretern der Gemeinschaft geregelt. Auch die Bevölkerung konnte nicht nach Belieben wachsen. Hatte eine Familie mehr Söhne als Land zu vererben war, um die Existenz weiterer Familien zu sichern, wurden die ›Überzähligen‹ als Mönche aus dem ›Verkehr‹ gezogen. Entsprechend blieben auch viele Frauen ledig oder heirateten fort aus dem Tal. Ich weiß nicht, ob die hiesigen Sherpa auch die im tibetischen Kulturkreis mögliche Lösung praktizierten, daß zwei oder drei Brüder gemeinsam eine Frau heiraten, um nur einen Hausstand mit entsprechend weniger Nachkommen zu gründen.

Ähnliche Kontrollen funktionierten früher auch im Khumbu, erweitert um das Amt des »Shingu Nawa«, der über die Nutzung der Wälder wachte. (Im Rolwaling scheint dies noch nicht nötig.) Doch im leichter zugänglichen Khumbu verfielen die alten Organisationsformen, als die Kompetenzen auf das Panchayat übergingen, die 1962 eingeführte, für ganz Nepal gleiche und damit leider ortsfremde staatliche Verwaltung, und als unkontrollierter Tourismus zur Übernutzung vor allem des Rohstoffes Holz verleitete. Dem versucht man heute durch die strengen Regeln und Aufforstungsmaßnahmen des Sagarmatha (Mount Everest)-Nationalparks entgegenzuwirken.

Wir kehrten im Hauptort Beding ein, der in unglaublich eindrucksvoller Land- *Abb. S. 71* schaft unter den Südabstürzen des Bergstockes liegt, der den Hindus als Gauri Shankar, den Buddhisten als Tseringma heilig ist, 7146 Meter hoch. Eine junge Frau beherbergte uns. Ihr Mann, »der Vater meines Kindes«, wie sie ihn nannte, ist einer der wenigen, die vom Tourismus leben. Die Rolwaling-Sherpa sind hauptsächlich Selbstversorger, was sie von außerhalb brauchen, wie Salz und Metallwaren, erwerben sie durch Verkauf von Kartoffeln und Yak-Kreuzungen. Der Zwischenhandel mit Indien und Tibet hatte für sie nie große Bedeutung. Den Tourismus betrachten sie als unsichere Basis. Was ist, wenn die Gäste einmal ausbleiben? Das Rolwaling selbst betreffend, schwankt die Regierung wegen der gefährlichen Wege ständig zwischen Sperrung und Öff-nung. Trotzdem sieht mancher Sohn, der früher mehr oder weniger freiwillig Mönch geworden wäre, im Tourismus eine Möglichkeit, eine Familie zu ernäh-ren. So wird die Bevölkerung stärker als früher wachsen. Es bleibt nur zu hoffen, daß der Druck auf das Tal nicht zu groß wird, wenn die Kontrollen nicht mehr funktionieren, die, so hart sie für den Einzelnen waren, die Gemeinschaft am Leben hielten.

Der Pfad nach Westen war in den Hängen wirklich schlecht, bei Regen von Muren bedroht. Wir sahen, daß er an manchen Stellen nach dem Monsun frisch angelegt werden muß. Über Simigaon klemmte in einer sandigen Erosionsrinne ein tonnenschwerer Felsblock. Irgendwann wird er unterspült losbrechen. Bleibt er in der Rinne, wird er am Dorf vorbeirasen, wenn nicht... Oberhalb des Dorfes flatterten Hunderte von Gebetsfahnen. Auf dem kühn angelegten Weg von Simigaon hinunter zur Bhote Kosi wurde vor zwei Jahren ein Träger vom Steinschlag getötet, wußten unsere Begleiter zu erzählen. Über die Hängebrücke, ein altes, rostzerfressenes Ding, kam uns ein junger Einzeltrekker lachend entgegen; mit heftigem, regelmäßigem Stampfen brachte er sie zum Schwingen. »Entweder ist er dumm, oder er hat soviel Angst, daß er sie so verdrängen muß«, brummte Lhakpa, der Schweigsame, und ging ohne Furcht, aber bedächtig über die Brücke.

Vom Tal der Bhote Kosi querten wir hinüber zum nächsten großen Flußsystem der Sun Kosi durch eine für das Mittelland typische Landschaft, über tief eingeschnittene Bäche und steile Höhenrücken. Im unteren Teil waren Reisterrassen angelegt, wasserwaageneben, von einem Erdwall umrandet, der das Wasser am Ablaufen hindert und so gleichzeitig zum Erosionsschutz beiträgt. Darüber schräge Terrassen für Mais, Hirse und ähnliches, was nicht in stauender Nässe stehen darf (leider fördern solche Felder die Auswaschung durch Regen). Für Ackerbau ungeeignete Stellen waren als Weideflächen genutzt und reichten noch höher hinauf als die Äcker, wo sie den Wald immer mehr zurückdrängen.

Typisch auch die gemischte Bevölkerung: alteingesessene Tamang in den Mittellagen, die, wie die Limbu und Rai, die Gurung, Magar und viele kleinere, sogenannte altnepalische Stämme, vereinfacht gesagt zur mongolischen Rasse gehören. Sie alle sprechen grundverschiedene Sprachen aus der tibeto-birmanischen Sprachfamilie. – In Talnähe seit der Jahrtausendwende nach Nepal eingewanderte hinduistische Indo-Arier, gegliedert in Kastengruppen wie Brahmanen (Priester), Chhetri (Krieger), Damai (Schneider), Sarki (Schuster), Kami (Schmiede), deren Muttersprache das aus dem Sanskrit entwickelte Nepali ist. Sie haben den Naßreisbau aus Indien mitgebracht und leben hauptsächlich von der Landwirtschaft, nur teilweise von den der Kaste zugeordneten Berufen. – Die Hochlagen von Sherpa besiedelt, welche wie die Lhomi im Osten, die Baragaonle oder Bewohner von Dolpo im Westen ethnisch, kulturell und sprachlich mit Tibet verbunden sind. – Dazwischen überall,

64

wo sich günstige Plätze für Handel oder Handwerk boten, Newar, die mongolische und indo-arische Gesichtszüge zeigen und deren Sprache, wie die der Sherpa, eine Sonderstellung im Tibeto-Birmanischen einnimmt. Die Newar sind zum Teil Buddhisten, zum Teil Hindus mit einem eigenen Kastensystem. Sie spiegeln im Kleinen die ganze verwirrende Vielfalt der Bewohner Nepals wider. Sie alle verständigen sich untereinander in der Staatssprache Nepali, die nördlichen Stämme manchmal in Tibetisch. Es ist keine Seltenheit, daß ein Bergbewohner, der vielleicht nie lesen und schreiben gelernt hat, fließend vier Sprachen beherrscht.

In einem ›Reisdorf‹ übernachteten wir bei Brahmanen. In einem bitterarmen Tamang Dorf an steinigem, kahlem Hang aßen wir Hirsebrei. Bei einem Newar unterhalb Bigu Gomba fanden wir Quartier zwischen verschlossenen Läden. – »Seit die Jiri-Straße fertig ist, kommt hier kaum einer durch. Es geht kein Geschäft mehr.« – Bei Sherpa kauften wir Joghurt auf einer Alm am Tinsang La (3319 m), bevor wir die 2500 Höhenmeter nach Barabise an der Sun Kosi abstiegen. Dies war der einzige Ort, wo wir eine Teerstraße queren würden, den Arniko Highway von Kathmandu nach Tibet. Schon längst hatten Hermann und ich geplant, hier eine längere Pause einzulegen und Norbu mit dem Bus nach Kathmandu zu schicken, vordergründig mit dem Auftrag, Post mitzunehmen und zu holen. Aber mehr ging es uns darum, daß er nach Frau und Töchterchen sehen konnte. Wenn Norbu auch einen Wunsch in dieser Richtung niemals von sich aus geäußert hätte, so begann doch sein Gesicht bei der Mitteilung zu strahlen, und er rannte wie ein Wiesel den Berg nach Barabise hinunter.

Wir anderen suchten uns eine schöne Sandbank am Fuß eines Uferwäldchens und einiger Häuser, durch den Fluß getrennt vom Lärm der Straße. Am nächsten Tag brach Maila plötzlich in lautes Geschrei aus: »Syal, Syal!« Ein Schakal! Und wirklich sahen wir ein hageres Tier zwischen den Bäumen davonschleichen. Ein Schakal so nahe an den Häusern am hellichten Tag. Wie gefährlich für den als Hühnerdieb Verrufenen. Allerdings können die Nepali den Schakalen eine gewisse Bewunderung nicht versagen. Sie erzählen, ein Teil eines Rudels würde an einer Seite des Dorfes heulen und so alle Hunde hinter sich herziehen, während einige besonders Kühne stumm ins Dorf schlichen und Hühner klauten. Es gibt viele Märchen über den gerissenen Schakal. Besonders beliebt ist die Geschichte, wie er selbst Mahadev (den großen Gott), nämlich Shiva hereinlegte:

Eines Tages wanderte der Schakal hungrig umher und fand den Kadaver eines Elefanten. Der war alt und zäh, und der Schakal wollte lieber die weichen

Innereien fressen. Nun hatte es zuvor heftig geregnet. Dadurch war der Kadaver so aufgedunsen, daß der Schakal durch die hintere Leibesöffnung ohne Mühe hineinkriechen konnte. Drinnen fraß er sich satt. Aber wehe! Als er wieder hinaus wollte, hatte die Sonne den Elefanten getrocknet und die Öffnung hatte sich wieder zugezogen. Da saß der Schakal gefangen, wußte sich keinen Rat und fing jämmerlich an zu heulen. Es begab sich aber, daß Shiva mit seiner Gemahlin Parvati in eben jenem Wald lustwandelte. Als er das Geheul vernahm, fragte er: »Wer schreit hier denn so?« Der listige Schakal fragte zurück: »Wer stört mich hier bei meinem Gesang?« – »Ich bin es, Mahadev.« – »Was?« schrie da der schlaue Schakal, »Ich bin Mahadev!« – »Was maßt du dir an, ich bin Mahadev!« zürnte der Gott. – »Nein, ich!« So ging das eine Weile hin und her, bis der Schakal sagte: »Gut, wenn du Mahadev bist, dann laß es zum Beweis regnen.« Daraufhin schwang Shiva seinen Dreizack und mit Blitz und Donner stürzte der Regen herab. Dieser ließ den Kadaver wieder aufquellen, und der Schakal schlüpfte glücklich aus seinem Gefängnis.

Es gibt verschiedene Schlußvarianten zu dieser Geschichte. Aber immer wird dem Schakal verziehen, sei es, weil Shiva nach anfänglichem Zorn fürchterlich lachen mußte, sei es, weil er anerkennen mußte, wie schlau der Schakal seine Rettung herbeigeführt hatte. Es heißt sogar, daß Shiva den Schakal wegen seiner Klugheit zu seinem Berater machte.

Wir entdeckten die Ursache für die Unvorsichtigkeit unseres Schakals wenig später. Unmittelbar neben dem Pfad, der das Ufer hinaufführte, hatte er seine Kinderstube in einer Höhlung unter einem großen Stein. Die Alte hatte wohl unseretwegen nicht gewagt, die Kleinen bei Tageslicht zu säugen. Nun waren die vier Winzlinge hungrig aus ihrem Versteck gekrochen und lagen erschöpft fiepsend in der unbarmherzigen Sonne. Während die anderen rasch packten, legte ich die Welpen mit ihren noch geschlossenen Äuglein und Ohren in die schattige Höhle zurück, die Hände vorsichtshalber mit einer Lage Toilettenpapier umwickelt. Dann gingen wir eilig fort.

Wenn in hellen Mondnächten die Schakale ihre Lieder im schütteren Wald singen, hoffe ich immer, die vier sind zu prächtigen Exemplaren herangewachsen. Ganz ohne schlechtes Gewissen den Dörflern gegenüber, denn zum einen ernähren sich Schakale hauptsächlich von Kleingetier wie Mäusen, sogar Insekten und Aas. Zum anderen: Wer könnte einem Tier böse sein, das sogar Mahadev zum Lachen brachte?

Heiliger Reis und Wassergeister

Nachdem Norbu mit Post und guten Nachrichten zurückgekehrt war – alle waren wohlauf –, zogen wir weiter über einen fast völlig entwaldeten, trockenen Höhenrücken mit dennoch malerischen Dörfern: In Sayale wohnten Chhetri in mit rotem Lehm verputzten, zweistöckigen Häusern, dunkel geölte, geschnitzte Fenster unterm weit vorstehenden Grasdach, daneben hohe Bäume; in Chimling Tamang in nahstehenden Häusern aus Bruchsteinen, mit nur einem ausgebauten Stockwerk und geräumigem Dachgeschoß, einfache hölzerne Läden, den Vorplatz mit gelbem Lehm ausgestrichen; am Balephi Khola lag Jalbire, ein reiner Newar-Marktort, mit dem vom Kathmandutal bekannten städtischen Charakter, vierstöckige Häuser aneinandergebaut, im Erdgeschoß Läden mit hölzernen Flügeltüren zwischen reich geschnitzten Säulen und Bögen, darüber hohe Fenster, die Dächer mit Ziegeln gedeckt.

Vor dem Bazar von Jalbire besuchten wir die kleine, aber sehr gepflegte Tempelanlage: um die Pagode ein Geviert mit Räumen für Zeremonien und Pilger, im Hof Götterstandbilder und eine reich verzierte Tempelglocke; außerhalb ein künstlicher Teich, in dem die Figur Vishnus auf der Weltenschlange ruhte, davor anbetend Garuda, der, halb Mensch, halb Vogel, dem Gott dient.

Zwischen dem Balephi Khola und der Indrawati liegen etwa 15 Kilometer Luftlinie, ein Tag Aufstieg auf 2700 Meter, ein Tag Abstieg zurück auf unter 1000 Meter.

Im Chhetri-Dorf Kosre, bestehend aus drei Häusern, suchten wir früh Quartier, da sich nach Tagen brütender Hitze eine Gewitterfront aufbaute. »Endlich wird es regnen«, freuten sich die Gasteber. »Die Maispflanzen sind schon ganz vertrocknet.« Die Gebieterin im Haus, eine ehrwürdige Matrone, die Söhne und Schwiegertöchter kommandierte, versprach uns Reis. »Aber er ist noch nicht geschlagen.« – »Das können wir selber«, meinten die drei Burschen. Sie ließen sich einen Korb »Dhan« (Reis wie er vom Halm kommt mit der ganzen harten Hülse, die ihn gegen Feuchtigkeit und Schädlinge schützt) geben. Lhakpa setzte einen Fuß auf die Dhiki, einen etwa zwei Meter langen Balken, der nahe des hinteren Endes durchbohrt mit einer hölzernen Achse in Steinnaben ruhte und am vorderen Ende einen senkrechten, eisenbeschlagenen Stößel hatte. Sich mit beiden Händen an einem Stützbalken festhaltend, verlegte Lhakpa das Gewicht auf die Dhiki. Diese hob sich vorne durch die Hebelwirkung, und Jetha streute Reis in die Kuhle unter dem Stößel, der herabsausend die Hülsen aufbrach, ohne die Körner zu zerquetschen. Immer wenn Lhakpa

67

Seite 69:
*Im Frühjahr kann man sich
kaum vorstellen, daß im Spät-
sommer, wenn der Schnee sich
gesetzt hat, die Einheimischen
viele der Hochpässe überschrei-
ten, um Handel mit Zuchttie-
ren zu treiben oder Waren aus-
zutauschen. Dazu gehören auch
der Tashi Labtsa und der
Kangja La (5122 m), der von
Süden ins Langtang Tal zu
Füßen des gleichnamigen Bergstockes führt.*

Seite 70 oben:
*Bei Sherpakindern sah ich das
einzige ›Gefährt‹ in einem
Bergdorf abseits der wenigen
Straßen. Die Wege sind viel zu
steil, um das Rad für den
Transport einzusetzen.*

unten:
*Der Weg vom Tashi Labtsa
nach Beding verläuft eigentlich
in den Moränenhängen jenseits
des Sees. Er ist immer von
Steinschlag bedroht, doch im
Frühjahr, wenn der Winterfrost
weicht, ist es besonders
schlimm. So sahen wir uns
gezwungen, über die Eisschol-
len des Tsho Rolpa zu gehen,
ein gefährliches Unternehmen,
von dessen Nachahmung nur
abzuraten ist. (Im Hintergrund
Bighera-Go Shar und Bighera-
Go Nap)*

die Dhiki anhob, mußte Jetha schnell mit einem stoffumwickelten Stock den Reis umrühren. Die beiden waren diese Arbeit nicht recht gewohnt und nicht aufeinander eingespielt. Bevor noch Maila sich versuchen konnte, scheuchten die jungen Frauen sie unter spöttischem Gelächter fort. Jetzt ging es tak-tak, tak-tak, mit atemberaubender Geschwindigkeit und solch schlafwandlerischer Sicherheit, daß weder Tretende noch Rührende richtig hinschaute, obwohl die Verletzungsgefahr doch recht groß war. Die Schwiegermutter warf den geschlagenen Reis »Chamal« auf einem Bambustablett rhythmisch in die Höhe mit einem unbegreiflichen Geschick, so daß Reis und Spelzen auf dem Tablett sich trennten, ohne daß eines der kostbaren Körner zu Boden fiel. Mit einem anderen Rhythmus brachte sie die Spreu dazu, über den Rand des Tabletts zu springen. Schließlich wendete sie den Chamal noch mit der Hand, um schlechte Körner und Steinchen auszusortieren. Nun endlich konnte sie aus dem Chamal »Bhat« kochen. Viele Namen für verschiedene Reissorten und Verarbeitungs-zustände zeigen, wie wichtig dieses Nahrungsmittel ist. Für die Hindus ist der Reis so bedeutend, daß sein Verzehr genauen Essensregeln unterworfen ist. Ein Strenggläubiger wird ihn niemals essen, wenn er von jemandem zubereitet wurde, der in der Kastenordnung tiefer steht.
Das Schlagen mit der Dhiki ist mühsam, aber die beste Methode. Ungeschälter Reis, bei dem nur die äußerste Hülle entfernt ist, braucht doppelt solange beim Kochen und ist daher unwirtschaftlich. Der Dhiki-Reis ist fast ganz von Spelzen befreit, besitzt aber Silberhäutchen und Keim mit den wertvollen Vitaminen und Proteinen. Leider produzieren die sich in Nepal immer mehr verbreitenden Reismühlen nur den wenig nahrhaften polierten Reis. Deshalb leiden die Armen in den Städten und ›entwickelten‹ Gegenden, die sich wenig Gemüse, selten Fleisch oder Eier leisten können, viel stärker unter Mangeler-scheinungen als Leute in Gebieten, die als ›rückständig‹ bezeichnet werden.
Im Abstieg zur Indrawati kamen wir an besonders hübsch anzusehenden Dörfern von Brahmanen und Chhetri vorbei. Deren Häuser waren klein, aber blitzsauber mit einer breiten Veranda an der Längsseite, deren Fläche wie der Boden im Inneren täglich von den Frauen mit einer Brühe aus rotem Lehm und Kuhdung ausgestrichen wird. Dies verhindert, daß der Estrich Risse bekommt, in denen sich Schmutz und Ungeziefer festsetzen könnten - und ist durchaus hygienisch, wie Wissenschaftler untersucht haben. Leider haben die hochkastigen Hindus ein Reinlichkeitsgebot, das ins Gegenteil umschlägt. Latrinen sind im Mittelland wenig bekannt und unbeliebt wegen der Neben-wirkungen, Geruchsbildung und Konzentration von Fliegen. Im Freien verrot-ten Exkremente rasch, Papier wird nicht gebraucht, nur Wasser. Während

manche Stämme aber die eigenen Felder benutzen, schätzen Brahmanen und Chhetri den Reis so hoch ein, daß die Äcker nicht verunreinigt werden dürfen. So bleibt an Hängen, wo jedes Fleckchen landwirtschaftlich genutzt wird, oft nur der Wegrain. Und der Wanderer kann sich vom Gesundheitszustand der Dorfbewohner überzeugen. Der ist oft schlecht, da der Infektionskreislauf durch Würmer, Amöben und andere Erreger nicht unterbrochen wird, vor allem wenn Keime über den Regen ins Trinkwasser gelangen können.

Von der Indrawati führte ein Weg hinauf auf den Helambu-Rücken, der sich durchaus mit der Strecke Gudel–Bung messen kann. Zudem brannte die Sonne voll auf den baumlosen Osthang. Um so lieblicher erschienen die Wälder und Apfelplantagen um die Dörfer auf dem Höhenzug. Der Hauptort Tarke Ghyang liegt in einer Vertiefung des Hanges wie eine Katze in den Polstern eines gemütlichen Sessels. Eng zusammen schmiegen sich die Gomba, der buddhistische Tempel, und die Häuser in den windgeschützten Kessel. Mit ihren Schindeldächern und Gebetsfahnen und dem Wohnraum im ersten Stock ähneln sie Sherpahäusern, allerdings ist die Anordnung der Fenster anders. Auch befindet sich die Treppe außerhalb des Hauses und mündet auf einen geräumigen, überdachten Vorplatz, der zu allen möglichen Arbeiten dient und am äußersten Ende zu dem Ort führt, der hier keine Herztür, sondern einen Vorhang hat. Schon am Ortseingang hatte uns ein junger Helambu-Sherpa (sie selbst nennen sich so, werden aber von den Sherpa des Solu-Khumbu nicht als »echt« anerkannt. Ihre Sprachen stimmen nicht überein) in sein Haus eingeladen. Vor der Tür zog er die Schuhe aus, was sonst bei Sherpa nicht üblich ist, da unpraktisch in den langen, eisigen Wintermonaten. Wir sahen auch gleich, warum: der Fußboden aus dicken Brettern war spiegelblank poliert. Der ganze, große Raum war mit Einbauschränken versehen, im unteren Teil mit kunstvoll geschnitzten und glänzend geölten Schiebetüren. In Regalen darüber standen blankgescheuerte Kochtöpfe, schimmernde Bronzeteller, Porzellanschüsseln, Gläser und Tassen fein säuberlich aufgereiht. Selbst Flaschen und Dosen mit Vorräten waren der Größe nach geordnet. Auf dem im Boden eingelassenen, mit Lehm ausgestrichenen Feuerplatz mit dem Dreibein war kein Aschenstäubchen zu sehen. Darüber auf einem Sims die am häufigsten gebrauchten Dinge: Teekessel und -büchse, Zucker- und Salzdose. In einem Gestell steckten verschiedene Rühr- und Schöpflöffel sowie Eßbesteck. An der Wand neben der Feuerstelle der reich geschmückte Hausaltar mit Buddhastatuen, einem Bild des Dalai Lama, Haltern für Räucherstäbchen und Silberschalen für Opferwasser. Darunter stand die Ehrenbank für Gäste mit tibetischen Teppichen belegt, davor ein geschnitztes Tischchen. Vor der Fensterfront thronte auf einem

Seite 71 oben:
Wer ins Sherpaland zurückzukehren wünscht, bindet einen geweihten Schal an die Fahnenstangen eines Chörten. Ich tat es, denn ich fühlte mich wohl und heimisch bei den Menschen Nepals.

unten:
Hochtäler wie das Rolwaling gehören zu den extremsten Lebensräumen unserer Erde. Nur an wenigen Stellen finden Häuser und Felder Platz wie hier im Hauptort Beding (3693 m). Um zu überleben, mußten die Rolwaling-Sherpa eine strenge Nutzungskontrolle entwickeln.

Seite 72:
Abhängig von einer oft bedrohlichen Natur, erbitten die Nepali Schutz und Beistand der göttlichen Kräfte. Ein buddhistischer Mönch bereitet Opfergaben für Fruchtbarkeit spendende Quellgeister. Vielerlei Riten dienen dazu, die Ordnung und das Gleichgewicht zwischen Mensch und übersinnlichen Mächten zu erhalten, die für die Nepali genauso zur Realität gehören wie die stoffliche Natur und die Tiere.

Podest die breite Bettstelle, ebenfalls mit Teppichen bedeckt. Dort schlafen die Eltern und die kleinen Kinder. Für die größeren werden abends Matten und Decken aus den Schränken geholt. Diese Pracht beeindruckte uns sehr, stand sie doch im Gegensatz zu der meist sehr einfachen und spärlichen Ausstattung der Häuser. Die Helambu-Sherpa sind wohlhabend als geschickte Landwirte, Obstbauern und Viehzüchter, aber auch Händler mit weitreichenden Beziehungen. Unter der Hand munkelt man, sie seien auch in manche Schmuggelgeschäfte verwickelt.

Abb. S. 72

Wir waren in einem separaten Raum untergebracht und am Morgen nicht wenig erstaunt, einige Mönche eifrig bei der Arbeit zu finden. Sie waren dabei, zahlreiche Torma zu formen, schmale kegelförmige Gebilde aus Gerstenmehl, die später mit aus Butter ausgestochenen Plättchen und bunten Ornamenten verziert wurden. Torma können sowohl verschiedene Gottheiten oder Dämonen darstellen, als auch Opfergaben sein. »Wir bereiten eine Zeremonie für Haus und Familie vor«, erklärte die Hausfrau. So waren diese Torma wohl Gaben, um Segen zu erflehen, wie es in kultischen Texten der Sherpa heißt:

> »Ich biete Euch allen das Mahl der Lu, Euer Lieblingsgericht in Tormas geformt an und bitte Euch: Gebt uns von Zeit zu Zeit Regen und dazu immer eine gute Ernte, behütet uns und auch unsere zahmen Tiere vor schlimmen Krankheiten. Eure Hauptaufgabe besteht darin, daß wir alle, der Lama, seine Schüler, der Gastgeber, seine Familie sowie seine Diener gesegnet ... werden.«

Wenn dabei auch um Frieden und Weisheit für alle lebenden Wesen und um Auslöschung der bösen Gedanken gebetet wird, scheint doch das wichtigste Anliegen die Bitte um Bewahrung vor Krankheiten und besonders vor Hungersnot zu sein durch Regen, der Fruchtbarkeit für Felder und Vieh bringt. Es ist nicht verwunderlich, daß die den Naturerscheinungen innewohnenden Kräfte von großer Bedeutung sind für Menschen, die in einer so extremen Natur überleben müssen. Die aus dem Erlebnis geformten Vorstellungen von Naturgeistern spielen in der Volksreligion aller Bergstämme eine wichtige Rolle. Besonders abhängig sind die Nepali vom Regen. Er fällt ja nicht wie bei uns das ganze Jahr über, sondern konzentriert in den Monsunmonaten Juni bis September und sonst nur spärlich Ende Dezember/Anfang Januar und bei Gewittern von Ende März bis Mai. Kommt der Regen zu spät, leidet die Ernte, fällt er zu heftig, führt er zu Katastrophen. Jede menschliche Besiedlung ist zudem vom Vorhandensein von Wasser abhängig.

So sind die »Lu« für die Sherpa besonders wichtig, die Wassergeister, die in jeder Quelle wohnen, die den Regen und, wenn sie erzürnt sind, Unwetter und Hagelsturm bringen. Doch haben die Sherpa keine dumpfe Angst vor unerklärlichen Mächten, sondern die Naturgeister sind »Ausdrucksformen einer bereits von den Menschen erkannten, manchmal auch zu beeinflussenden Ordnung« (Funke). Deshalb werden die Lu auch positiv gesehen, als wohlwollende Verkörperungen der natürlichen Schöpfungskraft. Die Lu verlangen nicht von vornherein die Besänftigung durch Zeremonien. Sie verlangen nur, daß die herrschende Ordnung der Dinge nicht gestört wird. Rund um die Quelle werden deshalb keine Bäume gefällt, ja nicht einmal Blätter geschnitten oder Steine verändert. Der Verehrung der Lu liegt die weise Erkenntnis zugrunde, daß jeder menschliche Eingriff in die Natur das Gleichgewicht stören kann. Ebenso auf Erfahrung gegründet ist die Vorstellung, daß die Lu durch ordnungswidriges Verhalten erzürnt werden: Die Quellen vertrocknen, der Regen bleibt aus oder fällt zu stark. – Es ist ja längst erwiesen, daß in ehemals bewaldeten Gebieten nicht nur Quellen versiegen, sondern auch die Regenfälle nachlassen, wenn die Vegetation verschwunden ist, und daß Regengüsse dann verheerende Folgen haben. – Ich wünschte, wir Menschen hätten mehr Ehrfurcht vor dem natürlichen Gleichgewicht, egal ob wir das naturwissenschaftlich oder religiös begründen, rational ist beides.

Irrwege am Paß des Großen Schnees

Das Anflehen von Lu würde uns nicht viel nützen in den nächsten Tagen. Es lag nämlich völlig in der Ordnung der Dinge, daß jetzt im Frühjahr, wo wenig Niederschläge fallen und die Schneeschmelze noch nicht voll eingesetzt hatte, auf unserem Weiterweg entlang des Höhenrückens kaum Wasser zu finden war.
In Tarke Ghyang hatte man uns geraten, die Alm Phidi, 1200 Höhenmeter über dem Ort, zur Übernachtung zu wählen. Die Almhütte war einladend genug, mit halboffener Giebelseite ruhte der niedrige Steinbau behäbig am Rand einer Gratsenke, wie eine aufgeplusterte Glucke darauf wartend, daß wir unter die Flügel schlüpften. Doch Wasser fanden wir nicht in den zahlreichen Runsen des dichtbewaldeten Hanges. Als wir nach einer Stunde schon fast verzweifeln wollten, entdeckte Lhakpa weit unterhalb Eisreste in einer Felskluft. Wäh-

rend er und Jetha sich mit Pickel und Korb nochmals auf den Weg machten, erzählte Norbu – noch ganz erhitzt und außer Atem –, daß er wie ein Verrückter einem Wildwechsel durch Bambusdickicht nachgerannt sei: »Er hätte vielleicht zu Wasser geführt. Außerdem lag dort die Losung von Kasturi (Moschushirsch). Stellt euch vor, ich hätte ein Kasturi gefangen!« Diese ulkigen Tiere, die Stoff für die Sage von einem asiatischen Wolpertinger liefern könnten, sind nur etwa 60 Zentimeter groß, am Hinterteil aber mindestens fünf Zentimeter höher als an den Schultern. Obwohl sie zu den Hirschen gehören, haben die Böcke kein Geweih (vielleicht würden sie sonst das Gleichgewicht verlieren?), sondern tragen ihre Platzkämpfe mit den Eckzähnen aus, die bis auf neun Zentimeter zu vorstehenden Hauern verlängert sind. Dafür zieren den ziemlich kleinen Kopf der Kasturi zwei große, abgerundete Ohren, die an Hasenlöffel erinnern. Diese scheuen und harmlosen Tiere sind seit Jahrhunderten der grausamsten Verfolgung durch den Menschen ausgesetzt, da eine Drüse am Bauch der Böcke ein berühmtes, duftendes Sekret ausscheidet: den Moschus. Heute noch wird dem Moschus medizinische Wirkung zugeschrieben wie früher auch bei uns, sein Geruch sollte unter anderem die Pest vertreiben. Vor allem wurde er als »anregendes«, d. h. potenzsteigerndes Mittel gerühmt. Wichtigste Abnehmer sind jedoch nach wie vor die Hersteller von Parfums. So sind die einstmals in Asien weitverbreiteten Tiere heute vom Aussterben bedroht. Die synthetische Herstellung von Moschus und ein strenges Jagdverbot haben ihnen nicht viel geholfen, da auf dem Schwarzmarkt horrende Preise gezahlt werden. 1974 wurde ein Gramm Moschus mit dem Vierfachen des Preises für Gold aufgewogen! Wer ist mehr zu verurteilen, der Bergbewohner, der in der Hoffnung auf das große Los so ein Tier zu erbeuten versucht, oder diejenigen, die um eines eingebildeten Lustgewinns oder um des schieren Luxus willen bereit sind, für den immer rarer werdenden Rohstoff immer höhere Preise zu bezahlen?

Während Norbu das Eis schmolz und mit dem Teesieb Blätter, Zweiglein und Flechten abschöpfte, trösteten wir ihn: »Die Chinesen sollen die Preise ruiniert haben, weil sie jetzt Kasturi in Farmen halten und den Moschus gewinnen, ohne sie zu töten.« Norbu lachte plötzlich und gestand, was wir ohnedies vermuteten: »Ich hätte es sowieso nicht fertiggebracht, das Tier zu töten.« (Norbu ißt zwar Fleisch, hält sich aber selbst an das buddhistische Tötungsverbot.)

Der Morgen bescherte uns einen der Wege, die zu gehen man nie aufhören möchte. Sanft steigend und fallend zog er sich auf der Grathöhe dahin, breit ausgetreten vom Viehtrieb auf die Hochalmen. Von Moos und Flechten überwucherte Rhododendren wölbten ihr Laubdach darüber, die ersten zartrosa Blüten geöffnet. Hohe, dunkle Wacholder dufteten. Zwischen den bemoosten Steinen des Weges, zwischen dem Wurzelwerk der knorrigen Bäume wuchsen hochstielige gelbe Primeln und kurzstielige mit großen fliederfarbenen Blüten in dichten Polstern. Bündel von Sonnenlicht tanzten zwischen den Stämmen, malten helle Flecken auf den dunklen Waldboden. Wie schön ist dieses Aufsteigen aus den sommerheißen Tälern durch die Frühlingswälder bis auf die Pässe, wo noch der Winter regiert, und die Rückkehr in die Wärme. Immer wieder konnten wir so den Wechsel der Jahreszeiten erleben.

Am Nachmittag überschritten wir die Waldgrenze. Der Weg verlief jetzt östlich des Grates, der sich felsig aufsteilte. In ständigem Auf und Ab überquerten wir Hangrippen, auf deren Nordseite hart gefrorener Schnee und blankes Eis den Abstieg mühsam machten. Doch waren wir recht froh darum, wir würden auf jeden Fall unseren Hunger und Durst stillen können. In einer Almhütte warteten wir einen Schneesturm ab, der wie ein kurzer Spuk kam und ging. Gegen Abend bauten wir die Zelte an einem der ausgetrockneten Bachbetten auf. »Ich wette, tief unten fließt noch richtiges Wasser«, rief Jetha und steckte den Kopf lauschend zwischen die Steine. Bald begann er an einer Stelle die Brocken wegzuräumen. Nachdem er aus dem Loch geschöpft hatte, baute Jetha noch einen Steinmann als Hinweis für durstige Wanderer.

Als wir endlich wieder auf einen Bach stießen, war der nächste Mittag vorüber. Wir hatten den auf drei Seiten von Fünftausendern umgebenen Talschluß erreicht, einen weiten Gletscherboden, aus dem die Quellwasser des Ripar Khola über einen steilen Abbruch in ein enges Tal stürzen, um sich rasch tiefer zu fressen. Während der Reis schmorte, suchten wir die Bergkette mit den Augen ab nach dem Kangja La, dem Paß des Großen Schnees – das Wort »Kang« weist immer auf viel Schnee hin. Dieser Paß ist geradezu berüchtigt dafür. Viele unserer Sherpafreunde mußten schon mit Gruppen dort umkehren, allerdings hatten sie es von Norden versucht. Zwei von hier aus gangbar scheinende Zwillingsscharten waren zu erkennen, im Nordosten nur durch einen Felszacken getrennt zwei schneefreie Sättel, im Nordwesten das gleiche mit Schnee bedeckt und ein paar hundert Meter höher. Also: Technisch leicht sollte der Kangja La sein → Nordost. Sehr viel Schnee sollte immer auf dem Kangja La liegen → Nordwest. 5122 Meter sollte er hoch sein → Nordost schien zu niedrig, Nordwest schien zu hoch. Die Karte zeigte den Paß in Nordwest, aber sie war nicht zuverlässig. Es war das erste Mal, daß wir uns in unbesiedeltem Gebiet ohne gute Landkarte behelfen mußten.

Auf unsere Frage in Tarke Ghyang hatten wir die Auskunft erhalten: »Was sollen wir euch viel erzählen? Es gibt nur einen Weg dort, und der führt über den Kangja La. Ihr könnt euch überhaupt nicht verlaufen, geht nur immer den Steinmännern nach. « Nun saßen wir auf dem ehemaligen Gletschergrund, der Bach verzweigte sich hierhin und dorthin, Schneeflecken und sumpfige Stellen, Sandflächen und Grasbüschel, Wegspuren begannen und hörten wieder auf. Zur Linken wie zur Rechten zog eine mächtige, alte Seitenmoräne jeweils in Richtung eines Zwillingspasses. Wo die westliche Moräne bis zu einer Talbiegung einzusehen war, stand weithin sichtbar ein riesiger Steinmann. Die östliche Moräne war nicht so deutlich ausgeprägt, ging in einen Schutthang über, einige große Blöcke konnten von Natur oder Menschenhand getürmt sein. Ob es sich um Steinmänner handelte, war auch durch das Teleobjektiv nicht zu erkennen. Wir keuchten also die westliche Moräne hinan. Nichts kann einen so sehr aus dem Rhythmus bringen wie loses Geröll, das immer dann zu rutschen bzw. liegenzubleiben scheint, wenn man das Gegenteil erwartet.

Längst hatten wir den Steinmann hinter uns gelassen, stapften im Schnee, bis die Moräne mit dem Hang darüber zusammenwuchs, eine etwas heikle Ecke, die steil zur Gletscherzunge abbrach, die rechts tief unter uns lag, ein trauriger Rest früherer Größe. Die Sicht war jetzt begrenzt, zur Linken verschwammen über uns stumpfe Schneeflächen mit dem Grau des Himmels. Da es auch noch zu schneien begann, war es, als klebten wir an der Innenseite eines jener kleinen Dinger, Halbkugeln aus Glas, in denen es milchig-trüb wie von Schneeflocken wirbelt, wenn man sie schüttelt. Der Hang war durchfurcht von den Spuren großer Eisbrocken, die von irgendwo außerhalb unseres Glassturzes gekommen und hier steckengeblieben waren, nicht funkelnd oder glitzernd, sondern matt wie blinde Metallspiegel. Ein Felsklotz bot Schutz gegen diese Boten eines unsichtbaren Gletscherbruchs und hatte gleichzeitig ein fast ebenes Plätzchen auf der Talseite entstehen lassen. Hier trampelten wir unser Lager für heute nacht. Sich auf den losen Schnee zu legen, wäre nur anfangs schön weich. Nach wenigen Stunden hätte die Körperwärme eine steißversenkende, rückgratverbiegende Wanne geformt. Die entsteht zwar sowieso, doch nach dem Festtrampeln mit wesentlich geringeren und schlaffreundlicheren Untiefen.

Der Anstieg zu den Schneepässen war am Morgen im milchigen Licht zu sehen, rechts einer Felsnase wildzerrissenes, altersgraues Eis, links davon weichverschneiter Gletscherfirn zwischen Felsen und Spaltenzone. Dorthinauf zogen wir unsere Zickzackspur. Der Mittag fand uns in einer Firnmulde und deckte uns mit einer dicken, warmen Wolke zu. Jeder Skifahrer kennt diese blendende **78** Helle ohne Konturen, wenn keine Hangneigung, keine Bodenwelle auszumachen ist, auch keine Verfärbung des Schnees, die vor Spalten warnen würde. Die Sicht betrug höchstens zehn Meter.

Irgendwann mußten wir ohnedies essen. Wir stellten provisorisch das große Zelt auf. Norbu schmolz Schnee, und wir wären beinahe mitgeschmolzen. Draußen das grelle, fast unerträgliche Licht, das Perlonzelt aufgeheizt von der im Nebel zerflossenen Sonne und den Gaskochern. Dreieinhalb Stunden Zwangspause, bevor wir uns wieder anseilen konnten. Später stellten wir die Zelte in eine Bucht voll Schneewellen unter dem Bogen der Felsen, die die beiden Sättel trennen, während Norbu und Hermann noch ziemlich fassungslos platt auf dem vermeintlichen Paß lagen. Fassungslos weniger, weil wir offensichtlich die falsche Richtung genommen hatten, vielmehr, weil es auf der anderen Seite nicht nur einfach zu steil war, sondern der ganze Berg wie mit einem Axthieb abgeschlagen schien. So wagten sie nur, bäuchlings die Köpfe über die Kante zu schieben, um Hunderte von Metern tiefer die Wand wieder hervortreten zu sehen.

Anderntags mäanderten wir unter bleigrau verhangenem Himmel zwischen den Spalten wieder zum Grund des Gletscherbodens. Obwohl wegen des Irrweges nur noch Stoff für zwei Mahlzeiten und ein paar verstreute Reste in den Körben waren und der berühmte Paß der Umkehrer noch nicht überschritten war, hatten wir alle ausgesprochen gute Laune. Wir hatten uns eben zu den Feiertagen – heute war Ostermontag – einen interessanten Ausflug gegönnt, einen Spaziergang nur zum Vergnügen. Waren wie die Kinder mit dem Salzstreuer hinter dem Osterhasen hergewesen. Außerdem veräppelten wir uns selber: Ein bißchen größenwahnsinnig geworden, was? 5122 Meter kommt euch zu niedrig vor, ihr Angeber! Auf 5600 müßt ihr zwischen den Spalten kriechen, darunter tut ihr's wohl nicht, ihr Spinner! Heiter und unbeschwert stapften wir den Hang hinunter mit lässigen, weit ausholenden Schritten.

Nach einem zweiten Moränenanstieg erreichten wir eine ganze Galerie von Steinmännern, die von unten nur nicht zu sehen gewesen waren, im Gegensatz zu unserem Irrlicht. Am Nachmittag begannen wir mit dem Abstieg vom richtigen Kangja La, der auf der Nordseite tatsächlich mit tiefem Schnee *Abb. S. 69* bedeckt war zur Ehrenrettung seines Namens. Wir wählten allerdings nicht den ›Sommerpaß‹, über dem eine weit auskragende Wächte hing, sondern den nordwestlichen Sattel. Auf dem annähernd 40 Grad steilen Hang schauten gerade noch in Abständen große Felsbrocken aus dem Schnee. Hermann ging voraus in schrägen Linien von einer Felsinsel zur nächsten, gelegentlich die Richtung wechselnd, wie ein Männchen über ein Halmabrett zieht. Während Norbu als letzter mit tief eingerammtem Pickel sicherte und Hermann das **79** untere Seilende ebenso fixierte, hatten wir vier anderen einen am Klettergurt befestigten Karabiner zum Mitlaufen ins Seil gehängt. Immer ein Halmamännchen zog abwechselnd zum nächsten (Felsen-)Punkt, bis wir alle im Zielfeld versammelt waren und das Spiel von neuem beginnen konnte. Zum Totstürzen sah der Hang zwar nicht aus, aber wir konnten nicht einmal einen verstauchten Knöchel gebrauchen.

Ich stand da so auf einem meiner Halmapunkte, während über mir ein anderer am Gehen war, hatte im unteren Blickwinkel Hermann, der sichernd nach oben schaute, dachte wahrscheinlich an Kaffee und Essen, statt an die Großartigkeit des Himalaya – als ich mich unerwartet zu einer bei Bergsteigern unbeliebten Bewegung genötigt fühlte, die man zu ebener Erde als Salto zu bezeichnen pflegt. In Sekundenschnelle folgte ich meiner Flugbahn, deren einzelne Phasen mit Worten zu beschreiben natürlich viel länger dauert:

1. Phase: Ich hebe ruckartig von meiner Plattform ab. Da ich mir keiner Muskelbewegung bewußt bin, muß der Antrieb wohl von außen kommen.

2. Phase: Drehbewegung vorwärts setzt ein, also hat mir nicht etwas die Füße weggeschlagen, sonst wäre ich schlicht auf den Hintern gefallen.

3. Phase: Drehbewegung im Höhepunkt, Kopf unten, Füße oben, Rucksack schlackert irgendwo im Genick. Da ich mich sichtlich frei bewegen kann, ist mir nicht ein Mensch ins Kreuz gerutscht, sondern das war was vom Seil Unabhängiges.

4. Phase: Drehung zu drei Vierteln vollendet. Der Hang unter mir gerät wieder ins Blickfeld. Aha! Ein wild gewordener Korb saust schneller als ich auf Hermann zu. Der lehnt mit gespreizten Beinen am Hang, senkt den Kopf wie ein Bock, der seinen Gegner erwartet, und brüllt: »Keine Sorge, ich halte ihn!«

5. Phase: Rums! Mein Schwerpunkt schlägt eine Dulle in den Schnee, in der ich stecken bleibe. Der Doko schlägt Hermann eine Beule an die Stirn, aber der hält fest.

Von meinem neuen Sitz verschaffte ich mir erst mal einen Überblick. Jetha saß am Ende einer Schleifspur und erging sich in wortreichen Entschuldigungen. Maila malte aus, wie mich der Korb hätte zurichten können, wenn er ihm nicht noch einen Stoß versetzt hätte, so daß er mich nur an der Schulter traf. Lhakpa und Norbu grinsten wie alte Cowboys im Western, wenn ein Greenhorn vom Pferd fällt. Hermann meinte: »Ich hab' mir gedacht, den Korb mußt du halten wie ein Stier. Ich hatte keine Lust, nochmals jedes Trumm einzeln einzusammeln.« P. S. Zu diesem Zeitpunkt waren wir 18 Jahre verheiratet. Daß Hermann sein Augenmerk auf den Doko richtete, beweist allerdings nur, daß er

aus Erfahrung wußte, daß ich meine Purzelbäume auch allein schlagen kann, oder?

Lange noch schallte unser Gelächter aus den Zelten in die ungewöhnlich kalte Nacht. Unsere gute Laune konnte auch nicht schmälern, daß wir morgens die bocksteif gefrorenen Stiefel erst über dem Kocher auftauen mußten, um sie überhaupt anziehen zu können. Wir konnten uns nicht einmal über die schneebedeckten Fallen im Blockwerk des Abstiegs ärgern. Lhakpa brach plötzlich durch und versank mit einem Bein bis zum Schritt. Maila lachte schadenfroh und steckte kurz darauf bis zur Taille in einem Loch. Jetha lachte noch mehr und plumpste darüber auf den Allerwertesten. Norbu wollte über eine schön glatte, ziemlich geneigte Schneefläche zwischen den Blöcken queren. Wie ein tanzender Faun schlitterte er mit wilden Bocksprüngen dahin, rettete sich ohne zu stürzen zwischen die jenseitigen Felsen. (Da war kein Gras drunter, sondern blankes Eis.) Hermann und ich konnten auch nicht viel Nutzen daraus ziehen, daß wir zum Fotografieren zurückgeblieben waren, es waren noch genug Löcher für uns reserviert.

Und dann zerteilte sich der Vorhang der Schleierwolken. Tief unten fror noch der Langtang Khola zwischen weiß überpuderten Talauen. Jenseits malte die Morgensonne mit Licht und Schatten jede Schulter nach, jede Rippe, jede kleinste Runse, standen die Hänge im schneeigen Festgewand mit tausend Falten und Fältchen. Still lagen weite Gletscher unter einer weichen fleckenlosen Decke, nur in den Brüchen blinzelte es mit verhaltenem Grün und Blau. Hell strahlend strebten darüber die Pfeiler und Eisriefen der Siebentausender himmelwärts wie die blanken Pfeifen einer mächtigen Orgel. Fels und Eis und Licht gewordene Harmonie – so schön, daß es schmerzte.

Seite 83:
Die großen Flußsysteme bestanden schon, bevor der Himalaya aufgefaltet wurde. In tiefen Schluchten durchbrechen diese Wasserläufe die Hauptkette. An vielbegangenen Routen bieten fest vertäute Hängebrücken einen sicheren Übergang. An Nebenstrecken behelfen sich die Leute oft mit schwankenden Bauwerken aus Bambus oder Baumstämmen. Dieser Steg über die Buri Gandaki erspart mehr als einen Tag Umweg zur nächsten Hängebrücke.

Seite 84:
Nur in tagelangem Marsch durch eine enge Schlucht und über einen gefährlich steilen Hang ist das Dorf Nyak am Fuße des Manaslu Himal zu erreichen. Viele Dörfer sind so schwer zugänglich, doch hinderte dies die Nepali nie, weite Reisen zu unternehmen, meist als Händler, Träger oder Wanderarbeiter.

Die Schwierigkeit des Gleichgewichts

Vom Ganesh Himal zum Manaslu Massiv

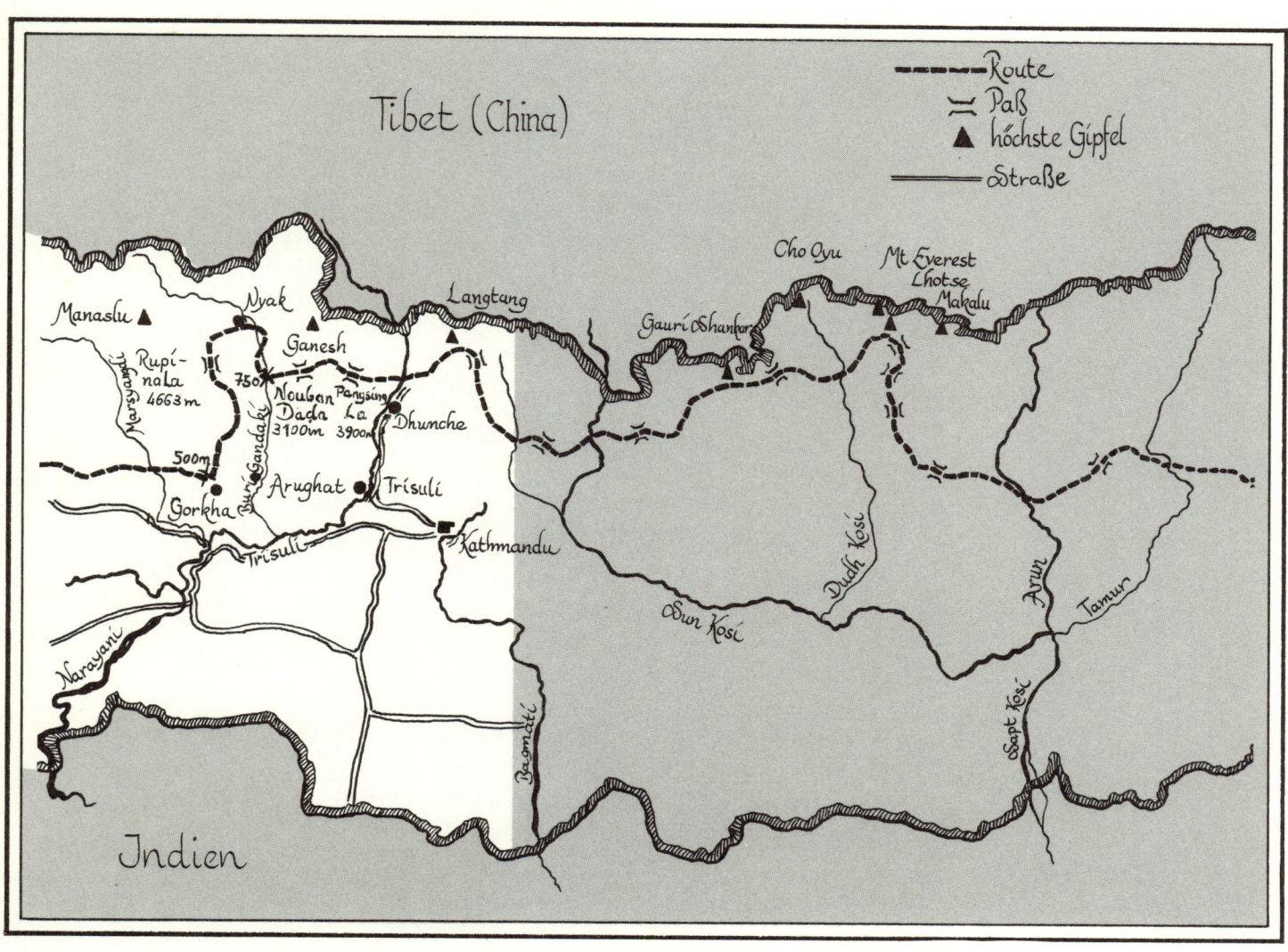

»Leben in unseren kargen Bergen bedeutet eine Menge Arbeit,
ohne daß viel als Ergebnis unserer Mühen zu sehen wäre. Aber so lange noch
eine Handvoll Atem in mir ist, werde ich an den Menschen und an den
Schauplätzen meines Lebens hängen.«

Vishnu Maya Gurung, zitiert von Broughton Coburn, Nepali Aama.
Portrait of a Nepalese Hill Woman, Santa Barbara 1982

Die Kunst des Ausgleichs

Durch Birken- und Lärchenwälder mit dichtem Unterwuchs erreichten wir schließlich den Bach und querten in die Südhänge, wo nur gelegentlich Buschwerk die Weideflächen unterbrach. Lange Mani-Mauern – sie werden so genannt, weil dort Steinplatten mit Buddha-Bildern oder Gebetstexten angebracht werden, meist »Om mani padme hum« – führten zum Dorf Langtang. Es war noch früh und ich setzte mich zu einer Frau in die Sonne, die im Freien webte, einen Babykorb neben sich. Die langen Kettfäden waren in einer schmalen Bahn quer über den Hof gespannt. Sie stellte einen Streifen her für einen Wollteppich, Raḍi. Da die Handwebstühle so schmal sind, ist es erstaunlich, wie die Muster aus brauner, aus hell- und dunkelgrauer Schafwolle zu einem harmonischen Ganzen gefügt werden.

»Wie viele Streifen weben Sie?« – »Das wird nur ein kleiner Raḍi aus drei Streifen.« Sie zeigte mir zwei Bahnen, eine mit Kreuz-, eine mit Mäandermuster. »Die zweite Art webe ich nochmals. Dieses Muster kommt links und rechts hin.« – »Aber das sieht noch gar nicht wie ein richtiger Raḍi aus. Man kann durch die Fäden sehen.« Sie erklärte: »Er muß noch in lauwarmem Wasser eingeweicht und getreten werden, bis er verfilzt. Das braucht viel Kraft, die Männer machen es. Ich muß warten, bis mein Mann nach Hause kommt.«

Ich erkundigte mich, wo ihr Mann sei. »Er ist den Winter über mit den Tieren unten im Wald gewesen. Jetzt ist er dabei, für sie Unterstände auf den nahen Feldern zu bauen. Dann ist der Dünger gleich draußen, bevor er zu pflügen beginnt. Für ein paar Wochen wird er jetzt zu Hause sein, das ist schön. Aber ich habe dann keine Zeit zum Weben, weil ich helfen muß, im Wald Futterlaub zu schneiden und die Felder zur Saat vorzubereiten. Im Sommer geht mein Mann auf die Hochalmen, und ich habe viel zu tun mit Hacken und Jäten. Zur Erntezeit kommt er herunter und bleibt anschließend wieder mit den Tieren auf den Äckern, bis es hier nicht mehr genug zu fressen gibt und er in wärmere Gegenden ziehen muß. Wenn ich die Kartoffeln, die Gerste und den Buchweizen eingelagert habe, bleibt mir Zeit für andere Arbeiten. Dann kann ich mich auch mehr um die Kinder kümmern.« – »Wieviele Kinder haben Sie?« – »Ich hatte fünf Kinder, zwei davon sind schon sehr klein gestorben. – Sind Sie verheiratet? Wie viele Kinder haben Sie?« – »Keines«, antwortete ich wahrheitsgemäß, was mir früher nicht ganz leicht gefallen war, auch wenn ich als Ausländerin oft mit anderen Maßstäben gemessen wurde, denn kinderlose Frauen gelten bei den meisten Nepali als nicht gerade unheil-, aber auch nicht glückbringend, auf jeden Fall als bedauernswert. Auch Hermann war immer in

Versuchung zu schwindeln, seit man ihm geraten hatte, sich doch eine zweite Frau zu nehmen. (Bigamie ist zwar vom Staat verboten, aber im Falle von Kinderlosigkeit erlaubt.) Doch die Frau reagierte wie die vielen Nepali, die von den Kampagnen zur Familienplanung gehört haben: »Wir würden auch gern Familienplanung machen. Es ist nicht leicht, die Kinder satt zu bekommen. Die Ernte reicht nur für drei bis vier Monate, und allzuviel kann mein Mann durch den Verkauf von Butterschmalz, von Wolle und Häuten und meiner Raḍis in Kathmandu nicht verdienen. Wir haben jetzt zwei Töchter und nur einen Sohn. Die Große ist vierzehn, der Bub schon acht und recht kräftig. Aber wer weiß? Wer soll uns im Alter versorgen, wenn er nicht am Leben bleibt? ... Sie sagen, am einfachsten sei es, wenn der Mann sich operieren ließe. Aber mit nur einem Sohn ist das Risiko einfach zu groß. Es wird schon gehen mit den Kindern. In ein paar Jahren können die beiden Großen versuchen, als Träger zu arbeiten und etwas dazuzuverdienen.«

Am nächsten Morgen wanderten wir das enger werdende Tal hinaus. Wenn auch hier die Wälder zurückgedrängt wurden, um Acker- und Weideflächen für die wachsende Bevölkerung und das Vieh zu gewinnen, schien doch das Gleichgewicht nicht völlig gestört wie anderswo oft. Vor allem die Hänge unterhalb von Erosionsrinnen aus den 5000 bis 7000 Meter hoch aufragenden Bergen waren zum Schutz dicht mit Eichen bewachsen.

In Ghora Tabela passierten wir eine Militärstation. Die Soldaten sollen die Einhaltung der strengen Nationalparkregeln überwachen: Wald darf nicht in Acker- oder Weideland verwandelt, es dürfen keine Tiere gejagt werden; ohne Genehmigung darf kein Holz geschlagen, kein Haus gebaut werden und vieles mehr. Das arme, kleine Nepal leistet sich sechs Nationalparks, fünf Wildreservate und ein Reservat mit beschränkter Jagderlaubnis, die zusammen fast acht Prozent der Landesfläche umfassen, weitere Schutzgebiete sind geplant. Der 1976 eingerichtete Langtang Nationalpark ist der zweitgrößte. Wenn auch die Schutzgebiete in erster Linie das ökologische Gleichgewicht und die Tier- und Pflanzenwelt erhalten sollen und als natürliche Genbanken dienen, heißt es doch im Gesetz »zur Wohlfahrt aller«. So sind nur Teile völlig für jegliche Nutzung gesperrt. In bereits besiedelten Gebieten wird versucht, die Erfordernisse des Naturschutzes mit den Bedürfnissen der Bevölkerung in Einklang zu bringen, den Leuten, trotz aller Einschränkungen, durch verbesserte Weidepraktiken und Anbaumethoden, durch Brennholzersatz u. ä. ein gleichbleibendes Auskommen zu sichern.

Der Chitwan Nationalpark mit seinen Tigern und Nashörnern fördert gleichzeitig den Tourismus. Im Sagarmatha Park sollen die Schäden durch Tourismus repariert, in Langtang verhindert werden. Zum Rara See in Westnepal kommen nur wenig Ausländer und kaum einer in den Khaptad Park. Der größte, der She-Phoksundo-Nationalpark, liegt gar in einem für Fremde völlig gesperrten Gebiet.

Das Langtangtal wird längst nicht von so vielen Touristen besucht wie das Everest- oder Annapurna-Gebiet, aber auch hier machte sich bemerkbar, daß Trekking-Köche pro Gast und Tag 4 bis 6 kg Holz verbrauchen – im Gegensatz zum Bedarf der Einheimischen von etwa einem Kilogramm. Zudem verleitet der scheinbar so reichlich vorhandene Wald zur Selbstbedienung für große Lagerfeuer. Auch die Einzeltouristen, die beim Essen am Feuer der Einheimischen teilhaben, bevorzugen Unterkünfte, wo sie sich abends an einem eigens entzündeten Holz- oder Holzkohlenfeuer wärmen können. Und schließlich werden für sie neue Häuser gebaut, wobei viel Holz verlorengeht, weil die Balken und Bretter nur mit der Axt zugehauen werden.

Schlimm ist eine neue Mode: Kurzzeit-Touristen, die normalerweise nur das Kathmandutal und vielleicht Pokhara besuchen, machen schnell einen Helikopter-Trip zu den »Eingeborenen« von Langtang. Eher noch als andere observieren sie die Leute nur durch die Linsen ihrer Kameras, als handle es sich um eine Affenart, streuen gönnerhaft Bonbons, Zigaretten und alte Klamotten unter die »armen Primitiven« und kommen sich dabei großartig vor. Es ist ja auch erhebend, mehr oder weniger bewußt zu erfahren, wie überlegen man ist mit Technik, Wohlstand und sooo ›entwickelt‹! »Ich glaube, die Touristen mögen uns deshalb so gern, weil wir so arm sind«, hatte ein nepalischer Freund gesagt. Wer länger unterwegs ist, ahnt vielleicht etwas von der reichen Kultur der Nepali. Ein Teilnehmer an einer Konferenz sagte: »Ich denke, fremde Völker zu besuchen, ist eine Demutsübung. Bist du nicht demütig, wirst du nicht richtig sehen, nicht richtig fragen und nicht richtig erfahren können. Dein Besuch wird nicht ohne Schaden für die Besuchten sein.«

Gatlang und der gnadenlose Fortschritt

Die Detonationen klangen ebenso brutal in den Ohren, wie es der Anblick der Verwüstung am Gegenhang für die Augen war. Ein gewaltiger Bergrücken, der vom Ganesh-Himal herabzieht, fällt mit ziemlich massiven Felsen zur Bhote Kosi ab (wörtlich Tibetfluß, weshalb mehrere Flüsse so heißen, die

Seite 93:
Die Bauern produzieren soweit möglich alles selbst, was sie brauchen. Neben Nahrungsgetreide und Gemüse bauen sie Ölsaaten wie Senf an (hier vor einem Gurung-Dorf). Sie halten Kühe, Büffel, Ziegen, Hühner, manche Stämme auch Schweine. Die Gurung züchten besonders viele Schafe, deren Wolle sie selbst verarbeiten oder verkaufen. Da die wenigsten Überschüsse erwirtschaften können, müssen sie sich das Geld für Salz, Metallwaren, Medizin u. ä. anderweitig verdienen. Viele Gurung gehen als Soldaten in die britische, indische oder auch nepalische Armee.

Seite 94:
Die einsamen Hochwälder erfreuten nicht nur das Auge, sie lieferten uns auch Nahrung: Beeren und Pilze und als besonderen Leckerbissen wilden Knoblauch. Vom Wege abkommen darf man allerdings nicht. Wer diese kleine Brücke über den Darāudi Khola verfehlt, bleibt bald hilflos im Dickicht des Nebelwalds stecken.

jenseits der Grenze entspringen). In einer flacheren Nische des Hanges, der an den steilen Stellen ohne nutzbare Bodenbedeckung war, hatte sich Erdreich abgelagert. Dort hatten Bauern in jahrzehnte-, vielleicht jahrhundertelanger mühsamer Arbeit Terrassenfelder angelegt, hatten oberhalb und unterhalb eines Felsriegels zwei Dörfer gebaut. Und dort, an dem (scheinbar) leichtesten Zugang zum Höhenrücken waren Straßenbauer am Werk. In wildem Zickzack zerriß die Trasse den Hang, fraß sich mitten durch die Felder und zerstörte noch viel mehr durch den Abraum, der einfach den Hang hinuntergeworfen wurde. Unsere Begleiter waren genauso entsetzt und sich in der Beurteilung einig: »Diese Straße wird viel Leid über die Leute bringen.«

Sie wußten, wie kostbar jedes Fleckchen Ackerland ist, hatten sie doch ihre Familien, ihre Heimat verlassen, weil die paar Felder nicht zur Ernährung ausreichten und kein Neuland mehr verfügbar war. Sie wußten um den Wert der Trägerarbeit, weil sie wie Zehntausende ihrer Landsleute nur davon leben, daß es in Nepal eben kaum Straßen gibt. Hunderttausende von Kleinbauern suchen durch Trägerdienste ein Zusatzeinkommen. Viele leben von der Dienstleistung in Läden, Restaurants etc. entlang der Wege. Und sie wußten aus Erfahrung, wie labil solche Ablagerungen auf felsigem Grund sind. Zu tief verwundet und von den heftigen Monsunregen unterspült, könnte der ganze Hang eines Tages zu Tal stürzen, die Bhote Kosi aufstauen und infolgedessen mit einer gewaltigen Flutwelle Tod und Verderben weit nach Süden tragen, wie dies andernorts schon geschehen ist. Diese Straße kann nicht einmal die übliche Begründung in Anspruch nehmen, daß für die Bewohner eines großen Gebietes verkehrstechnische Erleichterungen geschaffen würden, oder daß durch die Anbindung einer Distrikthauptstadt die Verwaltung des Landes vereinfacht würde. Nein, sie führt in unbewohnte Wildnis. Warum?

Am Fuße der Eisflanken des Ganesh-Himal, in über 4000 Metern Höhe, wurde ein Vorkommen von Zink und Blei entdeckt. Da Nepal arm an Bodenschätzen ist, schien dies eine Sensation. Doch die Rohstoffe sollen keineswegs für die nationale Produktion ausgebeutet, sondern nach Indien transportiert werden, wo ein britisch-indisches Konsortium die Verwertung übernimmt. Nepal muß die Straße bauen und unterhalten und wird dafür an den Gewinnen beteiligt. Mag sein, daß diese Rechnung für die Staatskasse aufgeht – was ich bezweifle, denn selbst die von Entwicklungshilfegebern geschenkten Straßen bürden dem Haushalt kaum tragbare Unterhaltskosten auf. (Ein Danaergeschenk nannte dies der Schweizer Nepalexperte Toni Hagen.) Aber berücksichtigt man die Schäden für die Ökologie und für die ländliche Ökonomie, zahlen die Nepali drauf, vor allem die Ärmsten, die am wenigsten gefragten Dörfler und

Träger, deren Lebensgrundlage zerstört wird, ohne daß die heimische Wirtschaft genug alternative Arbeitsplätze bieten kann.

Bei den Arbeiten an der von der Armee gebauten Straße werden nur wenige Beschäftigung finden, und dann nur zeitweise. In der Mine werden voraussichtlich viele Inder mit Bergbauerfahrung angestellt werden. Ein vorteilhafter Handel wird sich ebensowenig entwickeln wie an den anderen Straßen im Bergland; da dort nirgends nennenswerte Überschüsse produziert werden können, ist der Austausch sehr einseitig – indische Massenwaren verdrängen nur die heimischen Handwerksgüter.

Oh, ihr Künder und Verteidiger der buddhistischen Lehre, die ihr von Flammen umlodert im Vorraum der kleinen Gomba von Shyabru Besi die Stätte des Glaubens bewacht, könnt ihr nicht auch dieses Tal beschützen? Aber wir Menschen sind für unser Tun allein verantwortlich. Auch die Natur wird sich nicht ›rächen‹ wie ein willentlicher Richter. Sie blutet aus den zugefügten Wunden, und da wir – ob wir dies wahrhaben wollen oder nicht – ein Teil von ihr sind und nicht ihre Herren, verbluten wir mit.

Der alte Fußweg führte nicht den Hang hinauf, den die Straßenbauer gewählt hatten, sondern nach Norden am Fuß des Berges, der hier ganz aus dunklen Felsen bestand, auf denen die Hitze flimmerte und nur an manchen Stellen sich kaktusähnliche Wolfsmilchgewächse behaupten konnten. Nach wenigen Kilometern ging es in einem weiten, südwestlichen Bogen durch ein sanftes Nebental hinauf nach Gatlang, wo der Weg wieder auf die geplante Trasse traf. Warum waren die Straßenbauer nicht der Erfahrung der alten Wegebauer gefolgt? Hier schien wenigstens die Gefahr eines Bergsturzes geringer.

Gatlang liegt abseits einer Hauptroute, »unglaublich unberührt«, wie ein nepalischer Journalist schrieb. Die Gatlangi sind Tamang, aber ein ganz anderer Schlag als unser Maila, größer, kräftiger und kantiger. Auch ihre Sprache konnte Maila nicht verstehen. An ihren ausdrucksstarken Gesichtern, an den durchwegs noch selbstgewebten Kleidern aus grober Wolle, aus ihrem Verhalten spürt man sofort, daß die Gatlangi eigenwillig und eigenständig sind. Man könnte wirklich annehmen, sie lebten hier weltabgeschieden. »Sie kommen nur selten nach Trisuli«, hieß es im selben Artikel. Wir fragten nach, denn wir konnten uns kaum vorstellen, daß die Gatlangi so wenig Verbindung zur Außenwelt pflegten, das wäre gar nicht nepal-typisch. »Was sollen wir in Trisuli?« hörten wir. »Wir gehen nach Kyirong in Tibet, von dort holen wir seit jeher unser Salz. Auch gibt es dort bessere Pflüge und für unser rauhes Klima geeigneteres Saatgut als im Süden.« Was also sollte ihnen die Straße nützen? Wir fragten und erhielten die diplomatische Antwort. »Unser Bürgermeister

Die traumhafte Schönheit der Landschaft und der Anblick der harmonisch eingefügten Dörfer läßt oft vergessen, wie schwer das Leben der Bewohner ist.

Seite 95:
Der blütengesäumte Moorsee am Fuß des Rupina La, 4663 m, erschien uns wie ein prächtiger Festsaal. Besonders, da er nur wenige Meter neben der Eiswüste eines Gletschers liegt.

Seite 96:
Herrlich ist die Aussicht über das fruchtbare Tal von Pokhara zur Annapurna-Kette mit der auffallenden Gestalt des Machhapuchhare, 6992 m. Doch die Bewohner der dichtbesiedelten Gegend müssen Brennholz viele Stunden lang herbeischleppen. Meist ist dies Frauenarbeit.
Schwerer zu verkraften als die Mühen des Alltags erscheint mir der Wandel, der durch Tourismus und den sogenannten ›Fortschritt‹ plötzlich über Pokhara hereingebrochen ist.

97

ist dafür. Er ist der reichste Mann im Dorf, der einzige, der auf seinen Feldern Überschüsse erwirtschaften kann, der übriges Geld hat. Er hält die Straße für nützlich. «

Ein Bauer mit dem nur in Gatlang üblichen Wollkäppi mit Streifenmuster bot uns ein leerstehendes Haus zur Übernachtung an. Das ganze Dorf besteht aus mehreren parallelen Straßenzügen mit einheitlichen Reihenhäusern. Die Trennwände und die Rückwand sind aus behauenen Feldsteinen geschichtet. Die Vorderfront ist im Parterre offen als Unterstand für Vieh und Lagerraum. Im ersten Stock, zu dem eine leiterähnliche Holztreppe hinaufführt, befindet sich ein kleiner Vorraum vor der zurückgesetzten Eingangstür und in der Holzwand daneben ein reichgeschnitztes, dreiteiliges Fenster. Unter dem durchgehenden Schindeldach ist noch Platz für Vorräte.

Ein Ausruf der Verwunderung lockte uns ans Fenster. »Na sowas, Sie kommen hier hereingeschneit und finden gleich ein leeres Haus! Ich bin seit drei Wochen hier und das nicht zum ersten Mal – und konnte nur einen etwas windigen Anbau beziehen. « Wir unterhielten uns lange mit Denis, einem französischen Wissenschaftler. Seit fünf Jahren forschte er in den Dörfern am Fuß des Ganesh Himal. Eigentlich Geograph, befaßte er sich auch mit der Kultur und Landwirtschaft der Bewohner. Er sprach den hiesigen Tamang-Dialekt fließend und verstand sich offensichtlich gut mit den Leuten, stets waren wir von einer scherzenden Menschengruppe umgeben. Warum sie ihm trotzdem nicht von dem leeren Haus erzählt hatten? Vielleicht weil der Besitzer es nicht für längere Zeit vermieten konnte, vielleicht weil Denis trotz aller guten Absichten eine Art ›Schnüffler‹ von Beruf war und die stolzen Gatlangi so eine gewisse Reserviertheit andeuten wollten?

Denis schätzte die Straße so ein wie wir. »Die beiden Dörfer am Hang müssen geräumt werden. Ein Teil der Häuser ist schon abgerissen, weil sie im Weg waren. – Die Behörden in Dhunche, die für den Langtang-Nationalpark zuständig sind, wollen zwar darüber wachen, daß kein Holz nach Süden exportiert wird, aber wie wollen sie das durchhalten? Ich sehe schwarz für den herrlichen Wald am Paß. Sie werden ihn ja erleben. «

Während Denis einem Jungen die verschrammte Hand verband, beschrieb er uns den Weiterweg. Eine alte Frau mit einem mächtigen Kropf – ein weitverbreitetes Übel in den Hochdörfern, die nur das jodfreie tibetische Salz verwenden – meinte: »Wegen ein paar Kratzern so ein Theater! Gebt mir lieber eine Medizin, damit ich meinen Kropf verschlucken kann«, und lachte selbst am meisten über den Scherz.

98 Die Wälder oberhalb von Gatlang waren ein Juwel unter den Hochwäldern,

völlig intakt und von den Gatlangi pfleglich genutzt auf Almen, die gerodet und nicht gebrannt wurden, letzterem fallen oft viel zu viel Bäume zum Opfer. Zwischen hohen Koniferen leuchteten Chimalblüten, eine Rhododendronart, in den verschiedensten Farbtönen von reinem Weiß, von zartem Rosa bis zu kräftigem Purpur, von Fliederfarben bis zu tiefem Blaurot. Über vierzig Farbtöne wurden hier gezählt. Mit ihrem Blütensaum vor dem dunklen Grün der Nadelbäume glichen die Almen Märchenwiesen.

Selbst wenn die Gatlangi der Versuchung widerstehen können, über die Straße Holz nach draußen zu verkaufen – und sie sind ja nicht wohlhabend, immer noch essen sie Githha, eine wilde, in rohem Zustand giftige Wurzel, wenn auch ihr Speisezettel reichhaltiger geworden ist, seit sie außer Mais, Hirse, Gerste und Buchweizen auch Kartoffeln und Bohnen pflanzen –, selbst dann wird der Straßenbau an sich, werden die Bauarbeiter und später die Minenarbeiter für Unterkünfte und Brennstoff Unmengen Holz verbrauchen und die Fahrer der Transportfahrzeuge sich hier eindecken für den eigenen Bedarf oder für ein gutes Geschäft in Kathmandu. »Der größte Feind unserer Wälder ist die Straße«, schrieb 1980 ein nepalischer Forstbeamter aus bitterer Erfahrung. Wir stiegen auf durch all die Pracht zum Kurpu Daḍa, zutiefst bewegt von soviel dem Untergang preisgegebener Schönheit, die gleichzeitig die Lebensgrundlage für die Gatlangi war. Mag sein, daß Gatlang einen vorübergehenden Aufschwung erfahren wird, aber ohne Wald werden die Dörfler ärmer sein als je zuvor. Githha kann man kochen und dann essen. Blei bleibt giftig.

Dörfer zwischen Graten und Schluchten

Regen war in Graupelschauer übergegangen, während wir den Pangsing La (ca. 3900 m) überschritten, auf dem der Schnee noch 20 Zentimeter tief lag. Mitten daraus leuchteten unterhalb der Paßhöhe Frühlingsboten: Chimal-Blüten mit ihrer phosphoreszierenden Farbe, die anstelle eines Duftes Insekten anlockt. In der Hoffnung, bald wieder aus dem Schnee zu kommen, hatten wir die Bergstiefel nicht ausgepackt. Und je mehr sich der Abstieg als eine Schlitterpartie zwischen den Baumwurzeln erwies, um so weniger Lust hatten wir dazu. Der Spaß an unseren akrobatischen Verrenkungen und die Schadenfreude, wenn einer sich einen nassen Hosenboden holte, kamen uns als Aufmunterung gerade recht.

Abb. S. 81

Nach einer feuchten Nacht mit zwei Hüterbuben in einer nur mit Bambusmatten verkleideten Almhütte, umgeben vom Blöken und Schnaufen der Schafe, erreichten wir das Dorf Tipling, das zu Füßen des steilen Waldes auf einem sanften Abhang liegt, bevor der Berg zu einer Schlucht abbricht. Es war, als hätte das Land kurz Atem geholt, um Lebensraum für die Menschen zu schaffen.

Abb. S. 82 Tipling feierte den Frühling auf seine Art. Alle Bewohner hatten die in die Wellen des Geländes eingeschmiegten Häuser verlassen. Auf den vom gestrigen Regen weichen Terrassenfeldern trieben die Männer kleine, schwarze Ochsen unter dem hölzernen Joch mit melodischem Pfeifen und Rufen an, zogen mit dem Pflug Furchen entlang der von der Natur vorgegebenen Linien. Frauen und größere Kinder zerkleinerten die Schollen mit einem Schlegel, kleine Kinder tollten dazwischen mit den Dorfhunden. Großmütter wiegten Säuglinge in der Sonne. Auf den noch unbearbeiteten Feldern weideten magere Kühe gemächlich vom ersten Gras oder zupften am Laub von im Wald geschneitelten Zweigen. Zicklein kletterten an den Böschungen mit übermütigen Sprüngen. Die Luft war erfüllt vom dumpf-köstlichen Duft der aufgebrochenen Erde, vom feuchten Dunst des nahen Waldes, von Rufen, Lachen und Vogelgezwitscher.

Hart ist die Arbeit der Bauern für kargen Lohn, das Klima ist rauh, die Böden sind wenig ertragreich. Die Humusbedeckung beträgt nur etwa 20 Zentimeter, weshalb der Hakenpflug, der nur Furchen reißt, das richtige Arbeitsmittel ist. Unsere Pflugscharen würden die unfruchtbaren tieferen Erdschichten aufmischen, außerdem große Schollen wenden und zu sehr der Austrocknung durch Sonne und Wind preisgeben. So einfach die Hakenpflüge aussehen, sind sie doch ein komplizierter Mechanismus aus genau abgestimmten Teilen, dessen Herstellung exaktes Wissen voraussetzt. Je nachdem, an welchem Zapfen z. B. der Pflug mit dem Joch durch einen Riemen verbunden wird, kann die Furchentiefe zwischen 5 und 25 Zentimetern variiert werden. – Die Bauern lächelten uns aus schweißnassen Gesichtern zu, ohne ihren ruhigen Schritt zu unterbrechen. Harte Arbeit – und doch war eine freudig-festliche Stimmung spürbar. Ein neues Jahr (in Nepal beginnt es Mitte April), ein neuer Frühling voll Licht und Wärme, neue Hoffnung, neues Leben.

Gleich hinter Tipling mußten wir ein schroffes Tal queren, um nach Shertung zu gelangen, das wieder wie eine Insel zwischen Graten und Schluchten lag. Noch viel tiefer mußten wir anschließend in den Canyon des Markimro Khola absteigen, nur um gegenüber einen fürchterlich steilen, zerklüfteten Hang nach Thir hinaufzuschwitzen. Er war bis auf einige Einzelbäume und ein wenig Busch-

100

werk abgeholzt, wie auch die Hänge im Süden entlang des Ankhu Khola, wo wir von fern einen Bergsturz sehen konnten, der über Hunderte von Höhenmetern vom Kamm bis hinunter zum Fluß reichte. Die Erosion ist in erster Linie naturbedingt und wird von den Menschen nur verstärkt. Die Erdscholle des indischen Subkontinents schiebt sich in die des tibetischen Hochlandes und faltet den Himalaya ständig weiter auf. Die Folge sind Erdbeben und unvermeidliche Abtragungsprozesse. Hier im Ganesh Gebiet wächst der Himalaya besonders schnell.

Die Hitze flimmerte auf den mageren, steinigen Äckern, von denen der Wind das knochentrockene Erdreich als Staub davontrug. Diesen Feldern fehlte die regelmäßige Zufuhr an Feuchtigkeit aus einem Wald, der die Niederschläge speichert, entsprechend ist der Boden auch stärker der Auswaschung durch die heftigen Regengüsse ausgesetzt, deren Wassermassen ungebremst zu Tal stürzen. Es fehlt Laub als Streu für das Vieh und anschließend mit Mist vermischt als wertvoller Dünger. Selbst der Mist muß getrocknet und verbrannt werden, da Holz Mangelware geworden ist, und fehlt dann wieder auf den Feldern. Ein Teufelskreis der Verarmung beginnt, sobald der Wald als Spender von Nahrung für Mensch und Tier, von Feuchtigkeit und Schatten, von Streu und Dünger und als Schutz für die labilen Hänge ausfällt. Ein mickriges Rinnsal versorgte die ärmlichen Steinhäuser von Thir mit Wasser. Wie lange wird es wohl noch fließen? Dann werden die Frauen zwei Stunden brauchen, um vom Markimro Khola einen Krug mit 20 Liter Wasser heraufzuschleppen. Oder die Bewohner werden ins Terai und in die Städte flüchten ...
Die ganze Gegend schrie förmlich nach Aufforstungsprogrammen. Vielleicht werden sie auch bald begonnen, die Regierung und ausländische Entwicklungshilfegeber konzentrieren ihre Aufmerksamkeit immer mehr darauf. Gleichzeitig aber gefährdet eine Straße die Wälder von Gatlang!

Nach vielen Stunden hoch in den kahlen Hängen, von einem weiteren Canyon zu einem langen Umweg gezwungen, betraten wir aufatmend die kühlen Wälder am Nouban Dada, dem Neun-Wälder-Grat. Ernster waren sie mit vielen Nadelbäumen und stärker gelichtet als die Wälder von Gatlang. Dennoch flossen Bächlein durch weiches Moos, wuchs auf moorig-dunklem Boden genug Unterholz und feiner Bambus. Unweit der Paßhöhe richteten wir uns in einem Bhatti mit einem Dach aus rußgeschwärzten Bohlen ein. In den hohen Bäumen hingen helle Ringe wie Lampions: Aus ihren fast schwarzen Gesichtern mit dem hellgrauen Haarkranz beobachtete uns eine große Horde Langur-Affen, die graubraunen Körper mit dem langen Schwanz vor dem dunklen Hintergrund kaum sichtbar. Den jüngeren wurde es bald zu langweilig, sie begannen

Abb. S. 82

101

im Astwerk herumzuturnen und sich mit weiten Sprüngen von Baum zu Baum zu hetzen. Die älteren kletterten bedächtig immer höher in die Wipfel, um sich an den letzten Strahlen der Sonne zu wärmen, die noch über den Paß fielen. Jenseits fiel das Gelände so jäh ab, daß der Pfad zeitweise mit über ihren Stümpfen gelagerten, gefällten Bäumen angelegt war. Auf den ersten Feldern am Waldrand trafen wir einen Bauern, der uns riet, nicht hinunter zum Bach und über weitere Pässe in nördlicher Richtung zu gehen, sondern hoch über dem Chhoto Khola nach Westen und von dort direkt ins Buri Gandaki Tal abzusteigen, wo uns eine Winterbrücke auf die Hauptroute bringen würde. (Winterbrücke meint einen einfachen Behelfsbau, der fast jedes Jahr im Monsun vom Hochwasser mitgerissen wird.)

Wir waren vom Paß (ca. 3100 m) schon rund 1000 Höhenmeter abgestiegen, jetzt ging es eben dahin. Zwischen schmalen Feldern, mit den Steinen eingefaßt, von denen sie so gut wie möglich gesäubert waren, fanden nur wenige, einzelne Häuser Platz an den steilen Hängen. Nach ein paar Kilometern standen wir nochmals mehr als 1000 Meter über der Buri Gandaki. Wir folgten dem kaum sichtbaren Pfad zur Behelfsbrücke hinunter über Hunderte von Terrassen. Wenn die steinernen Stützmauern höher als 70 bis 80 Zentimeter waren, hatten die Bauern einzelne Platten als Tritthilfen hervorstehen lassen. Sonst mußten wir jedesmal, nachdem wir – manchmal mit nur zwei Schritten – die schmalen Terrassen gequert hatten, auf die nächste hinunterspringen. Mit einer Last im Kreuz eine ordentliche Prüfung für die Knie.

An einem der verstreut liegenden Häuser vergewisserten wir uns, ob wir noch auf dem richtigen Weg waren. »Wollen Sie ein Ei kaufen?« fragte der Bauer und öffnete seine Mütze, die er wie eine Schüssel in der Hand hielt. »Ein Ei nicht, aber sechs.« – »Zwei kann ich euch geben. Aber bei sechs müßte ich erst meine Frau fragen, denn sechs Eier ist gerade alles, was wir haben.« – »Das hat keinen Wert«, sagte Norbu. »Entweder alle bekommen was oder keiner.« – »Na denn nicht. Meine Frau ist nicht zu Hause.« Wahrscheinlich hatte die Frau das Hühnervolk vor Jahren als Mitgift mitgebracht oder selbständig mit der Zucht begonnen, vielleicht mit einem ›Kredit‹ von der Nachbarin in Form einer Henne und eines Hahns, den sie dann mit einem Teil des Nachwuchses zurückzahlte. Viele Frauen treiben Kleintierzucht und Gemüseanbau in eigener Regie. Aber auch sonst sind es meist die Frauen, die über Einteilung und Verwendung der landwirtschaftlichen Erträge entscheiden. Sie haben den besseren Überblick, da ihnen die Einlagerung und Weiterverarbeitung obliegt, auch die Auswahl des Saatgutes. Und wo Mann und Frau nicht ohnedies getrennt wirtschaften, verwahren häufig die Frauen das Bargeld.

102

Weiter ging unser Unternehmen Spring-ins-Feld bis zu einem senkrechten Abbruch zum Fluß. In einem weiten Bogen führte ein Zickzackpfad zum Fuß der Felsen zurück. Eingeklemmt zwischen diesen und einem alten Erdrutsch auf der anderen Seite, schäumte die Buri Gandaki besonders bedrohlich. Aber ruhig ist sie nirgends, und hier boten Felsblöcke im Flußbett die Möglichkeit, eine Brücke hoch über dem Wasser anzubringen. Eine Anzahl dünner Baumstämme war von Fels zu Fels gelegt und an jedem Ende mit Steinen beschwert, die ein Abgleiten verhindern sollten. Auf den Stämmen waren mit Bambusstreifen Querhölzer festgebunden. Das Ganze war mit Graswasen und flachen Steinen belegt, um Trittflächen zu schaffen. Geländer natürlich keines, woran hätte man es auch befestigen sollen?

Wir standen jetzt oben auf einem riesigen Block, der geradeaus glatt, wie ihn das Wasser geschliffen hatte, in den Fluß abfiel. Zur Rechten, wo er sich an die Felswand anlehnte, war er nicht ganz so steil und wies Risse und Kanten auf. Der Abstieg zur Brücke führte eindeutig über diese Kletterei. Mit einer Hand gegen die Wand gestützt, tasteten wir uns vorsichtig über nur wenige Zentimeter breite Trittchen hinunter. Angst und bang hätte uns vor allem um Jetha und Maila mit den wackligen Körben werden können, hätten wir nicht die unglaubliche Trittsicherheit der Nepali gekannt.

Am Fuße angelangt, erlebten wir gleich eine weitere Demonstration. Eine wohl sechzigjährige Frau mit weißem Haar kletterte mit größter Selbstverständlichkeit herunter, sogar ohne die Hände zu Hilfe zu nehmen. »Gehen Sie Richtung Labu Besi?« Und als wir bejahten: »Richten Sie bitte aus, daß das Büffelfleisch in zwei Stunden kommt.« – »Büffelfleisch? Wieso gerade in zwei Stunden?« – »Andere sind kurz hinter mir und treiben einen Büffel. Aber über den Felsen bringen wir ihn nicht herunter, und über die Brücke würde er sowieso nicht gehen. Deshalb schlachten wir ihn hier. Das dauert ungefähr eineinhalb Stunden. Bis zu dem Ort Labu Besi, wo wir das Fleisch verkaufen wollen, brauchen wir noch eine gute Viertelstunde.« Wir versprachen, alles getreulich zu melden, worauf sie wieder behende den Felsen hinauf verschwand.

Ob die anderen wohl auch die Versuchung verspürten, auf allen Vieren über die Brücke zu kriechen? Aber mit Last oder Rucksack geht das ohnedies nicht, und ich hatte längst gelernt, daß dies nicht unbedingt von Vorteil ist. Am besten setzt man in der Mitte einen Fuß genau vor den anderen, so hebt und senkt sich die Brücke zwar unter dem Gewicht, würde man aber breitbeinig gehen oder eben auf allen Vieren, würde die Brücke mal links mehr belastet, mal rechts, und dann auch noch seitlich auf und ab zu wippen beginnen. Das elastische

Abb. S. 83

Seite 105:
Kinder zu haben, ist für die Nepali eine Freude, nicht nur weil sie für die meisten die einzige Möglichkeit der Altersversorgung sind. Sie wachsen in der Geborgenheit der Großfamilie auf und dürfen sich im Spiel frei entfalten, ohne ständig gemaßregelt zu werden. Die Kinder, vor allem die Mädchen, müssen schon bald in Haus und Hof mithelfen, dafür werden sie auch ernstgenommen als Träger der Zukunft. Sie wachsen bruchlos ins Erwachsenenleben hinein und sind früh selbständig.

Seite 106:
Schulen werden oft zwischen den Dörfern errichtet, wie diese Grundschule am Ghurchi Lekh, um vielen Kindern den Besuch zu ermöglichen. Wege von eineinhalb Stunden und mehr sind keine Seltenheit. Doch liegt es weniger an den langen Wegen, daß nicht alle Kinder die Schule besuchen. Der theoretische Unterricht ist für den Alltag wenig hilfreich. Landwirtschaftliche und handwerkliche Fertigkeiten werden in behutsamen Lehrjahren von den Eltern auf die Kinder übertragen.

104

Bauwerk schwankte weniger als befürchtet, und so erreichten wir über den tosenden Wassern das jenseitige Ufer ohne allzuviel Herzklopfen.

In Labu Besi wurde die Büffelfleischmeldung mit Genugtuung aufgenommen. Während der trockenen Jahreszeit betreiben die Bewohner des oberhalb gelegenen Dorfes Labu hier Rasthäuser, denn dann ziehen die Trägerkolonnen auf der Hauptroute von und zur Straße nach Kathmandu, nach Pokhara oder Trisuli.

Ein Holzstoß am Fluß

Wir wollten noch ein Stück flußaufwärts, wo Norbu einen besonders schönen Zeltplatz wußte. Oberhalb von Labu Besi war das Flußbett ganz flach und viel breiter. Hier war die Buri Gandaki vor elf Jahren zu einem See aufgestaut gewesen. Der ganze jenseitige Hang war trotz Bewaldung auf einer Breite von etwa 800 Metern abgerutscht. Die Reste der Erdlawine lagen am diesseitigen Ufer über hundert Meter hoch aufgetürmt.

Norbu berichtete, was die Einheimischen erzählen: Im großen Marktflecken Arughat, zwei Tagesmärsche südlich, war ein Lama aus dem Kloster von Samagaon am Fuße des Manaslu von einem Händler betrogen worden. Als der Lama oben auf dem jenseitigen Kamm nach Hause zurückkehrte, sprach er einen Fluch gegen die geldgierigen Geschäftsleute aus. Bald darauf stürzte der ganze Hang ohne erkennbare äußere Ursache, wie etwa starker Regen, und ohne jede Vorwarnung zu Tal. Plötzlich versiegte in Arughat der Lauf des Flusses. Während die Leute noch eilig die gestrandeten Fische sammelten, Boten von oben erwartend, die Nachricht über die Ursache bringen würden, nagten die Wassermassen an dem neu aufgetürmten Damm. Als er brach, riß die Flutwelle die Brücke und die flußseitige Hälfte der Häuser von Arughat mit sich. Der Kaufmann und viele andere Menschen kamen ums Leben.

Mag sein, daß der Lama selbst die Katastrophe im Nachhinein als göttliches Strafgericht interpretierte. Mag sein, daß ein anderer auf diese Erklärung kam für einen besonders tückischen Fall von natürlicher Erosion, wo der Fluß unmerklich die Basis des Hanges unterwühlt hatte, so daß dieser scheinbar ohne Ursache ins Gleiten geraten war.

Ein Seitenbach stürzte in grandiosen Wasserfällen wie über Riesentreppen in einen halbkreisförmigen Felskessel, dessen flacher Grund mit feinem Sand

bedeckt war. Auf der vorletzten Stufe kreuzte der Weg den Bachlauf. Norbu wußte aus Erfahrung (er war schließlich achtmal mit Expeditionen durchgezogen zu seinem ›Hausberg‹, dem Manaslu), daß von dem Haus unweit der Brücke ein schmaler Steig zu der Bucht hinunterführte. Lhakpa, Maila und Jetha machten sich gleich an den Abstieg. Wir gingen ins Haus um einzukaufen. »Es sieht nicht wie ein Laden aus, aber die Bewohner halten immer einige Waren für Reisende bereit. Der Besitzer muß jetzt ein alter Mann sein. Wer weiß, ob er noch lebt«, erklärte Norbu. Eine junge Frau verkaufte uns Reis und etwas Sag, ein spinatähnliches Gemüse. Der alte Mann kam langsam den Weg entlang, spähte hinunter über die Wand, dorthin, wo Lhakpa schon seine Last ablegte. Er rief etwas über das Tosen des Baches. »Was gibt's?« fragte Norbu. – »Wollt ihr dort übernachten? Ich habe unten Holz gelagert. Verbrennt mir mein Holz nicht!« – »Nein, nein, keine Sorge. Was ist mit Joghurt, Großvater? Früher gab's hier immer ausgezeichneten Joghurt.« – »Ach ja, früher ... Als ich als junger Mann einen Hausstand gründete, zog ich hierher. Damals war ich allein mit meiner Frau. Wir hatten genug Land, mehr als genug. Wir rodeten soviel Felder, wie wir brauchten, und nutzten einen weiteren Teil als Weideland für viele Kühe. Alle, die an meinem Haus vorüberzogen, kauften bei mir Joghurt. Mein Joghurt war der beste weit und breit, aus der vollen Milch, nicht den Rahm abgeschöpft. – Nach und nach kamen Verwandte von mir und meiner Frau und wollten sich auch hier niederlassen. Es war soviel Land da, warum sollten sie nicht? Später wurden unsere und deren Kinder groß. Die Söhne wollten heiraten und einen eigenen Haushalt. Das Land wurde geteilt und wieder geteilt, denn jetzt sind schon die Enkel soweit. Ich habe gerade noch genug für meine Felder und zwei Kühe. Die Milch brauche ich selbst, es gibt keinen Joghurt mehr für Reisende. Ja früher ... Sie werden doch nicht mein Holz verbrennen!« – »Nein, nein, die Burschen würden niemals Holz nehmen, ohne zu fragen und zu bezahlen.« – »Das Holz ist nicht zu verkaufen, es ist für mich.«

»Was ist mit Ihrem Auge?« fragte Norbu. »Es ist schon ein paar Jahre her, seit ich Sie zum letzten Mal sah. Da hatten Sie noch zwei gesunde Augen.« – »Erinnern Sie mich nicht daran! Ich hatte zuviel getrunken und fiel so dumm in einen Holzstoß, daß ich mir fast das eine Auge ausstach. Seitdem bin ich darauf blind. Ja, ja, ich habe auch Dummheiten gemacht in meinem Leben ... und gearbeitet! Was für eine Mühe war es, Terrassen anzulegen. Es ist alles voll von Steinen und mit Felsen durchsetzt. Es war schon gut, als die Verwandten kamen und alle zusammenhalfen, als die Söhne groß wurden und anpacken konnten. Ich bin alt geworden, pflügen kann ich nicht mehr, keine schweren

Seite 107:
Die Nepali haben auch eine ›Rastkultur‹ entwickelt, dazu gehören Bhatti, Chautara und Teeladen.

rechts oben:
Die Gemeinden unterhalten öffentliche Rasthäuser, wo Reisende kostenlos übernachten können. Besonders hübsch war dieses »Bhatti«.

links oben:
Ich liebe die Pausen am »Chautara« unter mächtigen Feigenbäumen, wo die Menschen im Gespräch zusammenfinden und oft kleine Läden Erfrischungen darbieten.

unten:
Die Feigenbäume gelten ebenso als unantastbar wie Bäume um Tempel und Quellen. (Tempelhain bei Rukumkot)

Seite 108:
Die Bauern kennen keine Wocheneinteilung in Sonn- und Werktag. Gefeiert wird, wenn im Herbst der Monsun überstanden und die Ernte eingebracht ist und bei besonderen Anlässen wie einer Hochzeit. Die Hochzeitsmusikanten stammen aus der Hindu-Kaste der Schneider.

Lasten tragen. Meine Söhne und Enkel helfen mir. Ich habe genug für mich. Aber es sind so viele Menschen geworden – überall. Keiner kann mehr gehen und sich ein großes Stück Land suchen, wie ich es tat als junger Mann. Keiner kann mehr einem Vetter einen Teil abtreten, genug an seine Söhne verteilen. So viele Menschen...

Der Mensch kann nicht nur arbeiten. Manchmal muß Ruhe sein. Eine Hochzeit hatten wir gefeiert. Wie waren wir lustig – und ich alter Esel habe zuviel erwischt. Na ja, so geht's im Leben! Aber ich bin sowieso alt und die letzten paar Jahre komme ich mit einem Auge auch zurecht. Was muß ich auf dieser Welt noch viel sehen? Ich habe alles getan, was mir zu tun aufgegeben war.«

Maila schwenkte am Grund der Bucht einladend eine Teetasse. Wir verabschiedeten uns von dem alten Mann, der nicht vergaß, uns nachzurufen, daß wir sein Holz nicht verbrennen sollten. Wir erwarteten, unter einem Überhang der Felsen einen Brennholzvorrat aufgeschichtet zu finden, und wunderten uns ein wenig, da die Nepali sich doch sonst gerne durch dessen Verkauf etwas Geld verdienen. Was wir fanden, war eine Pyramide aus Schwemmholz. Hier trug der alte Mann nach und nach den Scheiterhaufen für seine Totenfeier zusammen. »Alles, was mir zu tun aufgegeben war...«

Eis und Blüten am Rupina La

Wie immer glich die Buri Gandaki Schlucht einem heißen Backofen. Wie immer fegte ein ständiger Wind durch das Nadelöhr bei Jagat, wo der Fluß sich durch ein himmelhohes Felsentor zwängt. Früher einmal hatten wir die Seitenbäche auf recht abenteuerlichen Brücken aus einem oder zwei Baumstämmen oder auf einem wackeligen Knüppeldamm überqueren müssen. Wir waren angenehm überrascht, daß inzwischen mit ausländischer Hilfe gut fundierte und vertäute Hängebrücken mit breitem Steg und sicherem Geländer gebaut worden waren. Sinnvolle »Entwicklung«!

In Jagat kauften wir Vorräte für die nächsten Tage und brachten Briefe zum Postamt. Dort lernten wir den Briefträger von Nyak kennen, der im Auftrag der Gemeinde einmal pro Woche absteigt, um Post in beide Richtungen zu befördern. Gern legte er seine Posttasche auf unsere zusätzliche Lebensmittellast, konnte er doch so auf dem Heimweg dazuverdienen.

Zwei Wege führen nach Nyak, erklärte er, doch einer sei zur Zeit unbenützbar.

Ein amerikanischer Einzeltrekker sei in einer Schlucht tödlich abgestürzt. Solange die Polizei den Fall nicht restlos untersucht habe, läge die Leiche noch unberührt dort, und die Dörfler mieden die Gegend, wo die Seele nicht durch die üblichen Rituale von ihrem Körper erlöst war.

Der zweite Weg war kaum besser, so steil, daß man wegen des Eigen- und Rucksackgewichts auf den kleinen Steinchen rückwärts zu rutschen drohte. Einzelne alte Kiefern ließen den Hang fast noch trockener und heißer erscheinen. Da die Leute hier die Weiden im Winter abbrennen, um dem neuen Gras Luft und Düngung zu verschaffen und um ein Ausgleiten des Viehs auf den glatten Kiefernnadeln zu verhindern, können keine Jungbäume, kann kein Unterholz aufkommen. Wenn die überalterten Bäume eines Tages stürzen, wird der Hang ganz kahl sein. »Wenn man einmal mit der Brennerei angefangen hat«, schimpfte Jetha, »kann man nicht wieder aufhören. Die feineren Grasarten und das Gebüsch überstehen dies nicht, nur eine ganz robuste Sorte Gras, das zwar im Frühjahr schnell und saftig sprießt, aber später so lange, zähe Halme bildet, daß das Grün im nächsten Jahr kaum durchdringen kann und Mensch und Tier darauf ausrutschen würden. Also bleibt nichts als brennen und wieder brennen. Auch bei mir zu Hause haben kurzsichtige Bauern damit angefangen, weil es halt früher im Jahr mehr Futter gibt. Es ist ein Jammer.«

Nyak liegt auf einer einsamen, weiten Kanzel hoch über der Schlucht, mit einem Chörten am Eingang und malerischen Häusern mit dicken Steinen auf den Schindeldächern. Entlang des Weges waren Holzstöße und große Nadelhaufen für Streu aufgeschichtet, die in der Sonne harzig dufteten. Satte Gerstenfelder umrahmten die Idylle. Frauen hatten ihre Webstühle im Freien aufgebaut. Kinder spielten mit jungen Hunden. Darüber im Wind tanzende Krähen und der blockflötenhafte Ruf eines Vogels aus dem nahen Wald.

Abb. S. 84

Unser Postbote erwies sich wieder als hilfreich, er bot uns sein neues, fast fertiggestelltes Haus als Unterkunft an. Dies war uns doppelt willkommen, nachdem Norbu am Morgen, von heftigen Magenkrämpfen befallen, nicht aufstehen konnte. Wir wollten nicht riskieren, einen Kranken mit in die Einsamkeit des Manaslu Himal zu nehmen und Norbu mit einem Begleiter aus dem Dorf zur Straße und nach Kathmandu zum Arzt schicken. Doch dieser wollte absolut nichts davon wissen und unterstellte uns sogar, wir wollten ihn loswerden, weil er am Vorabend seine Schmerzen nicht eingestanden, sondern mit einer Überdosis Schnaps zu betäuben versucht hatte. Wir waren zwar in Unkenntnis der Lage von seinem kapitalen Rausch nicht gerade begeistert gewesen, aber jetzt machten wir uns einfach Sorgen. Damit Norbu uns glaubte, versprachen wir, einige Tage abzuwarten. Am Abend bereits behauptete er, er sei wieder gesund und hätte sich vermutlich nur den Magen am getrockneten Fisch verdorben, den er vor zwei Tagen gegessen hatte.

Während Norbu sich gründlich ausruhte, hatten wir Zeit, hinter die Kulissen der Idylle zu schauen. Nyak besitzt keinen Bach, sondern nur einen Kuwa, ein Loch, in dem Quellwasser zutage tritt. Leider ist der Kuwa nicht ordentlich gefaßt, so daß der Regen Erdreich hineinschwemmen und das Vieh direkt daraus saufen kann. Infolgedessen sind die Leute oft krank, haben schlechtes Blut und viele Furunkel, wie uns der Dorflehrer erzählte.

»Warum beantragen die Dörfler nicht ein Trinkwassersystem? Bei der Ausgangslage würden sie sicher bald an die Reihe kommen. « – »Das haben sie vor einigen Jahren schon getan und auch die Zuteilung von der Regierung bekommen. Aber Nyak ist zu klein für eine eigene Gemeinde, es gehört zum Panchayat Jagat. Dorthin wurde das Geld überwiesen. Doch dem Bürgermeister, einem Chhetri aus dem zwei Tage entfernten Jagat, liegt wohl nicht viel an den paar Wählern von Nyak. Er hat sich das Geld mit dem Techniker geteilt, der das System bauen sollte. Der Adhakshya (Dorfsprecher) von Nyak schlägt keinen Krach, der interessiert sich nur für seine Schafe, mit denen er ständig irgendwo unterwegs ist. Und die Leute wehren sich nicht. « Es wunderte uns nicht so sehr, daß die Leute von Nyak ihr Recht nicht einklagten. Eine Verwaltung, die *für* das Volk arbeiten soll, wurde erst nach den fünfziger Jahren aufgebaut, und solch tiefgreifende Veränderungen erfordern ein Umdenken auch auf seiten der Verwalteten. Ihren Adhakshya wählen sie wahrscheinlich trotzdem, weil er der einflußreichste, vielleicht wohlhabendste Mann im Dorf ist, dem viele Geld schulden. Aber daß sie ihren Kuwa nicht besser schützten, konnten wir nicht begreifen. Sie sind überhaupt etwas eigenartig. Wir hatten nacheinander vier verschiedene Begleiter angeheuert, die tragen helfen und den Weg bis zum Paß am Fuße von Himalchuli und Boudha weisen sollten. Aber alle sagten später wieder ab, der letzte am Morgen des Aufbruchs.

»Wir haben schon ganz anderes alleine geschafft«, meinten Jetha, Maila und Lhakpa. So zogen wir hochbepackt mit unserer anerkannt ungenauen Karte los. In der Orientierung zusätzlich behindert durch eine dicke Wolkendecke, wählten wir prompt bei einer Alm die verkehrte der zahlreichen Abzweigungen und saßen schließlich auf einem schroffen Grashang fest. Aber gerade im richtigen Augenblick tauchte der einzige andere Mensch im ganzen Chuling Tal dort auf, ein Schafhirte. Er schickte uns hinunter in den Wald, wo wir auf einen Weg treffen würden, aber erst einmal am Ufer eines Wildbaches die Zelte aufbauten, während über uns der Regen durchs Blätterdach rauschte.

Unter hohen Bäumen führte der Weg aufwärts durch den tropfenden Wald. Mächtige Tannen waren alt und morsch zu Boden gestürzt, Rhododendren in voller Blüte wuchsen aus dem Gewirr. Auf Lichtungen leuchteten neben dunklen Wacholdern Birken und Lärchen mit zartem Grün. Der Waldboden war bedeckt mit großen, maiglöckchenähnlichen Blättern. »Das kann man essen!« Sofort rupften sich unsere Begleiter eine Handvoll. Eine weiße, kleine Knolle, ein weißlicher Stengel im dunkelgrünen Blatt, ein unverkennbarer Geruch: wilder Knoblauch! Anfangs schlangen wir heißhungrig die ganze Pflanze hinunter. Seit Wochen hatten wir kein frisches Gemüse mehr gesehen, das man roh essen konnte. Bald wurden wir wählerischer und vertilgten nur die weichen, saftigen Knoblauchzehen und die würzigen Stengel. Unsere futternde Mannschaft zog sich immer weiter auseinander, um auf einer Almwiese unter großem Gelächter wieder zusammenzufinden. Nicht nur hatte jeder von uns beide Hände voll mit dem herrlichen Kraut, sondern jeder glaubte als einziger auf die glorreiche Idee gekommen zu sein, einen dicken Buschen für den Weiterweg auf seine Last zu packen. So gab es die nächsten Tage zum Reis Knoblauchgemüse und dazu frischen Knoblauchsalat, weggeworfen wurde nichts. Nach einigem Magendrücken hatten wir einen enormen ›Auftrieb‹ auf den Rupina La.

Abb. S. 94

Doch das Wetter bremste unsere Schubkraft. Die ungefährliche, aber weg- und zeichenlose Gletscherwüste des Chuling überquerten wir mit Hilfe des Kompasses, um im dichten Nebel nicht im Kreis zu gehen. Auf der Gegenseite waren wir wohl etwas zu hoch direkt unter den Abstürzen des Boudha gelandet, Lawinenkegel zwangen uns zu vorsichtigem Abstand. Gletscherabwärts erreichten wir eine Seitenmoräne, die mit neuen Abbruchstellen und entwurzelten Bäumen zeigte, daß der Chuling-Gletscher eine große Ausnahme darstellt: er wächst, und zwar mit ziemlicher Geschwindigkeit. Birken und blühende Rhododendren sprossen unmittelbar neben dem Eisstrom, der einige von ihnen schon erfaßt hatte.

Über dem Moränenkamm traten wir ein in den prächtigsten Festsaal, »ohne Anzugzwang und Schlipsgewürge und ohne ein Billet kaufen zu müssen«, freute sich Hermann. Ein stiller, schwarzer See ruhte zwischen sumpfigen, blumenbedeckten Uferwiesen. Chimalsträucher neigten ihre Blütenkelche über das leicht dampfende Wasser, leuchteten unwirklich durch Wolkenschleier, die weiter zu dunklen Tannenschatten zogen und manchmal den Blick auf einen schwarz-weiß gezackten Grat freigaben. Ein Paradiesgarten wenige Meter über dem Eis und kaum weiter entfernt von den Lawinenbahnen des Boudha. Lebenspendende und lebensfeindliche Elemente nebeneinander.

Abb. S. 95

Wir verbrachten noch die Hälfte des nächsten Vormittags hier, ohne Bedauern festgehalten von starkem Regen. Gegen Mittag überquerten wir eine Oster- wiese voll Schlüsselblumen und eine weitere Gletscherzunge. Wir mußten bereits nahe am Paß sein, doch die Sicht war gleich Null. Deshalb ließen wir uns nach nur drei Stunden wieder häuslich unter einem überhängenden Felsen nieder, während ein Vogel von seinem Nest auf der Kante auf uns herunter- schimpfte.

Klare Sicht, sogar etwas Sonnenschein zeigte uns anderntags den Aufstieg zum Rupina La (4663 m), einen langen, jetzt mit tiefem Schnee bedeckten Hang. Wenn auch die Gipfel verhüllt blieben, sahen wir rückblickend die über hundert Meter dicken Eisbarrieren des Himalchuli, wo die Hochgletscher über einer Felskante plötzlich abbrechen, um mit ihren Lawinen den Chuling-Gletscher tief unten zu nähren.

Auf der Paßhöhe wechselten wir nicht nur hinüber ins Quellgebiet des Daraŭdi Khola, sondern von gutem Wetter wieder hinein in dunkle Wolken, die von Süden heraufkochten. Nach kurzem Abstieg schien uns das Gelände geradeaus zu steil zu werden, so hielten wir uns nach rechts, bis dichtes Schneetreiben die Orientierung unmöglich machte. Wir hatten zwar das Gefühl, hier absteigen zu können, wollten aber kein Risiko eingehen. So lagen wir von ein Uhr an in den Zelten im Schutz einiger Felsen, immer wieder durch kräftige Boxhiebe die Dächer von der drückenden Last nassen Schnees befreiend. Von Zeit zu Zeit ertönte ein Ruf von nebenan, worauf Hermann den Reißverschluß unseres winzigen Kuppelzeltes öffnete und einen halben Meter entfernt aus dem Schlauchverschluß des 4-Mann-Zeltes ein Arm auftauchte, der auf einem Topf- deckel dampfende Tassen oder Teller herüberreichte.

Richtig stolz waren wir, als wir am Morgen in der Nähe des Lagers zwei Markierungsstangen entdeckten und weiter unten der Schnee den Weg frei- gab. Unser Gefühl für das Gelände hatte uns nicht getrogen. Rasch erreichten wir den Talgrund, doch nach einigen Kilometern verlor sich der Daraŭdi Khola Abb. S. 94 in einer wilden Klamm. Wehe dem, der die versteckte Brücke und den jenseits aufsteigenden Weg nicht findet und versucht, dem Bach zu folgen! Zwar hätte uns die Erfahrung davon abgehalten, hier an einen möglichen Abstieg zu glauben, wie er auf allen Karten falsch eingezeichnet ist. Doch wir besaßen noch einen besseren Ratgeber, den eindrucksvollen Bericht von Nikolaus Brass, dessen kleine Gruppe erst nach Tagen mit Hilfe von Einheimischen der Wildnis entrinnen konnte.

Der Weg führte dorthin, wo es allein möglich ist, die Schlucht zu umgehen:
wieder ganz hinauf auf den Grat, der vom Rupina La nach Süden zieht.

Während wir über den von unberührtem Urwald bedeckten Abgründen wanderten, konnten wir die Verzweiflung der Verirrten nachfühlen: »Ein ›Durch‹ ist unmöglich. In zwei Stunden schaffen wir vielleicht 200 m, ich weiß nicht wieviel. Baumstämme, gestürzt ineinander verkeilt, Felsen, Dornen, Ranken, Lianen um Arme und Füße, morsche Bambusstangen, der Rucksack mit Pickel und Steigeisen ständig verheddert zwischen Ästen und Zweigen. Wir kriechen auf Knien, Steilstufen auf- und abkletternd, Tritte prüfend, die Hände sind aufgeschunden, Gesicht und Waden zerkratzt. Nässe, Kälte, Nebel. Kein Durchkommen. Das Wasser frißt sich durch Felsen, glitschig und steil, rechts und links Urwald fast senkrecht. «

Selbst auf unserem bequemen Weg brauchten wir eineinhalb Tage, bis die Schlucht unter uns sich weitete, der Dschungel den ersten Feldern Platz machte. Wir freuten uns auf ein Dorf und Menschen, denn heute morgen hatten wir die letzte Ration verzehrt. Natürlich war dies kein Vergleich zu dem Glücksgefühl der Verirrten, als sie auf ihre Retter stießen: »Die Spannung reißt, ich heule wie ein Kind. Ich könnte sie umarmen und küssen, sie sind da, sie sind über den Fluß gekommen, haben unser Rufen gehört, drei Männer und zwei Kinder... Ich habe noch nie so eine Dankbarkeit gespürt, eine tiefe elementare Verbundenheit wie diesen wildfremden Menschen gegenüber. Plötzlich das Erlebnis der wahren und wirklichen Bedeutung, die der Mensch dem anderen gegenüber hat...«

Wir trauten unseren Augen kaum, als die Wolken den Blick auf das erste Dorf unter uns freigaben: Häuser dicht gedrängt, und im nächsten Wolkenloch wieder Häuser – fast 5000 Gurung leben hier in Barpak, dem wohl größten Dorf Nepals. Wenn auch der Hang bis hinunter zum Fluß auf Tausenden von Terrassen bebaut wird, so können nur deshalb so viele Menschen hier leben, weil sie den großen Wald als Nahrungs- und Energiequelle im Rücken haben. Ein Ex-Gurkha bot uns Unterkunft und Verpflegung. Wir fragten sofort nach dem Abenteuer der Bergsteiger: »Die Daraūdi-Schlucht wird offensichtlich nicht genutzt, es führen keine Wege hinunter. Wie kamen die Retter damals an den Fluß?« – »Einige Leute aus Barpak steigen von den Sommerunterkünften aus einmal im Jahr in die Schlucht ein, um eine besonders wertvolle Sorte Bambus zu schneiden, die in ihren Tiefen wächst. Daraus fertigen sie feine Flechtarbeiten, um sich etwas Geld zu verdienen. Es war schon ein Wunder, daß sie gerade in jener Nacht am Fluß kampierten. Die Ausländer waren so froh, sie schenkten ihnen gleich ihre Jacken und Handschuhe. Und weil diese Leute zu den Armen von Barpak gehören, war auch ihnen gleichzeitig geholfen. « Ein richtiges Märchen mit gutem Ausgang, um so schöner, da es wahr ist. **115**

Unser Wirt erzählte es mit sichtlicher Befriedigung in der mit rotem Lehm ausgestrichenen Küche, wo alte Bronzegefäße auf einem Regal im matten Schein des Herdfeuers funkelten. Auch Herr Ghaley hatte eine Art Dschungelerfahrung hinter sich: Er war zehn Jahre lang Bote und Fahrer in London gewesen für die Gurkha-Soldaten, die den Buckingham Palast bewachen. »War das nicht nervenaufreibend in dieser riesigen Stadt mit dem vielspurigen Verkehr?« – »Überhaupt nicht, Autofahren in Kathmandu ist viel schlimmer, wo man sich wegen der engen Straßen und der vielen Fußgänger gar nicht an klare Regeln halten kann.«

Jetzt hatte er einige Felder dazugekauft, wie es immer sein Ziel gewesen war, und lebte zufrieden wieder als Bauer in Barpak, zwei Marschtage von der nächsten Straße entfernt.

Scheidewege

Am Fuß von Annapurna und Dhaulagiri

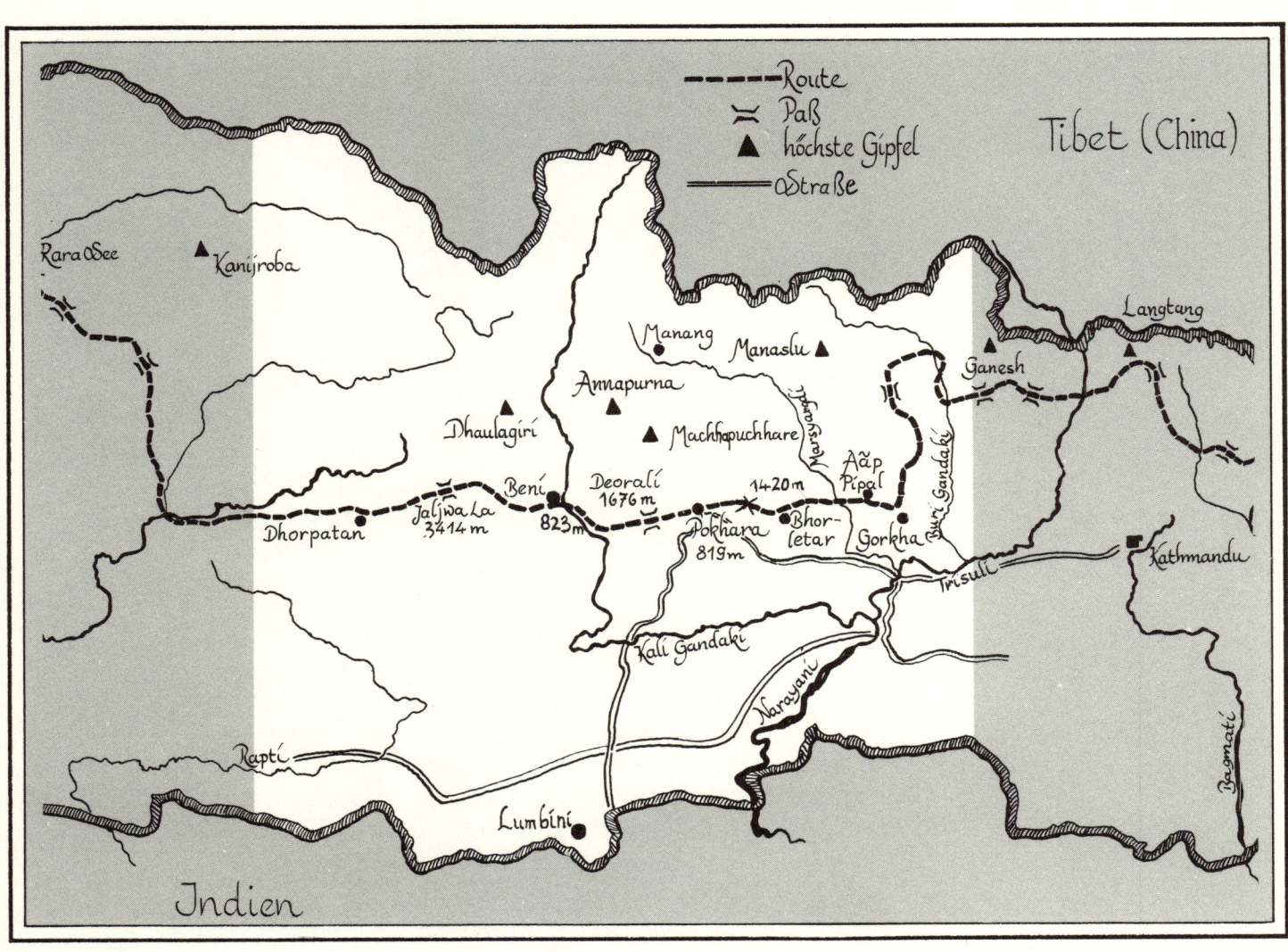

»Jede Zeit, jede Kultur, jede Sitte und Tradition hat ihren Stil, hat ihre ihr zukommenden Zartheiten und Härten, Schönheiten und Grausamkeiten, hält gewisse Leiden für selbstverständlich, nimmt gewisse Übel geduldig hin. Zum wirklichen Leiden, zur Hölle wird das menschliche Leben nur da, wo zwei Zeiten, zwei Kulturen und Religionen einander überschneiden.«

Hermann Hesse, Der Steppenwolf, Frankfurt 1972

Tradition und Wandel

Im unterhalb des Ortes Barpak gelegenen Tal des Daraūdi Khola tauchten wir wieder ein in die Wärme des dichtbesiedelten Mittellandes mit den in Zentralnepal besonders häufigen Teeläden. Bei einem Wirt, an der unter dem offenen Hemd sichtbaren Schnur schräg über der Brust als Brahmane zu erkennen, kehrten wir ein. Er begann auf unseren Wunsch einen Dalbhat mit besonders viel Gemüse zuzubereiten, wobei ihm sein halbwüchsiger Sohn zur Hand ging. Die Ehefrau und die fast erwachsene Tochter saßen unweit des Hauses in der Sonne. »Eh, Didi! Setzen Sie sich zu uns.« Sie lachten vergnügt. »Heute hat es unsere Mannsbilder voll erwischt. Wir sind gleichzeitig beide ›na chhune‹, so müssen sie alle Arbeit alleine machen.«

Bei den hochkastigen Hindus dürfen Frauen während der Periode nicht mit den Männern oder dem Herdfeuer in Berührung kommen und keine Speisen zubereiten. »Na chhune« heißt nicht berühren. Auch in mir sträubt sich alles bei dem Gedanken, daß Frauen während dieser Zeit als ›unrein‹ gelten. Mir leuchtete nur ein, daß ohne unsere modernen Hilfsmittel die Frauen von sich aus etwas zurückhaltend sind. Eine befreundete Brahmanin sah das ganz anders: »Ihr westlichen Frauen habt es schlecht«, sagte sie eines Tages zu mir. »Ihr müßt immer arbeiten, ganz egal, ob euch das Kreuz oder der Bauch wehtut. Wir brauchen vier Tage lang nichts zu tun. Ist keine andere Frau und kein Dienstbote im Haus, muß der Ehemann die Hausarbeit machen.« Auch die beiden Damen auf der Wiese schienen recht erfreut über die Zwangspause, kein bißchen verlegen und ein wenig schadenfroh. Vermutlich wären sie von einer Abschaffung dieser ›Diskriminierung‹ nicht begeistert. Die Frauen der niedrigen Kasten oder Bergstämme unterwerfen sich nicht solch strengen Regeln, bei manchen Gruppen halten sie sich aber in dieser Zeit von Orten fern, die mit Fruchtbarkeit bringenden Geistern identifiziert werden, z. B. den Lu.

»Wie alt bist du, Tochter?« fragte ich das Mädchen. »18 Jahre«, antwortete sie und lachte, wohl in dem Glauben, ich spiele darauf an, daß ihr ungefärbter Scheitel sie als noch ledig auswies. Die Mutter fiel auch gleich ein: »Es wird Zeit, daß wir sie verheiraten. Aber wir haben noch nicht genügend Geld beisammen für die Mitgift und die Ausrichtung der Hochzeit.« – »Sie ist aber noch so jung!« – »Aber nein, die meisten Mädchen in unserer Verwandtschaft heiraten mit 16 oder 17, viel später als zu meiner Zeit. Ich wurde mit 11 verheiratet. Heute schreibt die Regierung ein Mindestalter von 16 vor, aber nicht alle halten sich daran.« – »Warum wurden Sie denn so früh verheiratet?« – »Meine Schwiegermutter wollte mich selbst noch erziehen, damit ich ohne

Schwierigkeiten in den neuen Haushalt hineinwachse. Daß der Bub da im Haus mein Mann war, hat man mir erst später klargemacht.« Ein Grund, den sie nicht erwähnte, ist, daß Jungfräulichkeit wie eheliche Treue der Frau bei den hohen Kasten ungeheuer wichtig sind. Eine Frau verliert durch sexuellen Kontakt mit einem anderen als dem Mann, dem sie als »Kanyadan« (jungfräuliche Gabe) zugedacht wurde, ihre Kastenreinheit. Kinderehen beugen vor. (Ein Mann kann nach der Religion mehrere Frauen haben.)

»Hat Ihre Tochter bei der Wahl des Bräutigams auch etwas zu sagen?« – »Ein bißchen fragen wir sie schon. Wahrscheinlich schicken seine Eltern ein Foto, damit sie weiß, wie er aussieht. Aber die jungen Mädchen können doch nicht selbst alles bedenken. Zunächst muß der Schwiegersohn auch ein Brahmane sein, sonst würden sie und ihre Kinder in eine niedrigere Kaste kommen. Dann muß er eine Familie ernähren können. Heute sind viele Söhne aus gutgestellten Familien in die High School gegangen oder haben gar studiert und legen Wert auf eine etwas gebildete Frau. Deshalb haben wir Parvati auch in die Grund- und Sekundarschule geschickt. So eine gute Partie verlangt aber eine aufwendige Hochzeitsfeier. Sie kommt uns ganz schön teuer, wahrscheinlich müssen wir Schulden machen. Aber wir wollen, daß Parvati es einmal gut hat, und außerdem erwerben wir uns religiösen Verdienst, indem wir sie möglichst gut für den künftigen Ehemann aufziehen und sie ihm in der Kanyadan-Zeremonie übergeben.«

Ich wünschte dem Mädchen eine glückliche Hand ihrer Eltern. Die hochkastige Hindugesellschaft würde eine Trennung nicht gutheißen. Sie könnte notfalls zu den Eltern und Brüdern zurückkehren, aber oft bedeutet das kein leichtes Leben, weil sie dadurch die religiösen Verdienste des Kanyadan zunichte macht und Unterhalt verlangt, der jetzt eigentlich Aufgabe des Mannes und seiner Familie wäre. Sie könnte auch wieder heiraten, gesetzt den Fall, sie findet einen Mann, der eine Geschiedene nimmt. Wie eine Witwe wäre sie keine Jungfrau mehr, und ihre zweite Ehe hätte nicht den vollen rituellen Status, sie und ihre Kinder würden nicht mehr als reine Brahmanen gelten. Trotzdem kommt es auch hier vor, daß eine Frau mit einem anderen durchbrennt oder eine Witwe wieder heiratet.

Allein zu leben, ist für die Frauen schwierig. Sie haben nach der Tradition nur Anspruch auf Landbesitz über ihre Männer, der bei einer Scheidung verlorengeht. Die wenigsten haben einen anderen Beruf erlernt. Sie könnten einen Laden betreiben, aber das erfordert Anfangskapital.

Unser Gespräch kreiste weiterhin um Parvatis Zukunft. »Hoffentlich bekommt sie einen netten Mann.« Parvati kicherte, die Mutter lachte: »Und so eine gute Schwiegermutter wie ich. Manche verlangen viel und lassen die Bräute erstmal beweisen, was sie leisten können. Aber auf jeden Fall müssen die Schwiegereltern ihr erlauben, oft ihr Maiti (Elternhaus) zu besuchen. Und wenn Parvati ein Kind bekommt, wird sie einen Monat lang richtig von uns verwöhnt.« Die Stellung der Schwiegertöchter bessert sich, sobald sie Kinder, vor allem Söhne zur Welt gebracht haben. Ihr Mann allerdings sollte für eine Hindu-Frau sein wie ein Gott. Obwohl sich die Frauen wenig Illusionen über die ›Göttlichkeit‹ ihrer Männer machen, halten sie rituelle Verehrung für ihre Pflicht, z. B. durch Fußwaschung und symbolisches Trinken des Wassers. Der geistige Gewinn hängt nicht von den tatsächlichen Tugenden des ›Göttergatten‹ ab. Aber zu glauben, alle hochkastigen Hindu-Frauen ließen sich durch die religiösen Vorstellungen völlig entmündigen, hieße, sie zu unterschätzen. Sie haben ohnedies im Haus und in der Landwirtschaft ihrem Arbeitsaufwand entsprechend ziemlich viel zu sagen, was man bei ihrem zurückhaltenden Auftreten nach außen gar nicht vermuten würde. Und ich kenne auch einige Brahmanenehen, wo sie ›die Hosen anhat‹.

»Das Essen ist fertig«, rief der Wirt und servierte uns und den Damen eine ordentliche Portion. Wie sie sich dabei anlächelten, zeigte, daß die Frau nicht nur mit ihrer Schwiegermutter Glück gehabt hatte. Heute aß er zuletzt, wie es sonst die Hausfrau tut. Durch das Essen mit den Fingern wird die Hand »unrein«, er könnte nicht zwischendurch die Teller nachfüllen, ohne jedesmal die Hände zu waschen, und das wäre zu unpraktisch.

Der freundliche Wirt half uns auch bei der Suche nach einem Träger. Wir hatten zwar kein Essen mitzutragen, aber es war dennoch Zeit für Lastenteilung: Alles, was wir an warmer Kleidung und Bergausrüstung für die Pässe benötigt hatten, wollten wir nach Kathmandu zurückschicken mit Norbu, der sich dort vorsichtshalber doch gründlich untersuchen lassen sollte. So stapfte Norbu mit einem Begleiter zur Straße nach Gorkha hinauf, während Lhakpa, Jetha und Maila schier davonschwebten. Mit ausgebreiteten Armen hüpften sie über Steine, balancierten auf den Terrassenrändern und drehten sich im Kreis. Hatten sie bisher etwa 25 Kilogramm getragen (als übliche Last für Trekking sind 30 kg vorgesehen), am Rupina La mehr, hielten sie die verbliebenen 10 bis 15 Kilogramm für einen Witz. Nur Hermanns Rucksack war nicht soviel leichter geworden wie die unseren, das mehrere Kilo schwere Kästchen mit den Kameras blieb ihm bis zum Schluß.

Wir fünf ließen Gorkha links liegen. Die historischen Stätten kannten wir von früher. In dem Schlößchen hoch über dem Marktflecken war Prithvi Narayan Shah, der Staatsgründer, geboren worden, der 1768 die kleinen Königreiche des Kathmandutales eroberte und nach und nach ein Reich schuf, das außer dem heutigen Nepal noch Teile von Sikkim im Osten und Garhwal und Kumaon im Westen einschloß. Seine Dynastie stellt bis heute die Könige, wenn sie auch von 1846 bis 1951 in der Praxis ihre Macht an den Familienclan der Rana abtreten mußten, der mit erblichen Premierministern regierte. Die Rana verschlossen im Interesse der Machterhaltung Nepal für die Außenwelt. Im Inneren bauten sie das Feudalsystem mit Lehensherren und Steuereintreibern weiter aus. Schulen für das Volk waren verboten, man glaubte, es so besser in Abhängigkeit halten zu können. Mit den Engländern in Indien schlossen die Rana einen seltsam scheinenden Pakt: Deren East-India-Company hatte Nepal zwar Gebiete im Osten und Westen weggenommen, um den Zwischenhandel mit Tibet an sich zu ziehen, was den wirtschaftlichen Niedergang Nepals einleitete. Andererseits halfen die Briten den Rana durch ihre Politik (z. B. Bespitzelung von Oppositionellen im indischen Exil) an der Macht zu bleiben, und die Rana schickten den Engländern Soldaten für ihr Kolonialreich.

Nachdem Indien unabhängig geworden war, konnte sich Tribhuvan Shah, der Großvater des jetzigen Königs, auf das Wohlwollen der indischen Regierung verlassen, als er 1951 die Rana entmachtete und ein neues Kapitel in der Geschichte einleitete. Die Verwaltung, die bisher nur Ruhe und Ordnung aufrechterhalten und möglichst viel Steuern eintreiben sollte, sich sonst aber wenig um die Leute kümmerte, sollte plötzlich zur ›Entwicklung‹ des Landes beitragen. Keine leichte Aufgabe in einem Land ohne Schulen und Lehrer, ohne Ärzte und Krankenhäuser; in einem Land, das zu 83 Prozent aus steilen Bergen besteht, wo nicht einmal ein Drittel der Fläche landwirtschaftlich genutzt werden kann, aber über 90 Prozent der Bevölkerung davon leben; ein Land, das kaum Rohstoffe besitzt und keinen Zugang zum Meer; in einem Land, dessen ständig wachsende Bevölkerung sich aus den unterschiedlichsten Stämmen mit vielen Sprachen zusammensetzt, die verschiedenen Religionen angehören, auch wenn Hinduismus und Buddhismus sich gut vertragen.

Das politische System wurde demokratisiert. Parteien sind allerdings nicht zugelassen (existieren trotzdem). Die Bürger – Frauen haben nach der Verfassung die gleichen Rechte wie Männer – wählen ihre Vertreter nach einer Art Rätesystem in Dorf-, Distrikt- und Nationalpanchayat. Es gibt eine Regierung mit Premierminister und Fachministern, die jedoch auf Zustimmung aus dem Palast angewiesen bleibt. Nepal wurde für Ausländer geöffnet. Heute strömen über 180 000 Touristen jährlich ins Land. Zahlenmäßig viel geringer, aber oft nachhaltiger in ihren nicht nur positiven Auswirkungen sind die ausländischen Berater, Experten und Entwicklungshelfer.

Auf der Spur von Millionen Füßen

Wir folgten einem der Hauptwege, die seit Jahrhunderten Kathmandu und Gorkha mit dem Tal von Pokhara und dem Westen Nepals verbinden. Bevor 1974 die Straße weiter südlich fertig wurde, hatten die Füße von Millionen Trägern, von Reisenden und Beamten hier die Steinstufen glattgeschliffen und im Wiesengrund die Wege breit ausgetreten, die sich das Gras jetzt zurücker-oberte. Übrig geblieben war die ›Rastkultur‹: Chautaras, Plattformen mit gestuftem Rand zum bequemen Abstellen des Doko, unter schattenspenden-den Bäumen und viele Teebuden. Wir schleppten uns von einer zur anderen. Hatten wir bisher die warmen Täler mit ihren Bademöglichkeiten begrüßt, litten wir nun zum ersten Mal unter der Sommerhitze auf Höhen von 600 bis 1200 Metern. Wie schön ist es dann, im kühlen Schatten zu ruhen, während ein sanfter Wind durch die Blätter rauscht und draußen die staubige Luft über dem Weg flimmert.

Abb. S. 107

Feigenbäume, die überall an Chautaras gepflanzt werden, wo es das Klima zuläßt, verbreiten mit ihren mächtigen, verschlungenen Stämmen und den weit ausladenden Ästen feierliche Stille. Unter einem Pipal (Ficus religiosa) gelangte Siddharta Gautama aus dem Geschlecht Shakya, geboren in Lumbini im Süden Nepals, zur Erleuchtung als Buddha. Die Legende erzählt, daß Vishnu unter einem Borhar oder Banyan (Ficus benghalensis) geboren wurde und in seiner Inkarnation als Krishna unter einem solchen Baum Schutz fand. Zwischen seinen Luftwurzeln, die nach einigen Jahren wie Nebenstämme mit der Erde verwachsen, fühlt man sich wirklich geborgen wie in einem Haus. Gruppen von Trägern finden unter dem Feigenbaum im Gespräch zusammen, Hirten beobachten aus dem Schatten die Tiere auf der Weide, Dörfler lassen sich zu einem Schwätzchen nieder, Kinder ritzen in die Steine die Figur eines Bagh-Syal Spieles (Tiger und Schakal), das Ähnlichkeit mit unserem »Dame« hat.

Rast nicht nur für den Körper. Ganz ruhig und milde gestimmt wird man unter solchen Bäumen, auch ohne zu wissen, daß sie den Hindus und Buddhisten heilig sind. Streit und Haß haben hier keinen Platz. Früher wurde unter dem Pipal oft Gericht gehalten, da ein Nepali es kaum wagen würde, im Angesicht dieser Verkörperung göttlicher Weisheit zu lügen. Ich liebe diese Bäume, Wahrzeichen der nepalischen Landschaft und Kultur. Sie künden von weitem: Hier geht der Weg – hier kannst du rasten – dort hast du eine Paßhöhe erreicht – dort eine Brücke, ein Dorf... Hier wirst du Menschen finden, die dir wohlge-sonnen sind.

Seite 125:
»Hast uns hochjebracht,
wir wahn Sticker acht,
sechse sind noch am Leben ...
alles mit deine Hände.«
Tucholskys Gedicht an »Mut-
terns Hände« könnte für diese
Chhetri-Frau geschrieben sein.

Seite 126 oben:
Die Frauen versorgen nicht nur
den Haushalt und die Kinder.
Sie werden auch in vielen
Bereichen tätig, die wir uns für
Frauen nur schwer vorstellen
können. Wenn sie kleine Kin-
der haben, wie diese Sherpini,
bleiben sie zwar meist zu
Hause. Aber sonst arbeiten
auch die Frauen oft als Träge-
rinnen wie diese Limbuni, die
30 Kilogramm für Bergsteiger
schleppt.

unten:
Tragtiere können nur selten
eingesetzt werden. Rund um
Jumla dienen dazu die gelände-
gängigen Ziegen und Schafe.

Im Dorf Aāp Pipal kehrten wir bei einer fast achtzigjährigen Gurung-Frau in ihrem unter den Baum geduckten Häuschen ein. »Sie ist die beste Köchin am Ort«, hatte man uns geraten. »Ja, kochen kann ich noch. Nur das Austeilen bereitet mir Schwierigkeiten, dazu müßte ich zuviel aufstehen.« Sie hatte damit ihre Enkelin beauftragt und saß selbst neben dem Herd in der Ecke, mächtige Qualmwolken aus einer Huka (Wasserpfeife) ausstoßend, die sich mit dem Rauch des Feuers zu dichtem Nebel vermischten.

Ein andermal fanden wir Unterschlupf unter einem Borhar in einem besonders hübschen Bhatti: eine hölzerne Plattform mit Geländer, fast zwei Meter über dem Boden, darüber ein grasgedecktes Walmdach. Während vom Teeladen nebenan der Duft von gebratenen Zwiebeln die Vorfreude auf das Essen anstachelte, entlud sich ein Gewitter. Wie gut ging es uns doch! In trockener Geborgenheit liegend, die heiß gelaufenen Füße dem kühlenden Wind zuge-wandt, die Teetasse in der Hand, das Abendessen auf dem Feuer, während draußen Bergrücken auf Bergrücken vom nahenden Regen verschleiert und schließlich ganz verschluckt wurde und alles in sein gleichförmiges Rauschen gehüllt.

Über ein Tar – so heißen Schwemmebenen hoch über Flüssen, die nicht durch einen Bach mit Wasser versorgt werden – zog sich eine regelrechte Allee von uralten Feigen-, aber auch Mangobäumen, die uns diesmal nicht vor der Sonne, sondern einem weiteren Gewitterguß schützten. Eng an den Stamm gelehnt, sahen wir hinaus, wo die Landschaft lebendig geworden zu sein schien. Wo eben noch fester Boden war, sprangen Millionen Tropfen in wildem Spiel. Selbst die Baumriesen schienen sich hinter dichten, windzerzausten Regen-schleiern in bedächtigem Tanz zu wiegen. Während der Wind die letzten Tropfen aus den Baumkronen schüttelte, gingen wir weiter, vorbei an halbver-fallenen Häusern. Die Bewohner hatten sie auf der Suche nach einem neuen Auskommen verlassen, seitdem die Straße den Strom der Fußgänger versie-gen ließ. Eine Horde Rhesusaffen freute sich über die seltenen Gäste. Aufge-regt schnatternd und zähnefletschend versuchten sie, uns durch heftiges Schütteln der Äste Angst einzujagen. Als wir zurückschrien und mit den Armen fuchtelten, steigerten sie sich zu den aberwitzigsten Sprüngen und Kapriolen und begleiteten uns schimpfend bis zum nächsten Dorf.

Am letzten Morgen vor Pokhara konnten wir schon am ersten Rastplatz der Einladung zweier bildhübscher Gurungni zum Tee- und Changtrinken in ihrem Laden nicht widerstehen. Die beiden etwa zwanzigjährigen Mädchen flirteten heftig mit Lhakpa, Maila und Jetha. Bei den altnepalischen und tibetischen Stämmen haben die Mädchen viel mehr Freiheit. Sie brauchen nicht wegen der

Kastenreinheit ständig bewacht zu werden. Die Gurung kennen wie die anderen nur gleichberechtigte Clans und keine religiös bedingte Unterordnung, auch nicht von Frauen unter Männer. Die Mädchen heiraten später und sehen sich gelegentlich selbst nach einem Partner um, wenn der auch normalerweise aus dem eigenen Stamm und mit Zustimmung der Eltern gewählt wird. Auch hier sollen die Familien zusammenpassen, denn Heirat ist in Nepal nicht nur eine Partner-, sondern Familienbeziehung zur Knüpfung eines sozialen Netzes, das der Staat nicht bieten kann. Stellt sich die Ehe als Mißgriff heraus, können sich auch die Frauen ohne religiöse Hemmnisse scheiden lassen und wieder heiraten. Wenn sie allerdings Kinder haben, kommt das selten vor. Das Land und die Kinder als Erben bleiben bei der Familie des Vaters, deshalb heiraten auch Witwen mit Kindern meist nicht wieder.

Soweit dachten die beiden Gurungni noch nicht. Sie genossen ihre Jugend und dachten wohl auch an den Umsatz, als sie ihren Charme an den drei Burschen ausprobierten. Leider mußten wir das manchmal recht anzügliche Gealbere nach fast einer Stunde unterbrechen, sonst wären wir an diesem Tag nicht, wie mit Norbu abgesprochen, bis Pokhara gekommen.

In der Zwischenwelt von Pokhara

»Change money?« – »Buy hashish?« Hermann grunzte wie ein grantiges Yak: »Seh ich so aus?«

Eigentlich hatten wir Pokhara umgehen wollen, aber wir mußten uns ja mit Norbu treffen, der mit dem Bus aus Kathmandu kam. Vorhin, am unteren Ende des kilometerlangen Marktortes mit den hübschen Häusern an der schmalen Gasse, hatte uns fast der Schlag getroffen, obwohl die Entwicklung vorauszusehen gewesen war, schon vor Jahren begonnen hatte mit Verwaltungsgebäuden in viel zu großen, ungenutzten und oft ungepflegten Grundstücken, wo Ackerland verschwendet wurde. Aber so schlimm? Auf der Mahendrabrücke, von der ich früher so gern mit wohligem Gruseln in den nur wenige Meter breiten, aber um so tieferen Canyon der Seti geschaut hatte, konnten wir nicht stehenbleiben, so widerlich stank es. Unweit der Brücke waren planlos vielstöckige Betonklötze emporgewachsen, drängten sich rücksichtslose Auto- und Busfahrer durch eine hektische Menge. Der Abfall aus dem Treiben der Läden, Hotels und Imbißstuben, der Fahrkartenverkäufer,

Seite 127:
Auch die Männer entsprechen nicht immer unseren Vorstellungen von den Rollen der Geschlechter. Es gibt zum Beispiel kaum einen Mann, der nicht kochen kann.

rechts oben:
Einige üben Handwerksberufe aus, wie dieser Erzgießer, der die Wachsform für ein Bronzegefäß drechselt.

links oben:
Bei den Schafzüchtern nützen auch die Hirten die Zeit zum Stricken.

unten:
Nicht nur beim Plaudern in den Abendstunden, auch während des Gehens drehen die Männer in Westnepal Fäden mit der Handspindel.

Seite 128:
Wichtigste Aufgabe aber ist und bleibt für die meisten Nepali die Landwirtschaft, wo Männer und Frauen etwa den gleichen Arbeitseinsatz leisten. (Die Gebilde aus Bambus dienen als ›Regenschirme‹.)

129

Fahrgäste und Straßenhändler wurde einfach in die Schlucht geworfen, der Fäulnisgeruch mischte sich mit Staub und Benzinqualm.

Moderne Technik, ohne Vorwarnung hereingebrochen, das Zauberwort »Fortschritt«, als Wert ohne Inhalt außer Kontrolle geraten, der Wunsch nach »Entwicklung«, wo aber gar keine Entwicklung aus dem Vorhandenen stattfindet, sondern ein Überstülpen ohne Zeit zur Besinnung. Freilich hat die ›neue‹ Zeit Pokhara durchaus Vorteile gebracht: elektrisches Licht, fließendes Wasser, ein reichhaltiges Warenangebot und wirtschaftlichen Aufschwung, Schulen und eine Zweigstelle der Universität, als wichtigstes ein gutes Krankenhaus. Aber warum nur geht mit dem Einzug der Moderne der Sinn für Harmonie verloren? Ließe sich das nicht vereinbaren?

Es scheint sehr schwer zu sein. Haben nicht auch wir in den letzten Jahrzehnten im Namen des Fortschritts große Fehler gemacht? Erkennen wir nicht allmählich, daß die einst hochgepriesenen Wohnsilos Bausünden waren, daß die Umwandlung der gewundenen Dorfstraße mit Wiesenrain, Lindenallee und Bach in eine autogerechte Fahrbahn mit geteerten Parkplätzen, Peitschenlampen und als Alibi Baumkrüppeln in Waschbetonkästen ein Verlust war? Und wir hatten viel mehr Zeit – und der Fortschritt brach nicht von außen über uns herein. Kein Entwicklungsexperte redete uns ein, alles bisher Gewesene sei »unterentwickelt«, »rückständig«, für das 20. Jahrhundert nicht zu gebrauchen, und unsere einzige Rettung bestünde darin, es möglichst schnell den Industrienationen gleichzumachen zu versuchen mit Straßen, Fernsehen und exportorientierter Marktwirtschaft.

Auch wir waren, obwohl wir eigenständig weiterentwickeln konnten, in eine Zwischenwelt geraten, von der Hermann Hesse in »Steppenwolf« schreibt: »Es gibt nun Zeiten, wo eine Generation so zwischen zwei Zeiten, zwischen zwei Lebensstile hineingerät, daß ihr jede Selbstverständlichkeit, jede Sitte, jede Geborgenheit und Unschuld verlorengeht.«

Neuer Lebensstil, verlockend gemacht durch die Demonstration materieller Überlegenheit durch Touristen, technischer Überlegenheit durch wenig behutsame Fachleute, propagiert immer noch durch manche ausländische Berater und eine Elite, die teilweise, im Westen ausgebildet, auch dem Erhaltenswerten der eigenen Tradition entfremdet ist. Und schließlich gefördert durch Geschäftsleute, die schnell gemerkt haben, wie man durch Reklame neue Bedürfnisse wecken und den Umsatz steigern kann. Ich glaube nicht an die ›gute, alte Zeit‹, in der angeblich alles in Ordnung war. Ich möchte keinen Zaun um Nepal bauen und es als »Freilichtmuseum« erhalten, damit wir uns egoistisch an einer Illusion von heiler Welt ergötzen können. Aber ich halte eigensinnig an der Forderung fest, daß nur Fortschritt heißen darf, was dem Wohle der Menschen dient, auch ihre kulturelle und geistige Entfaltung fördert und nicht ihr Selbstbewußtsein, ihre Identität zerstört. Darum tut die Zwischenwelt, vordergründig am sichtbarsten im Baustil, so weh. Darum fällt es so schwer, die in die Zwischenwelt Geratenen sympathisch zu finden. Man spürt einfach, daß da etwas nicht stimmt. Aus dem eigenen Zusammenhang gefallen sind sie, auch im nachgeahmten westlichen Lebensstil nicht zu Hause, zu »Karikaturen« ihrer selbst geworden, wie ein Asiate es bitter formulierte. Eigentlich bedauernswerte Opfer des Aufpralls der aggressiven, aktionsbesessenen, profitorientierten westlichen Zivilisation auf eine eher kontemplative Kultur, geprägt von erlebender Hingabe an die Welt, die wehrlos nachzugeben droht.

Während Hermann und ich uns in kulturphilosophischen Betrachtungen über die Zwischenwelt ergingen, brachte Maila unbewußt aber treffsicher unsere Gedanken auf einen Punkt. Er wies mit vieldeutiger Miene auf eine Gruppe halbwüchsiger Buben, die vor einer Touristenkneipe zu lauter Disco-Musik tanzten: »Die Rotzglocke können sie sich nicht abputzen, aber singen ›I am a disco dancer‹!«

Maila brachte uns zum Lachen und erinnerte uns an die vielen Gegenbeispiele. Waren nicht unsere vier Begleiter sie selbst geblieben auch nach vielen Jahren des Arbeitens für Touristen? Kehrten nicht viele Nepali, Gurkha-Soldaten und Wanderarbeiter nach Jahren Auslandsaufenthalt anscheinend ohne Probleme ins Dorf zurück? Gibt es nicht Leute, die alle Bereiche des westlichen Lebens kennengelernt haben, und vielleicht gerade deshalb ihr eigenes Land hochschätzen? Wie Freund Amrit, der in beiden Teilen Deutschlands studierte und sagt: »Erst im Ausland sind mir die Augen für den Wert meiner eigenen Kultur aufgegangen.« Oder wie der junge Journalist Kunda Dixit, der ständig mahnt, die Tradition nicht kritiklos auf dem Altar des Götzen »Fortschritt« zu opfern. Vielleicht sitzen auch wir mit unserer Besorgnis zu sehr auf dem hohen Roß der Besserwisser und unterschätzen die Kraft der Nepali, Neues gestaltend aufzunehmen. Haben nicht die Newar im Kathmandutal ein Jahrtausend lang fremde Eroberer erduldet und trotzdem diese durch ihre Kultur geprägt? Beziehen die Nepali nicht heute am Fest Dasain Rasenmäher, Motorräder, Lastwagen und sogar Flugzeuge in die uralten Weihezeremonien ein, Kultur über Technik? Der weise Lao-tse sagte: »Auf der Welt gibt es nichts, was weicher und dünner ist als Wasser. Doch um Hartes und Starres zu bezwingen, kommt nichts diesem gleich.« Die Nepali haben eine bewegte Geschichte im Schnittkreis zweier Kulturen und Großmächte hinter sich, ohne bisher ihre

Eigenständigkeit verloren zu haben. Ich hoffe, daß sie den Erdrutsch westlichen Gedankenguts im Strom ihrer Lebensweisheit einschließen.

Wir wandten uns Pokharas Schokoladenseiten zu, ruderten und schwammen im herrlichen Phewasee und aßen Pudding und Cremekuchen. Am übernächsten Tag verließen wir das wunderschöne Tal, von wo aus der Blick ungehindert zwischen Bananenstauden und über mit Christusdorn besetzte Mauern zu den Eisgipfeln der Annapurnakette geht, mitten drin die elegante Gestalt des
Abb. S. 96 Machhapuchhare, »der Berg, von dem man sagt, er sähe aus wie ein Fischschwanz« (die Schwanzform der Doppelgipfel kann man nur von Westen sehen). Kaum zu glauben, daß die fruchtbaren Ackerflächen, die lieblichen Seen und bizarren Canyons der Flüsse einer Naturkatastrophe vor erst 600 Jahren zu verdanken sind. Damals brach ein 10 Quadratkilometer großer See hinter dem Machhapuchhare durch seinen natürlichen Damm. Die Flutwelle füllte das heutige Pokharatal mit fünfeinhalb Milliarden Kubikmeter Schotter und Erdreich. Kein Wunder, daß die Nepali angesichts einer so gewaltigen Natur den kleinen Wechselfällen des Schicksals und dem nichtigen Treiben der Menschen viel gelassener gegenüberstehen.

Viele Wege zum Überleben

Wir genossen wieder unseren alten Tagesrhythmus. Wir hatten uns so sehr daran gewöhnt, daß Maila, Jetha und Lhakpa baten, keine ganzen Ruhetage mehr einzulegen, sondern nur an manchen Tagen später mit dem Laufen anzufangen oder früher aufzuhören: »Wir kommen sonst ganz aus dem Schritt.« Norbu war besser aufgelegt denn je, der Arzt hatte ihm bescheinigt, daß er uns weiter begleiten könne. Er leide ›nur‹ an einer chronischen Gastritis und solle mit scharfem Essen zurückhaltend sein.

Eine halbe Stunde vor dem Deorali Paß tranken wir Tee und erkundigten uns beim Wirt nach einer empfehlenswerten Bleibe auf der anderen Seite. »Keine Ahnung«, sagte er, »ich war noch nie jenseits des Höhenrückens.« Er lachte: »Es ist schon komisch. Ich war in Indien und Bangla Desh, in Burma, Thailand, Malaysia und Singapur, in Hongkong und Indonesien und wie die Länder noch alle heißen, wo ich übers salzige Wasser hingefahren bin. Aber ich bin nie weiter nach Westen gegangen als Deorali. Freilich könnte ich über den Weiterweg erzählen, als hätte ich es nicht nur von Durchreisenden aufgeschnappt.

Aber in meinem Alter, wo's bald ans Sterben geht, werde ich nicht zu lügen anfangen. « – »Waren Sie Soldat?« – »Nein, nein. Ich habe privat gearbeitet. Meist als Wächter für indische Händler und Fabrikanten. Viel habe ich nicht verdient. Es reichte gerade, um mit diesem Laden meinen Lebensabend zu sichern. «

Am nächsten Tag querten wir die Steinwüste des Ratti Khola, im Hintergrund bläulich die Abbruchstelle des Hanges, der das Tal des kleinen Baches mit seinen Geröllmassen aufgefüllt hatte. Bei einer Rast fragten wir: »Wann ist das passiert?« Ein älterer Mann antwortete: »Vor 80 Jahren. Mein Vater hat es miterlebt. Unsere Familie besaß Reisfelder im Tal wie viele andere. Hier wird wohl nie wieder etwas wachsen. Sehen Sie nur, nach 80 Jahren noch kein Grashalm. «

Wir stiegen ab zum tief eingeschnittenen Tal der Kali Gandaki, eine der wenigen Gegenden, wo die Wege genügend breit und sanft, die Brücken gut genug sind, um Tragtiere einzusetzen. Es ist zwar die tiefste Durchbruchsschlucht der Erde, zwischen den Achttausendern Annapurna und Dhaulagiri, doch kann man dem Talgrund folgen, wenn auch der Weg manchmal in senkrecht aufragende Felswände gesprengt ist. Die Pferde, Maultiere und Esel trugen einen Kopfputz aus bunter Wolle, die Leittiere waren behängt mit Schellen und Glocken. Ihr Bimmeln vermischte sich mit dem melodischen Pfeifen der Treiber.

Ich bewundere die Bäuerinnen und Bauern, die Trägerinnen und Träger, die durch harte Arbeit sich und ihren Familien das Überleben sichern. Diese Treiber aber, unterwegs, ohne sich selber zu sehr zu plagen, mit einem festen Endziel, aber frei in den Entscheidungen des Tages, habe ich immer beneidet um ihre Freiheit in der Gebundenheit. Der Mensch braucht eine Aufgabe, aber wie schön ist es, wenn die Zeit nicht zerstückelt ist durch Termine, wenn nicht jeder Handgriff vorgeplant ist, sondern auch das Unvorhergesehene bewältigt werden muß. Die Treiber sahen uns mit Augen an, die Touristen oft an den Nepali auffallen: »Sie sehen so hellwach aus, so neugierig auf das Leben und so erstaunlich zufrieden. « Anpassungsfähig müssen die Nepali sein, aber die ständige Herausforderung durch Naturgewalten und durch die Notwendigkeit, sich irgendwie einen Lebensunterhalt zu verschaffen, scheint sie nicht mutlos zu machen, sondern munter.

Wir verließen das Kali Gandaki Tal bei Beni und folgten dem Lauf der Myangdi. Ein ganz anderes Bimmeln klang von ferne, das Schlagen einer Schulglocke. Als wir das kleine Gebäude erreichten, hatten die Schüler soeben das obligate Singen der Nationalhymne beendet, aber sie rannten nicht neugierig herbei wie sonst oft, was die Lehrer für eine Weile mit verständnisvollem Lächeln dulden – wer nicht neugierig ist, lernt nichts. Die Kinder verteilten sich schweigend im Schatten eines Feigenbaums, zogen Stifte hervor, während der Lehrer Blätter verteilte, und beugten sich dann eifrig über ihre Aufgaben. Der Lehrer trat zu uns: »Heute sind Prüfungen, Mathematik. Das Klassenzimmer ist zu klein, da könnten sie voneinander abschreiben.« Er ermahnte einige kleine Zuschauer, sich abseits zu halten und still zu sein. »Wenn ihr schon nicht in die Schule kommt, dann stört wenigstens nicht.«

Abb. S. 106

»Gehen viele Kinder nicht zur Schule?« fragten wir. »O nein, bei uns nicht«, antwortete er stolz. »In unserer Gegend gibt es viele Grundschulen, die Wege sind nicht so weit wie anderswo, außerdem sprechen fast alle von Haus aus Nepali, das macht es leichter. So kommen die ersten Jahre die meisten Buben und etwa ein Drittel der Mädchen. In die Sekundarschule gehen weniger, nicht unbedingt weil sie Schulgeld kostet, aber für manche ist der Weg zu weit, sie müßten im Internat oder in Miete wohnen, und das ist vielen zu teuer. Und was braucht ein Bauer mehr als ein bißchen Lesen, Schreiben und Rechnen? Vor allem gehen nur wenig Mädchen in weiterführende Schulen, viele kommen gar nicht. Die Eltern sagen, was soll ihnen das im späteren Leben als Hausfrauen und Bäuerinnen nützen? Außerdem müssen die Mädchen schon bald mithelfen, auf Geschwister aufpassen, Vieh hüten, Wasser holen, Gras schneiden, viele haben einfach keine Zeit für die Schule. Auch die Buben müssen auf dem Hof helfen, aber die Eltern entbehren sie leichter und lieber, denn schließlich sind die Söhne für ihren Unterhalt im Alter verantwortlich, da kann Schulbildung nicht schaden. Die Töchter aber gehen nach der Heirat in eine andere Familie und« – er zwinkerte ein bißchen – »Söhne sind für Hindus halt wichtiger als Töchter.«

Ganz unrecht haben die Eltern mit ihrer Skepsis der Schule gegenüber nicht. Der Unterricht ist sehr theoretisch, es fehlt an Lehrmitteln und gut ausgebildeten Lehrern – das ganze Schulwesen wurde ja erst nach 1951 aufgebaut. Für die Praxis lernen die Kinder nicht allzuviel, und Schreibtischjobs für Studierte gibt es nur wenige. Wir drückten den bleistiftkauenden, stirnrunzelnden und eifrig schreibenden Schülern und auch dem Lehrer die Daumen. Schließlich steigt und sinkt sein Ansehen mit der Zahl der Aufgerückten und Durchgefallenen.

Während wir das Myangdital weiterwanderten, das immer enger wurde mit im Norden himmelhoch aufragenden Wänden, die die Nähe des Dhaulagiri anzeigten, tauschten Jetha, Lhakpa und Maila Schulerinnerungen aus. »Ich muß ein ziemlich frecher Schüler gewesen sein«, meinte Maila. »Jedenfalls mußte ich

134

oft Kniebeugen machen und dabei die Ohrläppchen festhalten. Ich weiß auch nicht, warum das eine Strafe war, aber wir haben uns immer sehr geniert.« Lhakpa brummte: »Immer die blöde Auswendiglernerei. Ich bin wie ihr auch nicht lange hingegangen, nur drei Jahre. Ich ging lieber mit auf die Hochweiden, das war interessanter.« – »Von meinem Vater habe ich viel mehr gelernt«, sagte Jetha, »wie man die Ochsen unterm Joch führt, wann man säen muß, wie man aus Bambus Zäune, Matten und Dokos flicht, halt alles, was ein Bauer wissen muß. Und Norbu hat mir das Kochen für Ausländer beigebracht.«

»Mein Sohn hat auch von mir das Kochen gelernt«, mischte sich Norbu ins Gespräch. »Nächstes Jahr macht er das Abitur. Und dann? Dann wird er als Touristenführer und Trekkingkoch arbeiten genauso wie ich, der ich nicht einmal lesen und schreiben gelernt habe. Es gibt so viele, die Arbeit bei der Regierung, einer Bank oder einem Büro suchen. Wie sollte er da dran kommen? Wir haben keine Beziehungen. Bei meiner Trekkingagentur kann ich ihn unterbringen. Da arbeitet er jetzt schon in den Ferien.«

Eine hohe Zahl von Analphabeten wird meist sehr negativ bewertet und gilt als Anzeichen von ›Unterentwicklung‹. Dabei wird übersehen, daß Bildung mehr beinhaltet als Schulbesuch. Zudem können Menschen, die gewohnt sind, aus der eigenen Anschauung zu lernen, ungemein scharf beobachten und haben ein gutes Gedächtnis. Daß in Nepal das Miteinandersprechen noch im Mittelpunkt steht, habe ich als Bereicherung empfunden. Die Menschen sind begieriger und auch fähiger, Kontakt aufzunehmen als bei uns, wo das einseitige Lesen, Radiohören oder Fernsehen immer mehr den Dialog verdrängt. Die Nepali sind Meister des gesprochenen Wortes, des Diskutierens und Erzählens und besitzen vor allem noch die Tugend, zuhören zu können.

Wir ließen das Erzählen erst einmal bleiben, denn ein sonnendurchglühter Hang trocknete unsere Kehlen aus. Wie froh wären wir jetzt um die Regenwolken vom Ganesh oder Manaslu Himal gewesen. Zwar bauten sich jeden Nachmittag dunkle Gewittergebilde auf, doch sie entluden sich woanders. An einem Chautara hatten die Dörfler zwei junge Feigenbäume geschmückt, ein Brahmane brachte Opfergaben von Blumen, Früchten und Reis dar, rezitierte Gebete, begleitet von Trommelwirbel. »Wir beten um Regen. Schon seit Wochen ist hier kein Niederschlag gefallen, die Saat kann nicht aufgehen. Wir können hier nicht bewässern, sind nur vom Wasser des Himmels abhängig.«

Wir freuten uns auf den Ort mit dem vielversprechenden Namen Dharapani, Brunnenwasser. Der Brunnen war ein armseliger Kuwa. Trotzdem füllten wir die Flaschen, gaben Micropur dazu – noch eine Stunde Qual, bevor wir unbesorgt trinken konnten. Hinter dem Dorf schlossen sich mir ein paar Mädchen an. Neugierig fragten sie mich aus, wohin ich ginge, woher ich käme, warum ich unterwegs, wo meine Heimat sei – »Germany?« hatten sie gehört in der Schule. »East oder West Germany?« Erstaunlich, wie viele Nepali wissen, daß es zwei Deutschland gibt. Dann gleich die Frage: »In welchem Deutschland sind die Kommunisten?« – Die Mädchen schenkten mir eine Handvoll Kaphal, kleine rote Beeren mit einem großen Kern, die angenehm säuerlich den Durst stillen, und verabschiedeten sich fröhlich winkend. Jetzt hatten sie zu Hause etwas zu erzählen.

Schicksal oder Unrecht?

Im Dorf Takum wies man uns das Haus des Thakali. Dieser Stamm siedelt hauptsächlich im Kali Gandaki Tal, wo sie früher vom Handel, vorwiegend mit Salz, lebten, heute teilweise vom Tourismus, wenn sie nicht in Gebiete abgewandert sind, wo sich jetzt besser Geschäfte machen lassen. Dieser Thakali besaß wahrscheinlich viel Land hier, das er verpachtete, er schien recht wohlhabend zu sein. Er kochte gut für uns – wenn auch teuer –, sogar etwas Fleisch, trotzdem haben wir sein Haus als einziges in schlechter Erinnerung. Kaum hatten wir uns auf der Veranda zum Schlafen niedergelassen, begann ein allgemeines Wälzen und Stöhnen, Kratzen und Schaben. Im Licht der Taschenlampe krabbelten und hüpften Wanzen, Flöhe und Kleiderläuse, eine Menagerie von Ungeziefer, wie ich sie sonst nie in einem nepalischen Haus erlebt habe, geschweige denn auf einer Veranda. Flöhe gibt's im Haus zwar öfters, aber Wanzen selten, weil sie sich durch eifriges Verstreichen aller Ritzen und Löcher vertreiben lassen. Außerdem warnten uns die Leute sonst ganz offen: »Wir würden euch gern beherbergen, können es euch aber nicht raten. Wir haben gerade Ungeziefer im Haus.« Wahrscheinlich lag es daran, daß keine Frau im Haus war, die den lieben Tierchen mit Lehm und Kuhdung und mehr Sauberkeit zu Leibe gerückt wäre. Oder war sie vor der Invasion geflohen wie Hermann und ich, die wir uns nächtlicherweise mit dem Zelt auf die Dorfwiese zwischen Pferdegescharre und Roßbollen verzogen? Die anderen waren zu faul dazu, aber im nächsten Morgengrauen hatten wir Takum schon weit hinter uns gelassen. Unser Wirt hatte gesagt, vor dem nächsten Paß, dem Jaljwa La, gäbe es nur ein einziges Haus, wo wir essen könnten, bei Verwandten von ihm. Viel lieber wären wir in dem ärmlichen Dorf davor eingekehrt, doch hier lebten nur Sarki.

Die Kaste der Sarki (Schuster) gehört wie die der Schneider und Schmiede zur untersten Gruppe der Hindukasten, den sogenannten ›Unberührbaren‹. Als viele Angehörige der Priester- und Kriegerkaste (Brahmanen und Chhetri) vor den mohammedanischen Mogulherrschern in Nordindien nach Nepal zurückwichen, brachten sie die Angehörigen dieser Berufskasten mit. Seit jeher bestand eine enge Verflechtung zwischen den Gruppen, da diese Handwerker all die Tätigkeiten ausführten, die den hohen Kasten verboten waren. Eine Brahmanin z. B. nähte niemals selbst, sondern brachte ihre Sachen zum Schneider. Diese Regelung war ursprünglich gar nicht so schlecht, sicherte sie doch den Handwerkern ihr Auskommen, zumal eine bestimmte Brahmanen- oder Chhetrifamilie an eine bestimmte Schneider- bzw. Schusterfamilie gebunden war. Auch die Religion erforderte eine Zusammenarbeit; führte der Brahmane die Riten durch, brauchte er doch zu manchen Anlässen die Niedrigkastigen. Die Schneider etwa sind gleichzeitig die Musikanten, die zu einer Hochzeit aufspielen.

Abb. S. 108

Schlimm allerdings ist die Diskriminierung der niedrigen Kasten. Man nimmt kein Essen, nicht einmal Wasser von ihnen. Sie dürfen nicht ins Haus, geschweige denn in die Nähe des heiligen Herdfeuers. Möchten sie etwas kaufen, wird es ihnen nicht gereicht, sondern auf den Boden gestellt, von wo auch das Geld entgegengenommen wird; ebenso im Teeladen oder Restaurant, wo sie nachher das Geschirr erst selbst waschen, bevor es vom Besitzer nochmals gereinigt wird. Heute noch vermeiden viele Hochkastige eine körperliche Berührung. Ist sie dennoch erfolgt, nehmen sie eine rituelle Reinigung vor. Kastendiskriminierung ist zwar seit Jahren von der Verfassung verboten, besteht aber natürlich noch fort. Mehr hilft da die Schule, wo Kinder aller Kasten gemeinsam auf der Bank sitzen oder spielen, oder ein Omnibus, wo man sich schließlich nicht mehr darum kümmern kann, neben wem man eingequetscht ist. Wirtschaftlicher Wandel trägt ebenfalls dazu bei. In Kathmandu sind die Schneider durch den Modeboom gefragt und teilweise wohlhabend geworden und haben so an Ansehen gewonnen.

Ein ganzes Dorf voll Leute, die Schuhe machen oder Kleider nähen, kann man natürlich ebensowenig gebrauchen wie ein ganzes Dorf voll Priester. So waren diese Sarki Bauern geworden wie die meisten indo-arischen Einwanderer, gleich welcher Kaste. Hermann und ich hätten gerne hier gegessen, doch auf unsere Frage, wo man etwas bekommen könnte, verwiesen sie uns gleich weiter. Aus ihrem Verhalten sahen wir, daß sie gar nicht auf die Idee kamen, wir könnten bei ihnen einkehren wollen, und daß wir sie durch unser ungewöhnliches Verhalten nur in Verwirrung gestürzt hätten. Außerdem waren wir nicht ganz sicher, wie Norbu, Lhakpa, Jetha und Maila reagiert hätten. Sie kommen zwar alle aus Stämmen, die traditionell keine Kasten kennen (wenn sie auch von den Brahmanen und Chhetri als der dritten Kastengruppe zugehörig betrachtet werden, unter ihnen, aber über den ›Unberührbaren‹), und haben keine Berührungsängste, aber die niedrigkastigen Hindus, die sich auch in Sherpa-, Rai- und Tamangdörfern als Handwerker niedergelassen haben, brachten eine jahrhundertelang eingeimpfte Verhaltensweise mit, siedelten sich abseits an, gingen nicht in die Häuser, so daß sie selbst dazu beitrugen, von den Alteingesessenen als tieferstehend betrachtet zu werden.

Heute allerdings beginnen die Niedrigkastigen, vor allem in den Städten, sich dagegen zu wehren, daß eine selbstverdiente Wiedergeburt sie zu dieser Behandlung verdammt haben soll und sie auf Besserung im nächsten Leben warten müßten. So pochten sie z. B. in Surkhet auf die Verfassung und verlangten, in den Restaurants gleichzeitig und wie alle anderen bedient zu werden, was die Wirte unter Androhung von Strafen tun und Polizisten im Auftrag des Landrates kontrollieren mußten, gleichgültig, ob sie persönlich damit einverstanden waren oder nicht.

Wir plauderten also nur ein wenig mit den Sarki und aßen bei den Thakali. Ein kurzer, steiler Aufstieg brachte uns dann auf die Wasserscheide. Überraschend lieblich war die Gegend auf dem Jalwa La, etwas über 3400 Meter. Es gab wieder Rhododendren, Schlingpflanzen mit Blütenfällen aus weißen Sternchen und Bartflechten überwucherten die Bäume wie Christbaumgirlanden. Die Nebelschleier, die das üppige Wachstum ermöglichten, verdeckten leider auch die Sicht auf die Dhaulagirigruppe. Auf sanften Wiesen mit dicken Grasbüscheln auf sumpfigem Grund weideten viele Pferde, die Stuten umsprungen von zierlichen Fohlen, die neugierig hinter dem schützenden Leib der Mutter hervorlugten. Die Hirten waren Tibeter, die Ende der sechziger Jahre vor den Chinesen geflohen waren. »Bei Dhorpatan hat man uns Land angewiesen. Wir züchten Pferde für die Händler im Kali Gandaki Tal.«

Auch der Wirt nahe des Flugplatzes von Dhorpatan war ein Tibeter. Sein Haus war schwarz verräuchert, mit ungehobelten Bohlen ausgelegt, vollgestopft mit Vorräten und dennoch urgemütlich, wahrscheinlich wegen des humorvollen Wirts mit seinen Türkisohrringen und den über den Kopf gelegten Zöpfen. »Alle meine Landsleute, die weiter oben ein Dorf gebaut haben, kaufen bei mir ein. Ich lasse die Waren von Pokhara mit Tragtieren bringen.« Wir hatten übrigens von dem Dorf nicht viel gesehen, wie überhaupt von der umliegenden Gegend, weil eine dichte Wolkendecke auf der Ebene von Dhorpatan lag.

138 »Was ist mit dem Flugplatz? Die Piste ist ganz verkrautet und das Gebäude vernagelt.« – »Reguläre Flüge lohnen sich nicht. Wer würde hier soviel Geld für ein Ticket ausgeben, wo wir doch in ein paar Tagen zu Fuß in Pokhara sind. Die Ausländer, die hierher zur Jagd kommen, benützen Hubschrauber, die sie weiter in die Berge bringen.« Die dichten Wälder und Hochgrate nördlich von Dhorpatan umschließen ein Revier, wo man unter anderem gezielt Blauschafe jagen darf, eine anscheinend begehrte Trophäe in Jägerkreisen. »Kommen viele Jäger?« – »Viele nicht, aber Bonzen. So ein Blauschaf-Abschuß soll mit allem Drum und Dran, Hubschrauber, Führer, Treibern, 10 000 Dollar kosten. Wir Buddhisten sollten eigentlich kein Lebewesen töten, wir tun es trotzdem, weil wir essen müssen. Wenn einer unbedingt zum Vergnügen jagen will, soll er ruhig blechen. Und eine Kuh, die Milch gibt, soll man melken, sagt ein Sprichwort.«

Für die nächsten Tage erstanden wir soviel Essen, wie wir tragen konnten. Wir wußten, wir würden jetzt in dünner besiedelte und kargere Gegenden kommen.

Ein Pfad voll Hindernissen

Über den Rara See zur Karnali

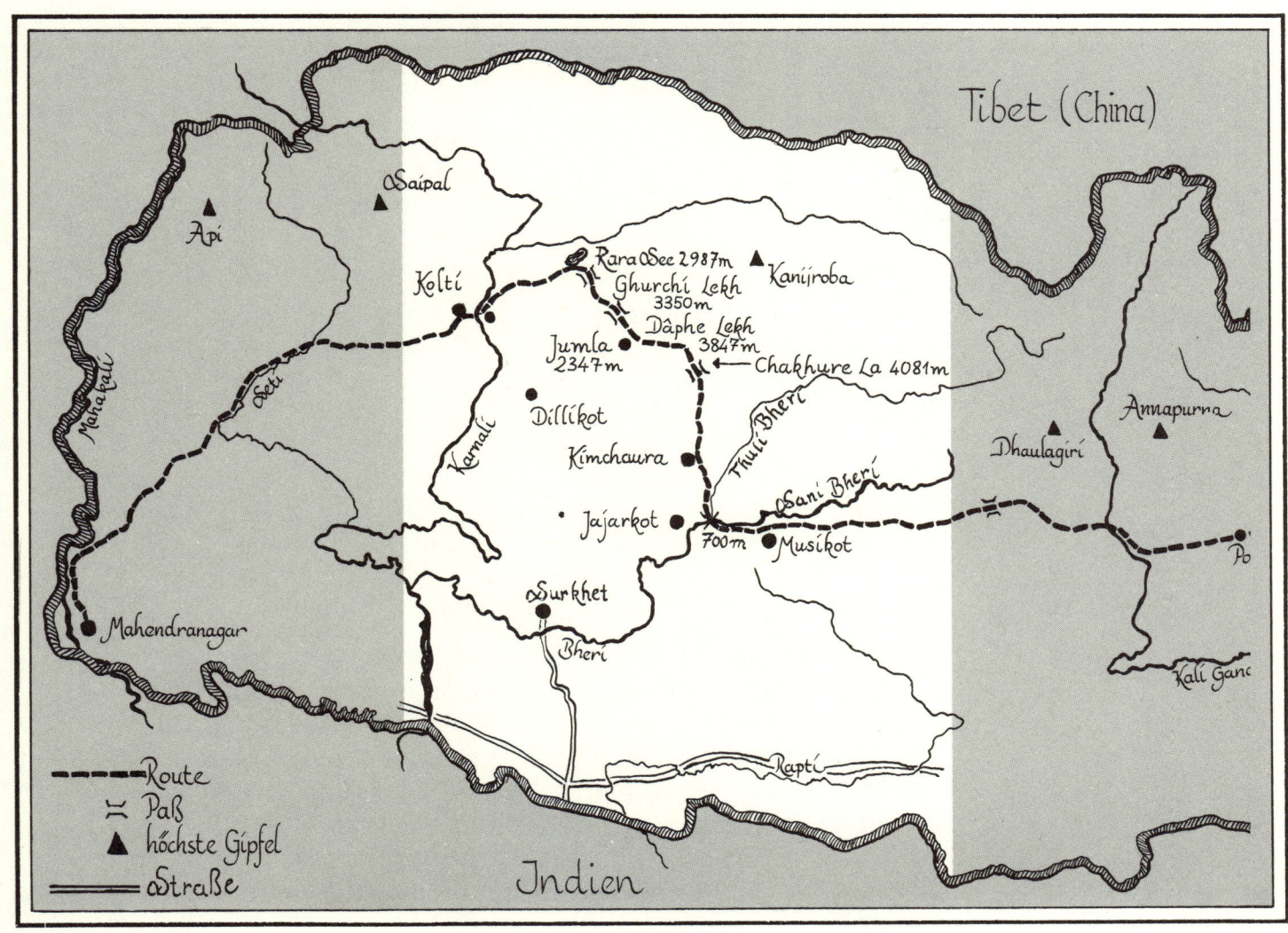

Der Mensch, der sich in die kosmische Ordnung eingebunden fühlt,
»kann sich kein › Leid‹ vorstellen, das nicht provoziert wäre . . .
Immer ist ein Fehler am Grunde zu entdecken oder doch wenigstens eine
Ursache im Willen des Höchsten Wesens . . . Gegen dieses › Leid‹
kämpft (er) mit allen magisch-religiösen Mitteln, die ihm zu Gebote stehen –
aber er erträgt es moralisch, weil es nicht absurd ist. «

Mircea Eliade, Kosmos und Geschichte. Der Mythos der ewigen Wiederkehr,
Düsseldorf 1953

Jhankri, Diener der Ganzheit

War das Land südlich des Dhaulagiri Massivs schroff und zerklüftet gewesen, wurden die Hänge jetzt weitläufiger, die Seitentäler langgezogen. »Das ist anders als bei uns im Osten«, sagte Jetha. »Gehen wir ein paar Stunden bergab, kommen wir in die Reisfelder, ein paar Stunden bergauf in den Schnee.« Ruhiger ist die Landschaft hier, wo die Himalaya-Hauptkette in einem weiten Bogen nach Norden nicht mehr so hoch aufragt, aber auch herber, es fehlt die schnellwechselnde Fülle der Formen und Vegetationszonen.

Wir folgten dem Lauf der Uttar Ganga mit den weit auseinanderliegenden Dörfern der Kham Magar, die zu einem der großen altnepalischen Stämme gehören. Zwei Büffel kamen uns entgegengaloppiert, blieben aber auf einem Acker plötzlich wie angewurzelt stehen und glotzten uns mit langgestrecktem Hals, hoch erhobener Nase und gerunzelter Stirn an. Ein Jhankri hatte sie aufgescheucht. Der Schamane, nicht an seiner Kleidung, sondern nur an seinem Verhalten zu erkennen, eilte in Trance den Weg entlang. Sein Körper zuckte, die Hand zitterte, die einen Stab hielt, der stochernd und pochend den Schamanen hinter sich herzuziehen schien. Und doch ging er ganz sicher, lief eigentlich nicht, bewegte sich aber so schnell fort, daß die Buben in seinem Gefolge, von denen einer die Schamanentrommel trug, rennen mußten. Ob der Jhankri auf der Suche nach einer verlorenen Seele war?

Für die Nepali hat Krankheit zwar einen profanen Auslöser (etwa ein Sturz oder eine Infektion), aber immer einen metaphysischen Grund. Irgendwie ist die Ordnung, das Gleichgewicht zwischen Mensch und übernatürlichen Kräften gestört und muß durch Gebete, Riten und Opfer wiederhergestellt werden. Suchen die Hindus oft Hilfe im Tempel oder bei einem gelehrten Brahmanen, die Buddhisten in der Gomba und beim Lama, kennen doch alle auch den Jhankri, den Mittler zwischen sichtbarer und unsichtbarer Wirklichkeit, der die Ursache erforscht und die Agenten der Krankheit besänftigt.

Die Bergstämme bezeichnen sich zwar auch selbst als Buddhisten wie viele Tamang und Gurung oder als Hindus wie die meisten Magar, manchmal als beides, weil die Übergänge zwischen den Religionen bei ihnen fließend sind. Sie haben die Namen von Göttern oder Bodhisattvas sowie Riten und Feste übernommen, doch ihr tägliches Leben wird bestimmt von der religiösen Tradition ihres Stammes, auch bei den Sherpa. Sind Jhankris aber sonst recht selten und müssen ein großes Gebiet versorgen, findet man bei den Kham Magar so viele, daß man selbst als Durchwandernder und am hellichten Tag einem bei der Ausübung seines Berufes begegnen kann.

143

Wenige Stunden weiter saß in einem Haus ein Jhankri in vollem Ornat, dunkle Hose mit bunten Streifen am Saum, ein muschelbesetztes Oberteil und Federkrone, und rief, die Trommel schlagend, mit mythischen Gesängen Götter und Geister um Hilfe an bei der Suche nach der Seele eines kranken Kindes, während die Mutter ihrer üblichen Arbeit nachging. Die Magar glauben, daß ein reizbarer Geist die Seele des Kranken entführte. Hat der Schamane ihn identifiziert und herausgefunden, was ihn beleidigt hat, versucht er, ihn zu versöhnen, und bietet dem Geist im Tausch für die Seele ein Opfer an, meist ein Tier. Trotzdem leben die Magar nicht in ständiger Geisterfurcht (sie wären sonst kaum so fröhlich). Die Geister sind ja irgendwie berechenbar, es gibt Regeln, an die sich beide Seiten halten müssen und die der Jhankri zum Glück kennt.

Man darf die Schamanen nicht für Scharlatane halten, wenn auch ihre Sitzungen gleichzeitig oft theatralische Aufführungen religiöser Dramen sind und die Zuschauer ihre schauspielerischen Fähigkeiten durchaus zu würdigen wissen. Aber die Trancen sind keine Vortäuschung falscher Tatsachen, sondern beanspruchen Körper und Geist bis zur völligen Erschöpfung. Auch kann ein Schamane dabei nicht reich werden. Er wird zwar entlohnt, meist mit Naturalien, muß aber seine eigene Arbeit stehen und liegen lassen, wenn ihn jemand ruft. Er muß viel Zeit und Kraft aufwenden, allein schon um so viele Gesänge und Gebete auswendig zu lernen, daß er 30 bis 50 Stunden Neues rezitieren könnte. So sind manche gar nicht glücklich, wenn das Auftreten unfreiwilliger Trancezustände sie als zum Schamanentum bestimmt ausweist. Auch Frauen können Schamanen sein, fühlen sich aber seltener dazu berufen.

Sonst sind die Jhankris ganz normale Leute, Bauern und Familienväter. Sie stören sich auch keineswegs an profanen Unterbrechungen oder Scherzen während einer Sitzung. Das Übersinnliche ist hier genauso normal wie das übrige Leben. Alles existiert zusammen in der großen Weltwohnung: die stoffliche Natur, die Tiere, Menschen, Geister und Götter. Der Schamane steht im Dienst ihrer ganzheitlichen Ordnung, seine Arbeit ist gleichzeitig Opfer.

Natürlich besitzen die nepalischen Jhankris auch Kenntnisse über Heilkräuter und Ähnliches, aber die physische Behandlung ist nicht ihre zentrale Aufgabe, sondern die Heilung des gestörten Gleichgewichts. Darum empfinden sie die moderne Medizin nicht so als Konkurrenz, wie wir vermuten würden. Es gibt auch traditionell z. B. Leute, die sich auf das Einrenken und Schienen von Knochen verstehen oder die Ayurveden, die die weltweit anerkannte indische Naturheilkunde vertreten. Mögen die neuen Doktoren ruhig die Symptome der Krankheit heilen, was sie zugegebenermaßen oft besser können. Dem Jhankri bleibt immer noch die Aufgabe, die metaphysische Ordnung wiederherzustellen, ohne die die Bemühungen eines Arztes fruchtlos wären. Deshalb genießen die Jhankri großes Vertrauen, auch wenn die Nepali – fast zu gern – westliche Medizin schlucken. Sie haben ja nicht ganz Unrecht mit dem Glauben, daß durch die Einnahme von Pillen und Tropfen nur die akute Erkrankung kuriert wird. Wirklich überlegen sind die Schamanen bei der Heilung seelisch bedingter Krankheiten. Die oft nächtelange Aufmerksamkeit aller, die dem Patienten zuteil wird, und manchmal geschickt einbezogene Kenntnis der Lebensumstände, vor allem die Gewißheit, daß jetzt alles »in Ordnung« ist, hilft manche seelische Verkrampfung lösen.

Brennesseln, Bananen und ein SHS

Wir wußten, daß wir uns in Westnepal nicht darauf verlassen konnten, in den Dörfern Essen zu bekommen. Zwar sind überall im Bergland die Leute Subsistenzbauern, daß heißt, sie bauen Feldfrüchte und züchten Vieh für den eigenen Bedarf, ohne nennenswerte Überschüsse erzielen zu können. Bei den meisten reicht es nicht einmal für die eigene Familie, und sie müssen einen Zusatzverdienst suchen, die Männer oft weit weg von zu Hause. Aber in Ost- und Zentralnepal herrscht auf Wochenmärkten ein reger Austausch, z. B. zwischen Kartoffelbauern aus dem Hochland und Reisbauern aus dem Tiefland, und das Land ist so dicht mit Handelsrouten durchzogen, daß man leicht für Geld Ersatz beschaffen kann. Hier konnten die Bauern mit unserem Geld wenig anfangen, weil es wenig zu kaufen gab. Was sie von außerhalb brauchen, holen sie sich meist selbst, wenn sie ohnedies mit den Weidetieren im Winter nach Süden, im Sommer nach Norden ziehen. Berufsträger, die die Gegend versorgen, gibt es nicht viele.

Wir hofften, in dem bekannten Ort Rukumkot einkaufen zu können, der früher der Sitz eines der bedeutenderen unter den zahlreichen kleinen Fürsten Westnepals gewesen war. Rukumkot lag lieblich an einem See. Mehr als seine glänzende Fläche begeisterte mich der Anblick der Felder ringsum. Die Frauen hatten Dokos voll Dünger gleichmäßig auf den Äckern verteilt. Die Männer hatten begonnen, die den Geländeformen angepaßten Terrassen mit Furchen zu durchziehen, die die Bögen noch betonten. Unbeabsichtigt hatten sie so ein Bild mit Streifen und Tupfen geschaffen, voll natürlicher Harmonie. **145**

Es gab auch einige Läden. Wir konnten also Tee trinken und Dalbhat essen, Kerzen und Streichhölzer, ein paar Turnschuhe für Jetha und einen neuen Schirm für Hermann kaufen, aber keine Vorräte. Man verwies uns in den zwar nicht größeren Distriktort Musikot, aber dort mußten ortsfremde Verwaltungsbeamte mit Essen versorgt werden. Mit Mühe trieben wir Reis, Linsen, Öl, Salz und getrocknete Chillischoten auf, auch ein paar Zwiebeln und Knoblauchzehen, dazu Tee und Zucker. Mit Gemüse mußten wir uns seit Dhorpatan aus der Natur behelfen.

Norbu, Lhakpa, Jetha und Maila waren immer auf der Suche nach Zutaten. Einmal gab es die letzten drei Kartoffeln mit frischer Pfefferminze vom Bachufer als Beilage. Öfters Brennesseln, vorsichtig mit einer Zange aus geknicktem Bambus gepflückt. Aufgekocht waren sie wohlschmeckend und mild. Wilden Knoblauch konnten wir leider nicht mehr finden. Meist gab es als Gemüse eine rohe Zwiebel für sechs Personen, sorgfältig mit winzigen Bissen eingeteilt zu nichts als Reis und Linsen.

Der Nahrungsmangel hatte uns ohne Rasttag bis Musikot getrieben, wo wir gerade rechtzeitig zum ›Auftanken‹ eintrafen. »Heute machen wir bald Schluß«, meinte Hermann. »Wir gehen nur hinunter zur Sani (Kleinen) Bheri. Wo der Seitenbach mündet, weiß ich einen schönen Platz zum Rasten und Baden.«

Angekommen, stellten wir die Lasten vor einem verschlossenen Haus ab und suchten eine ebene Stelle unter Bäumen, während sich wie in den letzten Tagen über uns dunkle Wolken zusammenbrauten. In den Wassermühlen am Bach waren Mädchen mit dem Mahlen von Mais und Gerste beschäftigt. An der Mündung warfen Fischer ihre runden Netze im flachen Wasser aus. Keiner nahm bisher die Wolken ernst.

Für alle unerwartet, brach das Wetter plötzlich los. Die Fischer und wir drängten uns in dem kleinen Vorraum mit dem undichten Dach, ohnedies durchnäßt in der Minute, die wir für das Bedecken der Körbe und Rucksäcke mit Plastik gebraucht hatten. Wir riefen den Mädchen zu, doch sie wollten zuerst ihr Mehl und die Mühlen retten. Sie warfen Plastik und Nepalischirme – mit Laub gefütterte Bambusdächer – nicht über sich selbst, sondern über die Mehlsäcke und schleppten die kostbare Fracht unter einen Felsüberhang am jenseitigen Ufer, während der Sturm an der Hängebrücke rüttelte. Einige beugten sich dort schützend über die Säcke, andere rannten, naß bis auf die Haut, zurück und betätigten die Hebel, die das senkrecht stehende Mühlrad aus der Strömung nehmen und so die Mühlsteine abstellen. Der Bach schwoll zusehends an und hätte sonst die Mühlen zerstört.

Schon floß das Wasser aus dem Mühlkanal über, überflutete den Steg und vermischte sich mit den Sturzbächen auf dem Weg. Vom Erdreich braune Wassermassen ergossen sich links und rechts des Felsens, unter dem die Mädchen notdürftig Schutz gefunden hatten, mit solcher Wucht über den Hang, daß die Baumkronen mitten in einem Wasserfall standen. Die Begrenzung eines Bewässerungskanals am Hang gab nach, und die dunkle Flut riß die steinerne Stützmauer einer Terrasse mit sich. Die Regentropfen waren so groß, daß sie windgepeitscht die Landschaft verhüllten wie ein Schneesturm. Wasser überall, als stürzte ein Fluß vom Himmel herab. Unmöglich, das Dorf, nur wenige Minuten oberhalb, zu erreichen.

Nach einer halben Stunde versiegte der Strom, die Sonne brach durch, nur der zuvor harmlose Bach wälzte sich bedrohlich in die breite Bheri, deren Wasser er weit hinaus braun färbte. Die Mädchen lachten schon wieder: »Hauptsache, das Mehl ist nicht verdorben. Wir trocknen von selbst.« An Zelten und Baden war nicht zu denken. Im Dorf bot uns ein Angestellter des staatlichen Landwirtschaftsbüros seine kombinierte Außenstelle plus Wohnhaus an. Stolz machte er mit uns einen Ausflug flußabwärts zu seinen Feldern, wo er allerhand Gemüse züchtete, und die von dem offensichtlich örtlich begrenzten Guß verschont geblieben waren. Leider (für uns) produzierte er nur Saatgut zur Verteilung an die Bauern. Er tröstete uns damit, daß wir mehr Gemüse finden würden, falls wir wiederkämen.

An der Mündung der Sani Bheri (ein großer Fluß im Widerspruch zu ihrem Namen) in die noch gewaltigere Thuli (Große) Bheri bogen wir nach Norden ab und folgten letzterer und schließlich dem Sama Khola. Wie üblich fragten wir uns von Dorf zu Dorf durch, die Karte gab nur eine grobe Orientierung. »Oberhalb unseres Dorfes fließt der Sama Khola durch eine Schlucht, die in der Trockenzeit gangbar ist. Aber der letzte Gewitterguß hat schon die Stege mitgerissen. Ihr müßt über den Berg links.«

Wir hatten uns in den letzten Tagen wohl schon die Anstiege abgewöhnt, die Hermann im Tagebuch mit den Kürzeln WR = Wadenreißer oder als Superlativ SHS = sauharter Schinder bezeichnete. Außerdem war es Ende Mai, die heißeste Jahreszeit, bevor der Monsun durch Wolken und Regen die unbarmherzige Kraft der Sonne mildert. Jedenfalls machte uns der schütter mit Kiefern bestandene Hang mehr Schwierigkeiten als je einer zuvor. Immer wieder waren Lhakpa, Jetha und Maila zu langen Rasten genötigt. »Auf den Pässen haben wir viel mehr geschleppt und je kälter es wurde, um so leichter fiel uns das Steigen. Die dünne Luft haben wir gar nicht gespürt. Wir sind einfach nicht fürs Tiefland geschaffen.«

»Wenn ich sitzen bleibe, komme ich nicht mehr hoch«, stöhnte Hermann. Wenn er auch schneller ging als ich, er schien mehr unter Hitze und Durst zu leiden. Er schrieb abends ins Tagebuch: »Der Berg macht immer wieder einen neuen Buckel, steil der Weg, kein Wasser. Das versprochene Dorf nicht in Sicht. Meine Schrittchen brachten mich kaum zwei Fußlängen weiter. Im Kopf immer das blöde Lied von Schliersee, Biersee... Reiß dich zusammen, hast den Everest bestiegen! Das war schlecht. Ich dachte nicht an die gemeisterten Strapazen, sondern wie ich's mir danach gut gehen ließ. Bierkasten, Eiscreme, Essiggurken... Ein Brahmane oder Chhetri kam mir entgegen. Die üblichen Fragen: Woher? Wohin? Warum? Er sah mich prüfend an, zog dann aus seinem Gürteltuch eine Banane, reichte sie mir und forderte mich auf, mich neben ihn zu setzen. Die Banane war saftig und süß, und er nickte mir aufmunternd zu. ›Es sind nur noch zehn Minuten zum Dorf. Ich muß jetzt leider woanders hin. Kehren Sie das nächste Mal bei mir ein.‹ – Es war dann noch eine Stunde. Doch diese kleine Begebenheit hatte mich wieder aufgerichtet, mir mehr Kraft gegeben, als es nur das Essen einer kleinen Banane bewirkt haben konnte.«

Hermann wartete am Dorfeingang auf mich. Der Hang hatte mir alles andere als Spaß gemacht, aber ich habe von den Nepali gelernt, Unvermeidbares zu akzeptieren und mit Gleichmut hinter mich zu bringen, was viel seelische und auch körperliche Kraft spart. Trotzdem – oder vielleicht deshalb – hatte mir der Aufstieg mehr zugesetzt, als ich bemerkt hatte. Nach der ersten, gierig hinuntergeschütteten Tasse Kaffee, diesmal in einer Almhütte, bekam ich das große Zittern. Auch Lhakpa streckte heute alle Viere von sich. Zeigten sich doch Abnützungserscheinungen, obwohl uns das Gehen längst zur Selbstverständlichkeit geworden war?

Fliegen und Pilze

Wenige Tage später hatten wir den Chakhure La (4081 m) erreicht, wieder ganz munter in den kühlen Höhen. Inmitten weitläufiger Grasbuckel standen unsere Zelte ganz verloren. Darüber hing eine regengraue Wolkendecke, die noch den Eindruck von Verlassenheit verstärkte; kein Dorf, kein Haus, soweit das Auge reichte. Fern war der Fuß des Kanjiroba-Massivs zu sehen, Schneerinnen verloren sich geheimnisvoll in den Wolken. Im Osten ging der Blick Richtung Dolpo. Über einem Taleinschnitt stand unendlich einsam und unwirklich vor hohen, dunklen Bergketten eine als einzige weiß verschneite Pyramide, Ergebnis eines örtlichen Gewitters.

Gerne hätten wir das rauhe Hochland nördlich des Dhaulagiri durchwandert, doch es ist für Ausländer gesperrt. Es ist sehr dünn besiedelt, die Dörfer nur über oft wochenlang nicht gangbare Pässe von mehr als 5000 Metern zu erreichen. Die Natur im Regenschatten des Himalaya ist so karg und hart, daß selbst die Bewohner im Winter nach Süden ausweichen müssen, um zu überleben. Dolpo für Touristen zu öffnen, wäre für die Besucher zu gefährlich und für das hochempfindliche Ökosystem dieser arktischen Halbwüste nicht tragbar. Die Regierung steht zu Recht auf dem Standpunkt: alle oder keiner – und macht keine Ausnahmen.

Ein Stück des Weges hinunter nach Jumla begleitete uns eine Karawane von Ziegen und Schafen durch die mit kleinen Blütensternen übersäten Wiesen und die dunklen Nadelwälder. In geschützten Mulden leuchteten die großen, tiefblauen Blüten einer Mohnart (Meconopsis grandis). Gerne hätten die Tiere ein Maul voll Gras genommen, doch die Hirten trieben sie weiter. Die meisten Ziegen und Schafe hatten kleine Tragsättel umgebunden, auf denen links und rechts ein gestreiftes Säckchen aus grobem Wollstoff befestigt war. »Jetzt ist Reis darin«, erklärten die Treiber, »in der anderen Richtung transportieren wir hauptsächlich Salz aus Tibet. Wir müssen ohnedies von Weide zu Weide ziehen. Wenn es auch langsam geht und die einzelnen Tiere nur ein paar Kilogramm tragen, können wir doch mit der großen Herde 400 Kilo befördern. «

Die Tiere trippelten dahin, am Ausscheren gehindert von zwei dickköpfigen, schwarzen Hunden und den Hirten, die die langsame Gangart nutzten: Über eine Schulter hatten sie einen Strang gekämmter Wolle gelegt und drehten Fäden mit der tanzenden Handspindel. Am Mittag sattelten sie ab, begannen mit Vorbereitungen zum Kochen, während einige jetzt die Spindel gegen das im Gehen schwer zu handhabende Strickzeug tauschten. »Die Tiere können nur einen halben Tag laufen, dann müssen sie Zeit zum Fressen haben. Wir bleiben heute hier. «

Wir hatten uns zwar über den Anblick der kurzbeinigen Karawane gefreut, waren aber auch nicht traurig über den Abschied. Die Tiere zogen Wolken der unangenehmsten Viecher an, die ich kenne: Busuna, winzige Fliegen, die selbst durch die Maschen von Pullovern und Strümpfen kriechen, um Blut zu saugen. Ihr Stich ist unangenehmer als der von Mücken, gibt tagelang entsetzlich juckende Beulen. Blutegel sind dagegen ausgesprochen harmlos, ihren Biß spürt man nicht, er juckt selten, und da sie nicht fliegen können, sind sie sehr leicht zu vermeiden. (Daß Blutegel sich von Bäumen fallen lassen, ist ein

Abb. S. 126

Abb. S. 127

149

Märchen.) Zum Glück gibt es die ›hundsgemeinen Kuhfliegen‹ nur im Sommer auf Hochweiden. Beim Lagern erwehrten wir uns des Ungeziefers, indem wir einen nassen Holzprügel anzündeten und abwechselnd einer mit dem qualmenden Scheit um die Gruppe sprang.

Kurz vor Jumla hatten wir außer Reis und Gewürzen nichts mehr zu essen. Norbu ging in ein Haus am Wege, kam aber mit auffallend trübem Gesicht zurück: »Keine Linsen, kein Gemüse, keine Zwiebeln...«, und plötzlich lachend: »aber ein Hähnchen!« Das gab ein unerwartetes Festessen. Wenn Hermann und ich auch gerne weiterhin auf Fleisch verzichtet hätten, war uns der Reis so doch lieber als ganz ohne.

Jumla ist die Hauptstadt einer der 14 Verwaltungszonen, in die Nepal eingeteilt ist. Stadt bedeutet, wie überall in den Bergen, ein paar hundert Einwohner in dichtstehenden Häusern. Die alte Hauptstraße sah aus wie früher, grob gepflastert, mit Flachbauten zu beiden Seiten. Einige junge Beamte, die in dem neu entstandenen, großen Verwaltungsviertel arbeiteten, flanierten vor Dienstbeginn auf und ab, blanke Schuhe, Hosen mit Bügelfalten, moderne Hemden, pinkfarbene Schals. Hochnäsig und gelangweilt betrachteten sie die Jumli in ihren handgewebten Kleidern. »Kommen Sie aus Kathmandu? – Fliegen Sie nach Kathmandu?« war alles, was sie uns zu fragen wußten.

Die gut gemeinte Vorschrift, daß jeder Beamte einige Jahre seiner Laufbahn in der Provinz verbringen muß, egal woher er stammt, hat leider nicht immer ein positives Ergebnis. Oft werden die Beamten weit weg von ihren Familien in eine Gegend versetzt, wo sie unter dem ungewohnten Klima leiden und ihnen Sprache, Sitten und Gebräuche der Ortsansässigen fremd sind. Sind sie in einer Stadt mit allen modernen Möglichkeiten aufgewachsen, scheint manchen das Landleben »rückständig« und »langweilig«. Sie fühlen sich überlegen mit ihrer Großstadterfahrung und ihrer Schulbildung – noch mehr, wenn sie Brahmanen und Chhetri sind, in dem Gedanken erzogen, von Geburt an etwas Besseres zu sein als viele andere. Natürlich verhalten sich nicht alle so.

Aber einige sitzen nur ihre Jahre ab und hoffen auf eine Versetzung nach Kathmandu, dem Inbegriff des ›Fortschritts‹. Etwas boshaft stichelten wir: »Kathmandu ist doch uninteressant, eine Stadt wie jede andere, Autos, Krach, Smog und Business. Auf dem Land ist es viel schöner.«

Viel zu lange dauerte es uns, bis wir hier die nötigsten Vorräte für die nächsten Tage zusammen hatten. Verursacht wurde unser Unbehagen vor allem dadurch, daß der schweißnasse Rücken, kaum hielt man sich einen Moment still, schwarz von Fliegen war. Essen oder Teetrinken wollten wir nicht mehr, Fliegen überall. Es liegt zwar am Klima der Jumlagegend – relativ warm und nicht so naß im Monsun wie anderswo –, daß sich Fliegen hier besonders gut vermehren. Selbst im tiefsten Wald strömen haufenweise Stubenfliegen herbei, sobald man etwas Eßbares auspackt. Aber natürlich profitieren sie davon, daß Jumla nicht gerade sauber ist.

Wir waren alle froh, in den Wäldern am Dāphe Lekh zu sein mit den wenigen Dörfern dazwischen. »Bin gespannt, was es hier zu essen gibt«, sagte Norbu und ließ seine Augen schweifen. Nicht lange danach kletterte er über einen Bach zu einem umgestürzten Stamm. Strahlend kam er mit einer Handvoll Baumschwämmen zurück. »Die kann man immer nehmen, manche sind zwar ungenießbar, aber niemals giftig. Diese Sorte kenne ich sogar, sie gehören zum Feinsten, schmecken wie Hühnerfleisch. Pilze scheint es hier zur Genüge zu geben, was brauchen wir da Gemüse.«

Abb. S. 19

Tiefpunkt hoch oben am See

Du lieber Himmel, nichts wie raus aus dem Schlafsack, bevor es zu spät ist! – Ich rannte im Schein der Taschenlampe soweit wie möglich fort von den Zelten, weckte trotzdem alle anderen mit Getöse. Als ich wie üblich meine Hinterlassenschaft vergraben wollte, war nichts Kompaktes auszumachen. Deshalb hatten mir also heute jedesmal beim Aufstehen und Hinsetzen die Knie wehgetan, war ich gleichzeitig müde und unruhig gewesen. Deshalb hatte ich heute zum erstenmal nach über 90 Tagen meine Portion nach einem Löffelvoll stehen gelassen, obwohl Norbus Pilze wieder einmal verführerisch dufteten. Deshalb war wohl auch Maila über den einzigen Stein auf einem breiten, ebenen Weg gestolpert: »Ich muß im Gehen geschlafen haben.«

Am Morgen hatte sich eine kleine Schlange unter unserem Zeltboden verkrochen. Hermann trug das kältesteife, harmlose Tierchen weg. »Du kannst als Hinduschlange zwar nichts dafür, aber da bist du, Sinnbild der Schlange im Paradies«, meinte er und verschwand darauf ebenfalls stöhnend mit der Klorolle im Wald. Es dauerte nicht lange, bis alle von dem seltsamen Bedürfnis befallen waren, urplötzlich ihren Packen hinzuschmeißen und hinter den nächsten Busch zu rennen. Für mich war es die zweite ernsthafte Darminfektion in fast neun Jahren Nepal, und beide hatte ich mir in der Gegend von Jumla geholt.

Seite 153:
Fast alles wird in Nepal auf Menschenrücken getragen. Es gibt Tausende von Berufsträgern, noch mehr verdienen sich so ein Zubrot. Oft sind unter der Last die Frauen und Männer kaum noch zu sehen, wie diese Träger von Heilpflanzen. Straßen würden ihnen das Schleppen abnehmen, aber gleichzeitig die Verdienstmöglichkeiten beschränken. Am Transport würden nur noch wenige verdienen, meist reiche Besitzer von Bussen und Lkw.

Seite 154:
Die lustigste Last, die ich in Nepal sah, trug dieser Bauer, der sein gehfaules Büffelkalb einfach huckepack nahm. Doch ich erlebte auch, wie ein Bauer den wichtigsten Hausrat und obenauf seine hochschwangere Frau im Eilschritt über Berg und Tal ins Krankenhaus trug, oder einen Träger, der – kaum kräftiger als ich – 120 Kilogramm einen steilen Berg hinauf schleppte.

Es handelte sich, nach dem ›Chemiewerk‹ im Bauch und nach den Gliederschmerzen zu schließen, offensichtlich um Bakterien oder Viren. Wir hatten zwar immer die übliche Vorsicht walten lassen, also außer Zwiebeln nur Gekochtes gegessen, Wasser nur gründlich abgekocht oder mit Micropur behandelt getrunken. Trotzdem! Hatte uns der Wind die Erreger zugetragen oder hatten wir einmal die Fliegen nicht gründlich genug verscheucht? Noch hatten wir Reserven und hofften, es würde bald vorübergehen. Wir tranken nur Jivan Pani (Lebenswasser), abgekocht und mit Glukose und Salz angereichert, um den Flüssigkeits- und Mineralverlust auszugleichen. Auf jeden Fall würden wir uns an den kühlen Ufern des Rara Sees erholen.

Auf dem Weg dorthin ging es uns zeitweise besser, nur rechte Lust zum Essen hatte keiner. Erst ein Teppich voll Walderdbeeren hoch am Ghurchi Lekh konnte unseren Appetit reizen. Als wir uns naschend verteilten, stöberten Jetha und Maila einen Bären auf, der sich auch daran gütlich tat. Leider war Meister Petz sehr ängstlich und wir konnten nur noch sein dunkles Hinterteil im Gebüsch verschwinden sehen. Wir kamen über verlassene Weiden, wo der Wald sich das Land zurückeroberte, offensichtlich gehörten die Höhen schon zum Rara Nationalpark.

Einmal mußten wir noch ein Tal queren, auf der einen Seite eine Station der Nationalparkwächter, auf der anderen Seite eines der ganz andersartigen Dörfer im niederschlagsarmen Gebiet um Jumla. In einer Hangmulde waren Häuser an- und übereinander gebaut wie ein einziges, großes Terrassenhaus mit Flachdächern. Darüber mächtige Himalaya-Zedern. Ein Mann mit einem Kind auf dem Arm kam mir entgegen: »Haben Sie Medizin für die Augen?« Das Kind hatte zugeschwollene und gelbverklebte Augen, eine im Sommer weitverbreitete Infektion. Da auch ich schon einmal davon befallen war, hatte ich tatsächlich passende Tropfen dabei. Im Nu strömten aus dem Terrassenhaus mehr Bewohner, als ich für möglich gehalten hätte. Keines von den wohl vierzig Kindern hatte gesunde Augen! Ich verbrauchte alle meine Medizin und versuchte nebenbei, den Eltern klarzumachen, daß sie ihren Kindern täglich die Hände gründlich waschen müßten, mit denen sie ihre entzündeten Augen rieben und alles nur noch schlimmer machten. Nirgends in Nepal hatte ich je solch schwarz verkrustete Finger gesehen.

Hermann unterhielt sich inzwischen. »Ich habe gehört, daß am See zwei Dörfer wegen des Nationalparks umgesiedelt wurden.« – »Das stimmt.« – »Sind die Leute gern gegangen, oder war es schlimm für sie?« Eine diplomatische Antwort: »Die Regierung hat es so gesagt.« Dann nach einer Weile: »Es war ihre Heimat.« Nach einer weiteren Pause: »Man hat sie ins Terai geschickt. Das war

hart. Sie waren die Hitze nicht gewohnt. Einige sind gestorben. Aber den anderen geht es jetzt gut, sie haben viel besser zu essen als wir. Auf unseren Feldern wachsen nur Gerste und Kartoffeln. Am Tag kommen die Affen und nachts die Wildschweine aus dem Wald. Viele haben einen Antrag auf Umsiedlung gestellt aus den Dörfern, die außerhalb der Nationalparkgrenzen liegen. Wer weiß, ob die Regierung auch ihnen Land zuteilt.«

Später erzählten uns die Soldaten, die als Parkwächter am Seeufer stationiert sind: »Die Leute hier werden nicht alt, maximal 50 Jahre. Die Kindersterblichkeit ist sehr hoch.« – »Warum halten sie sich nicht sauber wie die anderen Nepali?« Achselzucken: »Sie sind so apathisch, wahrscheinlich weil sie so schlecht ernährt sind, zu großer Vitaminmangel.«

Der Rara See ist ein rechtes Naturwunder, ein tiefer, wassergefüllter Krater von acht Quadratkilometern oben in einem Bergmassiv. Nur wenig steigen die bewaldeten Kuppen vom Seeufer auf, um auf der Nordseite fast 1400 Meter abzufallen. Mit den Nadelbäumen und Heckenrosen erinnert er an einen See im Voralpenland. Auch das Rasthaus glich einer Berghütte mit einem großen Schlafsaal mit durchgehenden Holzpritschen. Wir beiden Ausländer bezahlten 60 Rupies Eintrittsgebühr (damals etwa 10 Mark), dafür durften wir alle umsonst im Rasthaus wohnen. Im ganzen Jahr kommen nur etwa sechzig Touristen hierher.

Die Soldaten freuten sich über die Abwechslung. Sie luden Hermann zum Volleyballspielen ein. Doch der winkte matt ab. Norbu, Jetha und Lhakpa hatten sich fast völlig erholt, nur Maila, Hermann und ich machten keine Fortschritte. So griff ich doch für uns drei zu dem Mittel, das uns ein befreundeter Arzt für den äußersten Notfall mitgegeben hatte. Sehr ungern, wir mögen nicht an uns selbst herumdoktern und nehmen möglichst überhaupt keine Medikamente. Aber was tun? Bei Maila zeigte die Medizin die schnellste, allerdings unerwartete Wirkung. Richtig aufgeblüht kam er vom Örtchen zurück: »Zwei solche Würmer!« Er deutete wohl 30 Zentimeter an. »Ich fühle mich so wohl wie schon lange nicht mehr.« Er mußte die Spulwürmer schon ewig mit sich herumgeschleppt haben.

In Hermanns und meinem Bauch war es auch ruhiger geworden, doch waren wir entsetzlich matt. Von 24 Stunden verschliefen wir 18. Am zweiten Tag rafften wir uns zu einem Spaziergang um den See auf. Der Kommandant sah uns daherschleichen und winkte: »Wir haben über Funk die Nachricht erhalten, daß rund um Jumla alle Durchfall haben. Höchste Vorsicht ist geboten!« Wir lächelten müde. »Zu spät!« Während wir die so schnell eingerosteten Beine auf dem bequemen Weg dahinschleppten, beschlossen wir, am nächsten Tag weiterzugehen. »Den anderen geht es gut, und wir werden vom Herumliegen nur noch schlapper. Von hier gibt es auch keinen anderen Ausweg als weiter oder den Hubschrauber. Und für den sind wir noch lange nicht reif.«

Wirklich liefen die Beine nach anfänglichen Schwierigkeiten wieder fast wie von selbst. Wir erholten uns zusehends und bekamen wieder Appetit auf die reichlich vorhandenen Pilze. Vollends weckte unsere Lebensgeister ein Aprikosenbaum, beladen mit reifen Früchten. Unsere Begleiter kannten sie bisher nur als getrocknetes, in Kathmandu sündteures Naschwerk. »Ob man hier auch Obst am Wegrand einfach zum Essen pflücken darf, wie bei uns im Osten?« Zwei ältere Herren kamen um die Ecke. »Nur hinauf mit euch, und nehmt soviel mit, wie ihr wollt. Wir haben mehr Früchte, als wir essen können. Aber legt die Kerne auf einen Haufen, die nehmen wir auf dem Rückweg mit. Daraus pressen wir Öl.« Während wir futterten, fragte Norbu: »Kann man daraus auch Schnaps machen?« Er weckte Gedanken an Marillenlikör, und wir gerieten ins Schwärmen: Aprikosenmarmelade, -strudel, -knödel... Hermann steigerte die Gemeinheit bis zu Aprikoseneis mit Aprikosenlikör und Schlagsahne. Es war das allererste Mal, daß wir solche Gelüste bekamen und übers Essen redeten. Wohl ein Zeichen der Genesung.

Abb. S. 174

Die Landschaft hatte sich inzwischen gewaltig verändert. Die Südhänge ratzekahl, die Nordseiten nicht viel besser, trocken, staubig und steinig, nur Dornengesträuch, Agaven und Wolfsmilchgewächse. Die kurzgefressenen Wiesenhänge vom Viehtritt zerfurcht wie steile Buckelpisten. Erstaunlich wenig Erosion, obwohl die Flächen zwischen den Häusern eines Dorfes von herabgeschwemmtem Geröll bedeckt waren. Im Talgrund lagen bewässerbare Reisfelder, auf denen in krassem Gegensatz giftgrüne Reissaat keimte. Die Gegend um den Rara See erschien angesichts dieser Wirklichkeit wie ein Traum.

Kein Wunder, daß wir in dieser Umgebung kein Essen kaufen konnten. Allmählich wurde es brenzlig, und wir hofften, im Tal der Karnali mehr Erfolg zu haben. Die Karnali strömte, wie alle großen Flüsse in den Bergen, ruhig und in einem festen Bett dahin, nicht so wild und zwischen fast gar keinem und unendlich viel Wasser schwankend wie die kleineren Nebenflüsse. Nach einer löcherigen Hängebrücke und einer Abkürzung auf dem Bhirko Bato, dem Abgrundweg in den Uferfelsen, mit saftigen Kletterstellen, die vom vielen Anfassen ganz speckig waren, schlugen wir die Zelte an einem der im Westen seltenen Chautaras auf. Ich ging zum Waschen an die Karnali und bekam einen ordentlichen Schreck. Das von fern so ruhig scheinende Wasser strömte mit einer unwahrscheinlichen Geschwindigkeit dahin, daß ich vom Hinsehen ganz schwindlig wurde und kaum die Hände einzutauchen wagte.

Maharog, die große Krankheit

Wir verließen das Tal der Karnali unbeschwert, ganz einfach weil nichts Schweres mehr zu tragen war, unsere Vorräte waren aufgezehrt. Die Hänge des Seitentals waren wie kahlgeschoren, kein Baum, kein Strauch, keine Terrassen. Doch im Talgrund lagen fruchtbare Reisfelder, gut bewässert vom Bach, der weit im Westen dichtbewaldeten Bergen entsprang. Der Weg zog sich hoch über den Äckern im öden Grashang dahin. An einer besonders steinigen Stelle stand eine armselige Laubhütte. Ihr Bewohner lief uns entgegen, blieb aber wohl fünf Meter vom Weg entfernt stehen und streckte bettelnd die Arme aus – nur noch Fingerstummel an den Händen, die zu Klumpen verformten Füße mit schmutzigen Lappen umwickelt, das Gesicht vom Aussatz zerfressen, die Stimme zerstört. Wir konnten ihm nur Geld anbieten, unsere Körbe waren ja leer. Er bedeutete uns, das Geld im Niemandsland zwischen Weg und seiner von einer unsichtbaren, doch unüberschreitbaren Mauer umgebenen Behausung unter einen Stein zu legen. Dort würde irgendwann ein Händler Waren gegen das Geld eintauschen, das der Leprakranke niemals berührt hatte. Der Ausgesetzte faltete die verkrüppelten Hände zu einem dankbaren Namaste, das uns mit dem Gefühl entließ, vom Schicksal auf das Ungerechteste begünstigt, sprachlos ohnmächtig und entsetzlich nutzlos zu sein.

Hinter der nächsten Steigung hatte die moderne Technik Einzug gehalten. Dort lag ein Flugplatz, dessen Piste ganz neu planiert schien. Eben startete eine Twinotter, schraubte sich brummend in den Himmel, selbst von den Kindern kaum noch beachtet.

Der nahe Ort machte den für nepalische Verhältnisse wohlhabenden Eindruck, den die Reisfelder versprochen hatten. Die weißgekalkten Häuser waren nicht so klein und ärmlich wie seit der Jumlagegend. Sie standen wieder einzeln am Hang und hatten Satteldächer, doch fehlte die überdachte Veranda oder der offene Vorraum an der Giebelseite wie in Ostnepal, diese gemauerte Einladung für den vorbeiziehenden Freund oder Fremden. Nahe des Dorfplatzes mit einem besonders prächtigen Feigenbaum zwei Läden, geschlossen, ein Postamt. Mit dem Beamten begannen wir ein etwas mühsames Gespräch, er konnte zwar unser ›offizielles‹ Nepali recht gut verstehen, aber wir hatten Probleme mit dem ausgeprägten westnepalischen Dialekt. Unsere vier Begleiter verstreuten sich inzwischen im Dorf auf der Suche nach Magenfüllendem. Sie konnten sich mit einer Mischung aus Nepali und Hindi, das Norbu aus seiner Jugend, die drei anderen vom Kino kannten, besser verständigen.

Maila und Lhakpa kamen schnell zurück. »Wir haben zufällig eine Lehrerin angesprochen. Wir können bei ihr etwas kaufen und sogar ihre Küche benützen.« Bald saß ich mit der jungen Frau in der Sonne, während die beiden kochten, Hermann sich mit ihrem Mann, dem Schulleiter der High School, und einigen Lehrern unterhielt und der kleine Sohn des Hauses im Schatten schlief, durch ein Mückennetz vor den Fliegenschwärmen geschützt. Die Lehrerin meinte: »Ich glaube kaum, daß Sie hier etwas kaufen können. Wir haben selbst Schwierigkeiten, Reis zu bekommen. Hier wird wenig Handel getrieben, ganz anders als bei mir zu Hause im Kathmandutal. Gemüse und sogar Zwiebeln werden so gut wie nicht angebaut. Sie wissen wohl, daß Brahmanen nicht nur wie Chhetri keinen Alkohol trinken sollen, sondern unter anderem auch keine Zwiebeln, keine Tomaten essen und möglichst kein Fleisch, und wenn, dann nur von Ziegen, Tauben oder Fischen. In der Gegend wohnen hauptsächlich sehr strenggläubige Brahmanen und Chhetri. Ich bringe immer Vorräte mit, wenn wir in den Ferien meine Eltern besuchen.«

Auch ihr Mann stammte nicht von hier, sondern aus einem einige Tagesreisen entfernten Ort. Er, ein Chhetri, hatte seine Frau, eine Newarni, wohl beim Studium kennengelernt, und die beiden hatten die Barrieren zwischen Kasten und Stämmen durchbrochen. Wenn sie dies auch mit keinem Wort erwähnten, konnte ich mir doch vorstellen, daß ihre Stellung im Dorf etwas zwiespältig war: einerseits wegen ihrer Berufe hoch angesehen, andererseits in ihrer ›Mischehe‹ und mit ihren ›modernen‹ Ansichten von orthodoxen Hindus nicht ganz akzeptiert.

Für uns war die Begegnung ein Glücksfall, denn die beiden hatten keine Bedenken, uns ins Haus zu holen und sogar ihren eigenen Herd benützen zu lassen. Ein Hochkastiger würde sonst nicht erlauben, daß sich ein Fremder dort zu schaffen macht, wo Reis gekocht wird. Ein besonderer Platz ist das Herdfeuer für alle Nepali, z. B. werden niemals Abfälle hineingeworfen.

Mit dem Lehrerehepaar konnten wir auch über den Aussätzigen sprechen. »Sie könnten ihm Geld geben für ein Flugticket nach Kathmandu, damit er sich dort behandeln lassen kann, oder ihm anbieten, ihn selbst mitzunehmen. Aber ganz abgesehen davon, ob man ihn befördern würde – sie müßten zumindest ein eigenes Flugzeug chartern –, oder wo er denn unterwegs gehen, essen, schlafen sollte, er wird seinen Platz nicht verlassen, an dem er wenigstens die kurze Zeit, die ihm noch bleibt, in Frieden leben kann. Zu groß ist die Angst vor der Angst der Gesunden.«

Maharog, die große Krankheit. Verständlich ist die Angst vor der Lepra, die
sich so schrecklich zeigt, die so furchterregend unbegreiflich ist (bei einer

Inkubationszeit von 2 bis 6 Jahren und mehr), da auch immer noch nicht restlos geklärt wurde, warum diese Erkrankung des Nervensystems sich in solch grauenhafter Zerstörung des Körpers äußert. Eine Krankheit, die heute zwar zum Stillstand gebracht werden kann, gegen die es aber keinen vorbeugenden Impfschutz gibt. Von Zeit zu Zeit ziehen Medizinergruppen durchs Land, die Impfaktionen und Tuberkulose- und Lepratests durchführen und zur Behandlung auffordern. War es für ihn zu spät gewesen? Von Kathmandu waren wir den Anblick geheilter Leprakranker gewohnt, einen Unversorgten hatten wir noch nie gesehen.

Norbu und Jetha kehrten stolz mit einem Beutel Reis zurück. Sie berichteten von dem Handel: »Sie haben ein so schönes Haus mit vielen Vorratsbehältern. Sicher haben Sie mehr Reis, als sie brauchen?« – »Ja, wir haben mehr als genug. Unsere Reisfelder sind gut.« – »Dann könnten sie uns doch etwas Reis verkaufen.« – »Wir haben noch nie etwas verkauft, nur getauscht.« – »Wenn Sie Reis übrig haben, könnten Sie uns aber welchen geben. Sie bekommen doch Geld dafür, das ist auch nützlich.« Endlich wurde man handelseinig, und sie erstanden mehrere Kilo Reis für 116 Rupies. »Eh, soviel Bargeld hatten wir noch nie im Haus.« Norbu und Jetha waren sichtlich amüsiert. Wir lachten mit, aber ein wenig nachdenklich. Wir dachten nicht nur an ein bißchen Geld und ein bißchen Handel wie in Ostnepal, das könnte wohl nicht schaden. Aber macht Geld und Handel nicht viel mehr abhängig als Subsistenzwirtschaft, vom Markt, von Angebot und Nachfrage, von Preisen, auch von der Politik? Vor allem, wenn nur für den Markt oder gar den Export produziert wird.

Reis hatten wir also für ein paar Tage, aber sonst nichts. Der Zufall kam uns wieder zu Hilfe. »Sie können alle meine Vorräte haben«, sagte unsere liebenswürdige Gastgeberin. »Eigentlich geht das Schuljahr erst in drei Wochen zu Ende, aber die Regierung hat die Schulen im Westen vorzeitig geschlossen, um die Ausbreitung einer Epidemie, die schlimmen Durchfall verursacht, soweit wie möglich zu verhindern. Wir fliegen schon bald nach Kathmandu.«

Zum Abschied schenkte mir die junge Lehrerin eine Halskette aus vielen Schnüren mit winzigen Glasperlen, wie sie die Frauen in ganz Nepal gerne tragen. »Vielleicht treffen wir uns irgendwann, irgendwo wieder, Didi. Bhagvanle dinchha hola, so Gott will.«

Abb. S. 156

Wir zogen nicht so unbeschwert weiter, wie wir gekommen waren. Tröstlich war das Gewicht der Vorräte; die Gewißheit, Opfer einer Epidemie geworden zu sein, war nicht schwerer zu ertragen als ihre bekannten Auswirkungen. Aber schwer lastete der Gedanke an den Leprakranken und an unsere Unfähigkeit zu helfen.

Suche nach Auswegen

Zu den Strömen Seti und Mahakali

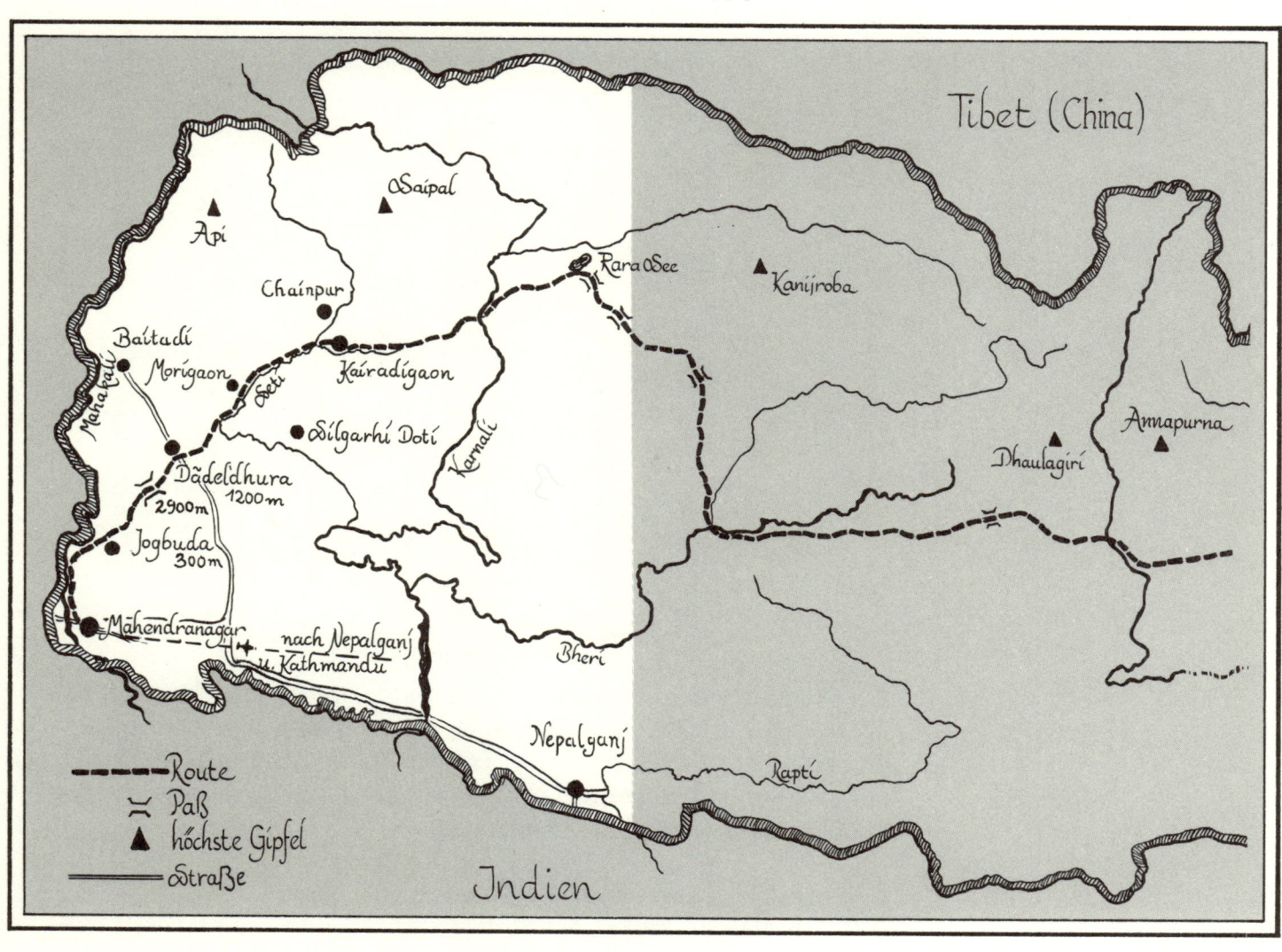

»Alles verändert sich. Wir besitzen Land und wir sagen, es sei ›unser‹ Land, aber zwei oder drei Generationen später, wer wird dann unser Land besitzen? In hundert Jahren wird keiner von uns mehr da sein. Auch die Wege meiner Jugend sehen jetzt anders aus oder wurden verlegt, und ich habe erlebt, wie Flüsse und Bäche ihren Lauf veränderten.«

Vishnu Maya Gurung, zitiert von Broughton Coburn, Nepali Aama.
Portrait of a Nepalese Hill Woman, Santa Barbara 1982

Hermann hatte einen Rückfall. Er war total aufgepumpt und mußte ständig
Luft ablassen. Ich fragte, ob wir nicht vor der Grenze ans Zurückkehren
denken sollten. »Nichts da«, sagte er. »Jetzt sind's vielleicht noch 300 Kilometer, die schaffe ich auch noch.« Er ist bei aller seiner asiatischen Ruhe halt doch
ein ›Gipfelstürmer‹, und ich hatte mich, wie unsere Begleiter, völlig erholt. In
der Querung über viele Päßlein hinüber zum Einzugsgebiet der Seti wurde
auch Hermann wieder munterer. »Der Stein im Magen ist weg und schmerzt
nicht mehr bei jedem Schritt bergab. Nur müde bin ich noch.« Die schöne
Gegend munterte ihn auch auf. Oder war's der Knoblauch, der bei den hier
wohnenden Khas in dichten Trauben unter den Dächern der malerischen
Lehmhäuser hing, und dem wir in Ermangelung von anderem Gemüse besonders eifrig zusprachen?

Regen- und Nebelkühle in den weitläufigen Mischwäldern, Schwüle in den
kleinräumigen Tälern, aber liebliche Landschaft, die wieder an die ›Nepal-
typischen‹ Bilder voll verführerischer Schönheit erinnerte. Überall war die
Feldarbeit jetzt in vollem Gange. Die Männer pflügten und eggten die vom   *Abb. S. 173*
Regen schlammigen Reisfelder, traten mit den Füßen große Brocken klein.
Andere waren mit dem Ausbessern der Terrassenbegrenzungen beschäftigt,
die oft jedes Jahr frisch abgestochen werden müssen, oder kontrollierten die
Zu- und Abläufe der Bewässerungsgräben, die nach einem ausgeklügelten
System angelegt sind. Wieder andere brachten von den Saatbeeten dicke
Büschel leuchtend grüner Reispflanzen herbei. Die Frauen standen gebückt im
Schlamm, oft knietief, jede ein Büschel neben sich, und steckten Stunde um
Stunde zwei, drei Stengel in regelmäßigen Abständen in die Erde. Man könnte   *Abb. S. 108*
den Reis auch einfach breitflächig säen, aber dann bildet er weniger Halme und
Ähren, als wenn er nach einiger Zeit aus dem Saatbeet verpflanzt wird. Das
können sich die Nepali nicht leisten. Außerdem muß er von Anfang an in
Wasser stehen, und nur ein Teil der Felder kann künstlich bewässert werden.
Kommt der Regen zu spät, sind die Pflanzen beim Versetzen schon zu groß und
bringen weniger Ertrag. Nach dem Mondkalender und nach über Generationen
überlieferter Erfahrung versuchen die Bauern vorauszusagen, wann diesmal
der Monsun eintreffen wird (sein Beginn schwankt bis zu einem Monat), und
entsprechend mit der Vorbereitung der Saat zu beginnen. Wehe, wenn sie sich
geirrt haben!

Der eigentliche Monsun war noch nicht da – er kommt aus Südost vom Golf von
Bengalen. Aber die Westwinde brachten heuer genügend Gewitterregen im

›Vor-Monsun‹, was sie nicht immer tun. Wir trafen kaum jemanden auf dem Weg, alle arbeiteten vom Morgengrauen bis in die Dämmerung auf den Feldern. Abends zogen sie an unserem Lagerplatz vorbei, die Frauen mit leeren Körben, worin sie Essen mitgenommen hatten, die hochgeschürzten Saris naß und verspritzt, die Männer mit dem Pflug über der Achsel, über und über voll Schlamm, die Ochsen vor sich hertreibend. Müde waren sie und wortkarg, doch sie lächelten uns im Vorbeigehen zu.

Für die Bauern ist dies die härteste Jahreszeit. 14 bis 15 Stunden täglich arbeiten die Frauen und die Männer auf den Feldern. Daß viele Touristen den Eindruck mit nach Hause nehmen, die Nepali hätten viel mehr Muße als wir, liegt zum einen daran, daß hier Freizeit wirklich Muße ist, Zeit zum Ruhen, Kontakte pflegen und Feiern – nicht, vom entsprechenden Wirtschaftszweig forciert, mit ›Freizeit-Aktivitäten‹ vollgestopft, die uns immer unter Zeitdruck stellen. Zum anderen wandern Touristen zu den Jahreszeiten, wo in der Landwirtschaft weniger zu tun ist, und bemerken selten, daß die Nepali schon einen Teil ihres Tagwerks hinter sich haben, wenn sie aus den Federn kriechen. Und schließlich erledigen die Nepali ihre Arbeit mit viel Gelassenheit, ohne unnötige Hektik, und wenn ein Fremder durchkommt, macht man halt Pause, arbeitet dafür abends länger, es sitzt keine Stechuhr im Genick. Das Nötige muß getan werden, warum deshalb viel Aufhebens machen? Das Nötige bedeutet im Jahresdurchschnitt für die Männer fast acht, für die Frauen fast elf Stunden Arbeit Tag für Tag. Das ist natürlich eine statistische Zahl, die Spitzen und Flauten ebensowenig berücksichtigt wie Festzeiten, wo die Arbeit dann an anderen Tagen aufgeholt werden muß. Ein ganz freies Wochenende kennen auch unsere Bauern nicht, in Nepal hat es gar keine Bedeutung (auch Beamte haben nur am Samstag frei). Dafür wird gefeiert, vor allem im Herbst zur Erntedankzeit.

Unbestritten ist, daß die Frauen, wie in fast allen Kulturen, mehr Stunden arbeiten als die Männer, weil sie zusätzlich die Hauptlast der Hausarbeit tragen. Trotzdem sind die Männer nicht »Faulpelze« mit einem »leichten Leben«, wie es oft dargestellt wird. Eigentlich müßten sich solche Touristen und Journalisten nur die Träger anschauen, die ihnen ihr Gepäck schleppen (falls sie überhaupt aufs Land gehen).

Auf einer Geländenase über dem Jadari Khola lag ein Teeladen in einem Pipal Hain. An einem Baum hing eine Schaukel, ein dickes Hanfseil mit einem Knoten zum Aufstellen der Füße am unteren Ende. Maila und Jetha konnten der Versuchung nicht widerstehen, normalerweise werden Schaukeln und hölzerne ›Riesenräder‹ mit vier Gondeln nur zu den Hauptfesten im Herbst aufgebaut. Während sie fröhlich durch die Luft sausten, blickten wir zufrieden, das Teeglas in der Hand, über die vom Bach bewässerten Äcker, wo der längst gesetzte Reis eine gute Ernte versprach.

Bachabwärts wurde das Bett breit und steinig. An einer Stelle mußten wir in den Hang ausweichen und kamen an einem Viehunterstand vorbei. Der Bauer rief uns an: »O bitte, wenn Sie nach Chainpur (der Hauptort dieses Distrikts) kommen, verwenden Sie sich doch im Amt für mich!« Er deutete über den Bach, wo auf einer erhöhten Ebene schöne Felder und einige Häuser lagen. Wenn im Monsun das Wasser auf den Hang prallte, riß es Steine und Erde mit sich. Die sieben Meter hohe Kante brach von den Äckern senkrecht ab, einige Grasbüschel hingen absturzbereit über den Rand. »Jetzt ist kaum Wasser im Bach, aber wenn es regnet, schwillt er zu einem reißenden Strom und nagt an dem Land. Mir gehört das erste Haus. Ich wage nicht mehr, mit meiner Familie dort zu schlafen, deshalb muß ich jetzt hier oben meinen Büffelstall als Notunterkunft herrichten. Das Hochwasser kommt meist in der Nacht, es kann mit einem Mal mein Land und Haus mit sich reißen. Ich habe schon vor acht Monaten einen Antrag eingereicht, damit die Regierung den Bach verbauen läßt. Es waren auch Beamte da, die sich alles angesehen haben, aber bis jetzt ist nichts geschehen. Bitte, vielleicht hilft es, wenn Sie in Chainpur daran erinnern!«

Abb. S. 175

Wir erklärten, daß wir nicht dienstlich unterwegs seien und in Chainpur weder etwas zu tun noch zu melden hätten, daß wir gar nicht hingehen würden, weil es abseits unserer Route läge. Er konnte uns wohl nicht recht glauben, daß wir hier nur »spazieren« gingen. Überall in Westnepal hatte man uns entgegengehalten: »Hierher kommt keiner zum Vergnügen. Ihr müßt eine Aufgabe haben!« und dann meist beschlossen, wir seien mit dem Verfertigen oder der Kontrolle von Landkarten beschäftigt, weil wir uns so genau nach Dörfern und Wegen erkundigten und mit unserer Karte verglichen. Diesen Bauern trieb aber wohl auch die Verzweiflung, weiter in uns zu dringen. Hermann schrieb sich genau seinen Namen und den Ort auf und machte mehrere Fotos von dem bedrohten Dorf. »Ich gehe wirklich nicht nach Chainpur, und kein Mensch kennt mich dort oder hat Grund, auf mich zu hören. Aber ich werde in Kathmandu ins Ministerium gehen, zum Amt für Flußverbauung. Ich werde dort alles melden, aber ich kann nicht versprechen, daß es hilft.« Hermann führte sein Versprechen auch aus, das war nicht schwer, denn zwei deutsche Entwicklungshelfer hatte er selbst für dieses Amt vermittelt. Aber die »River Control Section« ist ganz neu und völlig mit Arbeit überlastet. Überall im Land gibt es solche Probleme und oft sind viel mehr Menschen bedroht. Die Entwicklungs-

167

helfer brachten den Antrag nochmals auf den Dienstweg in umgekehrter Richtung, von der Zentral- zur Zonen- und weiter zur Distriktverwaltung. Ob dem armen Birjit Aïr aus Kairadigaon solche Priorität eingeräumt wurde, daß der Jadari Khola heute verbaut ist, konnten wir nicht erfahren, denn die Entwicklungshelfer sind mittlerweile auch nicht mehr in Nepal.

Der Bauer versprach uns zum Abschied, uns in sein Gebet einzuschließen und daß die Götter uns für die Hilfe ihren Segen reichlich spenden würden. Ich hoffe, wir haben ihn uns verdienen können.

Zuflucht und Geborgenheit

Verglichen mit dem unberechenbaren und bösartigen Bach war die Seti (die Weiße) ein gutmütiger Riese. Das sah man an ihren Ufern, wo zwar der Hochwasserstand eine deutliche Markierung hinterlassen hatte, aber nirgends solche Verwüstung. Drei Tage würden wir ihrem weißen Wasser folgen, das sich zwischen ziemlich gut bewaldeten Höhen durchzwängte. Der Weg führte notgedrungen oft weit in die Hänge hinauf, dann wieder hinunter zu Einmündungen von Nebenflüssen.

Über einen davon führte keine Brücke, sondern ein Twin. Über zwischen die Ufersteine gerammte Baumstämme mit einer Astgabel oben waren mehrere dicke Hanfseile gespannt. Daran hing ein Sitz, bestehend aus einem Holzbügel mit einer Seilschlaufe, in die man sich setzen konnte. Diese ›Gondel‹ konnte offensichtlich von beiden Seiten mit einem Zugseil herübergezogen werden. Der Sitz hing zwar auf unserer Seite, aber wir wußten nicht, wie ihn der erste zum Hinübergleiten bringen sollte. Oben am Tragseil selbst mit den Händen sich voranziehend, wie wir es oft bei Twins gesehen hatten, an denen zur Beförderung ein Kasten hing wie an einer Materialseilbahn? Das trauten wir uns nicht zu, also ging Norbu im nahen Dorf ›Fährleute‹ suchen.

Inzwischen trafen auf der anderen Seite einige Mädchen mit gewaltigen Graslasten ein. Wir wollten den Sitz auf unserer Seite losbinden, wo er gesichert war, und glaubten, sie wären froh, daß schon jemand zum Ziehen da war. Doch sie winkten ab. Zwischen den Grasbüscheln zogen sie ein Gerät hervor, und ehe wir richtig begriffen hatten, turnte schon die erste herüber, an den Tragseilen hängend, mit den Händen voreinander greifend und mit den Füßen mitlaufend.

168 Erst als sie sich bei uns angekommen ›ausklinkte‹, sahen wir, daß sie ein kleiderbügelförmiges Holzstück über die Tragseile gelegt und eine Seilschlaufe unter der Taille durchgezogen hatte, um die Arme und Beine etwas vom Gewicht zu entlasten und die Gefahr eines Absturzes zu mindern.

Wir starrten sie – wahrscheinlich mit offenen Mündern – an, sie schielte bloß ein wenig herüber, wohl wissend, daß sie bewundert wurde, und löste den Sitz. Im Nu hatten die Mädchen drüben ihn eingeholt und die Graslasten daran festgebunden. Die erste zog den Sitz herüber, mit einem stolzen Kopfschütteln die von Maila, Lhakpa und Jetha angebotene Hilfe ablehnend. Auch die anderen Mädchen benützten keineswegs den Sitz. Sie banden die weiten, gefältelten Röcke um die Beine, sittsam wie sie waren (in Nepal gilt es als höchst unanständig, als Frau Oberschenkel zu zeigen). Dann hangelten sie sich geschwind herüber mit baumelnden Zöpfen. »Kasto keti« – Was für Mädchen, murmelte Lhakpa ehrfürchtig und entzückt. Vielleicht dachte er, ein so resolutes Frauenzimmer wäre auch für einen Sherpa nicht verkehrt. Doch die selbstbewußten Damen zeigten keine Neigung, mit sich anbandeln zu lassen. Sie verpackten ihre ›Kleiderbügel‹, und zogen mit dem Gras weiter, nicht ohne ein bißchen spöttisch auf die Typen aus dem Ausland und dem Osten zurückzublicken, die nicht einmal ohne Hilfe über ein Twin kamen.

Abb. S. 175

Inzwischen hatte Norbu zwei Männer aus dem Dorf gebracht. Einer zog sich bis auf das Hüfttuch aus und schwamm einfach über den recht wilden Fluß. »Ich fürchte mich nicht so schnell, aber vor solchem Wasser habe ich Angst«, gab Lhakpa zu – kein Wunder, ein Sherpakind hat keine Gelegenheit, Schwimmen zu lernen. Dann nahmen wir nacheinander im Sitz Platz und wurden hinübergezogen. Zwischendurch kamen auch die Körbe und Rucksäcke dran. Hermann nahm vorsichtshalber das Kästchen mit den Kameras ab und klemmte es unter den Arm. Bei meinem Rucksack sagte er: »Vorsicht, gut festbinden. Da ist unser ganzes Geld drin.« Der Fährmann lächelte: »Warum machen Sie sich Sorgen? Geld hat nicht viel Gewicht.«

Bleifarbener Himmel über uns, im Westen eine schwarze Wand. Hangaufwärts zur Rechten drängte ein Nebenfluß schäumend aus einer dunklen Schlucht. Der Weg führte in einer sanften Kurve hinunter zu einer festen Holzbrücke – allerdings ohne Geländer. Die Häuser auf der Schwemmebene jenseits leuchteten trotz der Dunkelheit am Himmel in warmen Ockertönen, als hätten sie die Sonnenstrahlen bewahrt. Ich blieb stehen, um zu fotografieren, während die anderen schon die Brücke überschritten. Viel Zeit ließ ich mir nicht, auch wenn das Unwetter noch entfernt schien, und lief dann eilig hinunter zur Brücke. Als ich sie fast überquert hatte, fuhr aus der Schlucht aufheulend eine Böe, die mich – abgerissene Zweige umherschleudernd – fast von der Brücke in den Fluß warf, der nach wenigen Metern in die Seti mündete. Ich rannte auf ein kleines Haus zu, das offensichtlich ungenutzt und verschlossen war. Eine stürzende Dachplatte verfehlte mich knapp. Ich preßte mich eng an die Wand. Plötzlich öffnete sich die Tür, und ein magerer Frauenarm zog mich in die schützende Dunkelheit des Hauses. Ein Mann und eine Frau hatten in dem leeren Gebäude Zuflucht gesucht. Wie sie nur von mir wußten bei geschlossenen Läden?

Das Tosen der Böe verstummte so plötzlich, wie sie gekommen war. Vorsichtig spähten wir hinaus, das Wetter holte noch einmal Atem. »Ich muß weiter. Die anderen haben sicher in einem der Häuser Unterschlupf gefunden.« – »Bleiben Sie, das war nur die Vorwarnung! Gleich wird es losgehen und in Strömen regnen.« – »Aber dann müssen die anderen im schlimmsten Wetter hinaus, denn sie werden sich Sorgen machen. Sie werden fürchten, es hätte mich von der Brücke in den Fluß geweht, und werden nach mir suchen.« – »Das stimmt. So laufen Sie schnell. Gott befohlen!«

Nach der nächsten Wegbiegung schon sah ich die anderen die Lasten über einen Steigbaum in den Oberstock eines kleinen Steinhauses schleppen, während riesig und schwer die ersten Tropfen fielen. Einer, der als letzter nach Hause rannte, hatte gerufen: »Geht da rein, das Haus ist leer. Holz liegt in der Ecke.« Im Inneren suchten wir zunächst für uns und das Gepäck die Plätze, wo das Dach dem jetzt mit unvorstellbarer Wucht herniederprasselnden Regen widerstand. Draußen verhüllte ein dichter Wasservorhang die Gegend. Als das Wetter endlich nachließ, hatten wir bereits Tee getrunken.

Zwei Männer kamen barfuß über die Wiese, wobei das Wasser bei jedem Schritt aufspritzte. Der eine hatte uns diesen Zufluchtsort gewiesen. Der andere kletterte den Steigbaum hoch und steckte den Kopf durch die jetzt offene Türe: »Es freut mich, daß Sie in meinem Haus Schutz gefunden haben. Hoffentlich hatten Sie nicht zuviel Unannehmlichkeiten, das Dach ist nicht ganz dicht. Ich benütze dieses Haus nur gelegentlich, wenn wir hier auf den Feldern arbeiten, deshalb ist es nicht so gut gebaut. Tun Sie mir den Gefallen und übernachten Sie trotzdem hier. Das Holz können Sie aufbrauchen. Und kommen Sie morgen früh an meinem Wohnhaus vorbei, ich möchte mit Ihnen plaudern. Jetzt muß ich mich sputen, ich habe noch eineinhalb Stunden zu laufen.«

Reaktion eines nepalischen Hausbesitzers! Unser Anerbieten, ihn wenigstens für das verbrauchte Feuerholz zu entschädigen, lehnte er rundweg ab.

170

Wieder einmal hatte uns ein steil zur Seti abfallender Hang weit hinauf gedrängt. Es war heiß, doch der nächste Regenguß kündigte sich schon mit schweren Wolken an. Wo die Berge zurücktraten, schlängelte sich der Pfad wieder hinunter zum Ufer. Von oben sahen wir zwei Häuser, Rauch stieg auf. Ein idealer Platz für eine Essens- und Regenpause. Das größere Gebäude beherbergte eine Schnapsbrennerei, das zweite einen winzigen Laden mit leeren Regalen. Dort hinein zwängten wir uns mit dem Nötigsten und verstauten die Lasten regensicher auf einem Holzstoß, mit einer Plastikfolie zugedeckt. Unser Gastgeber kam dazu und kauerte auf der Schwelle, da sonst kein Platz mehr war.

Während Norbu kochte und draußen der Regen fiel, Gespräche: »Nepal ist doch das beste Land der Welt«, meinte der Wirt. Nanu? Wenn sonst ein Nepali uns Ausländern gegenüber sein Land mit anderen verglich, beurteilte – was die meisten nicht tun, sie sehen ganz nüchtern und pragmatisch die Gegebenheiten, ohne zu beschönigen, aber auch ohne vergleichend zu werten, die Realität ist eben so –, dann bekamen wir fast nur zu hören, wie arm und unterentwickelt doch ihr Land sei, so daß wir uns manchmal in der seltsamen Situation fanden, Nepal gegen einen seiner Bürger in Schutz zu nehmen. Waren die Worte des Wirts ironisch gemeint? Doch Ironie liegt den Nepali fern.

»Ich bin viel herumgekommen in Asien. Wie eng die Häuser in den Städten stehen, alles zugebaut und zubetoniert. Hier, seht den Fluß, seht die Berge, die Wälder, Felder und Wiesen. Ich kann am Fluß wohnen, ich kann auf dem Berg wohnen. Ich kann einen Laden eröffnen oder meine Brennerei. Sicher, ich muß dafür investieren. Ich muß Steuern zahlen und für die Konzession, gut. Aber keiner verbietet es mir. – Dort in den Städten kostet alles Geld. Man kann sich nicht in einen Teeladen oder ein Haus setzen nur zum Plaudern oder um den Regen abzuwarten. Man muß sich glatt wundern, daß man auf der Straße gehen darf, ohne dafür zu bezahlen. – Ihr seid jetzt lange in Nepal unterwegs. Könnt ihr euch nicht frei bewegen? Könnt ihr nicht in jedem Dorf nach einem Platz zum Kochen und Schlafen fragen? Weist man euch die Tür? Nimmt man nicht den Fremdling auf? Fragt man euch nicht teilnehmend nach dem Woher und Wohin? – Ah, ich habe viel gesehen und erlebt. Hier ist es am besten!«

Wir kauften ihm noch ein Fläschchen seines Selbstgebrannten ab und verließen ihn dankend unter dem Schutz unserer großen schwarzen Schirme, weiter auf unserem Weg nach Lust und Laune zu neuen, fremdenfreundlichen Dörfern.

Seite 173:
*Eine größere Ingenieurslei-
stung als etwa den Bau eines
Staudammes nannte ein
Experte die Umwandlung der
steilen Hänge in Reisterrassen
mit ihrem komplizierten
Bewässerungssystem. All die
mühsame Arbeit des Instand-
haltens und Reissetzens hilft
nicht, wenn der Regen nicht
rechtzeitig eintrifft. Zuwenig
Regen gefährdet die Ernte ...*

Seite 174:
*... zuviel Regen bedroht die
Hänge, vor allem wenn sie auf
schrägen Terrassen kultiviert
oder überweidet sind wie hier
am Khatyar Khola, der den
Rara See entwässert. Fruchtba-
rer Boden wird dann fortge-
schwemmt, oft sind schreckli-
che Erdrutsche die Folge,
denen viele Menschen zum
Opfer fallen. Die durch
menschliche Eingriffe verstärkte Bodenerosion ist das
größte Problem Nepals.*

Ein Königsweg nach Indien

Von der Seti wandten wir uns südwestlich auf einem breiten, schön angelegten Weg. Wir fanden immer wieder uralte Bhattis. Sie waren aus mächtigen Quadern gefügt, auch die kunstvollen Gewölbedecken, aber ziemlich niedrig. Im Inneren waren sie dunkel und feucht, denn nur einige schmale Torbögen dienten als Eingang. Obwohl sie völlig intakt waren, wurden sie offensichtlich nicht mehr genutzt.

Diese Bhattis stammten aus der Zeit, als die Khas, altansässige Leute indischer Abstammung, in den Bergen Westnepals einen mächtigen Staat errichtet hatten, der sich auch über Teile des heutigen Indien, von Tibet und bis hinaus ins Terai erstreckte. Während des 11. bis 13. Jahrhunderts war dieser Staat der Khas aufgeblüht, er soll eine gute Infrastruktur besessen haben. Unser bequemer Weg war anscheinend ein Erbe aus dieser Zeit. Wir stellten uns vor, wie hier die Boten der Herrschenden entlanggeeilt waren, vielleicht mit einem Schellenstab wie die Eilboten vom Terai nach Kathmandu, bevor 1956 die Straße fertig wurde. Jeder mußte zur Seite treten, damit der Bote seinen Lauf nicht zu unterbrechen brauchte und seine Posttasche möglichst schnell dem nächsten Postläufer – im wahrsten Sinne des Wortes – übergeben konnte. In kürzester Zeit wurden so Nachrichten transportiert (viel schneller, als ein Fahrzeug heute auf der gewundenen Autostraße vorankommt).

Wir gingen, leicht auf- und absteigend, durch Kiefernwälder, eine absichtliche Monokultur, denn die großen Bäume waren alle zur Harzgewinnung angezapft. In einem zweiten Pokhara stießen wir auf eine im Bau befindliche Straße. Die ersten Jeeps hatten tiefe Rinnen in die Fahrbahn gegraben, sie schon wieder ruiniert, bevor sie fertig war. Da man für die Straße einfach den Fußweg verbreitert hatte, mußten wir ihr ein Stück weit folgen.

Dädeldhura wirkte etwas verkommen, wie leider viele Orte, wenn sie eine Straße erreicht hat. Viel Unrat am Ortseingang, an die alten Häuser schlampig angebaute Notunterkünfte, die Erinnerungen an Slums weckten. Noch waren nicht viele Inder der Straße gefolgt, wie sie es überall tun, wo sie Arbeitsmöglichkeiten oder gute Geschäfte erwarten. Die armen Inder tun mir ja leid, sie treibt oft die Not in eine Gegend, wo sie im Winter entsetzlich frieren. Aber leider unterbieten sie – den harten Arbeitsmarkt in Indien gewohnt – die Löhne, die die nepalischen Handwerker und Arbeiter solidarisch der Preisentwicklung anzupassen verstanden, und verdrängen so die Einheimischen. Die indischen Händler sind mir weniger sympathisch. Sie schalten die Alteingesessenen oft aus nach der Methode unserer Supermärkte: erst die Konkurrenz

172

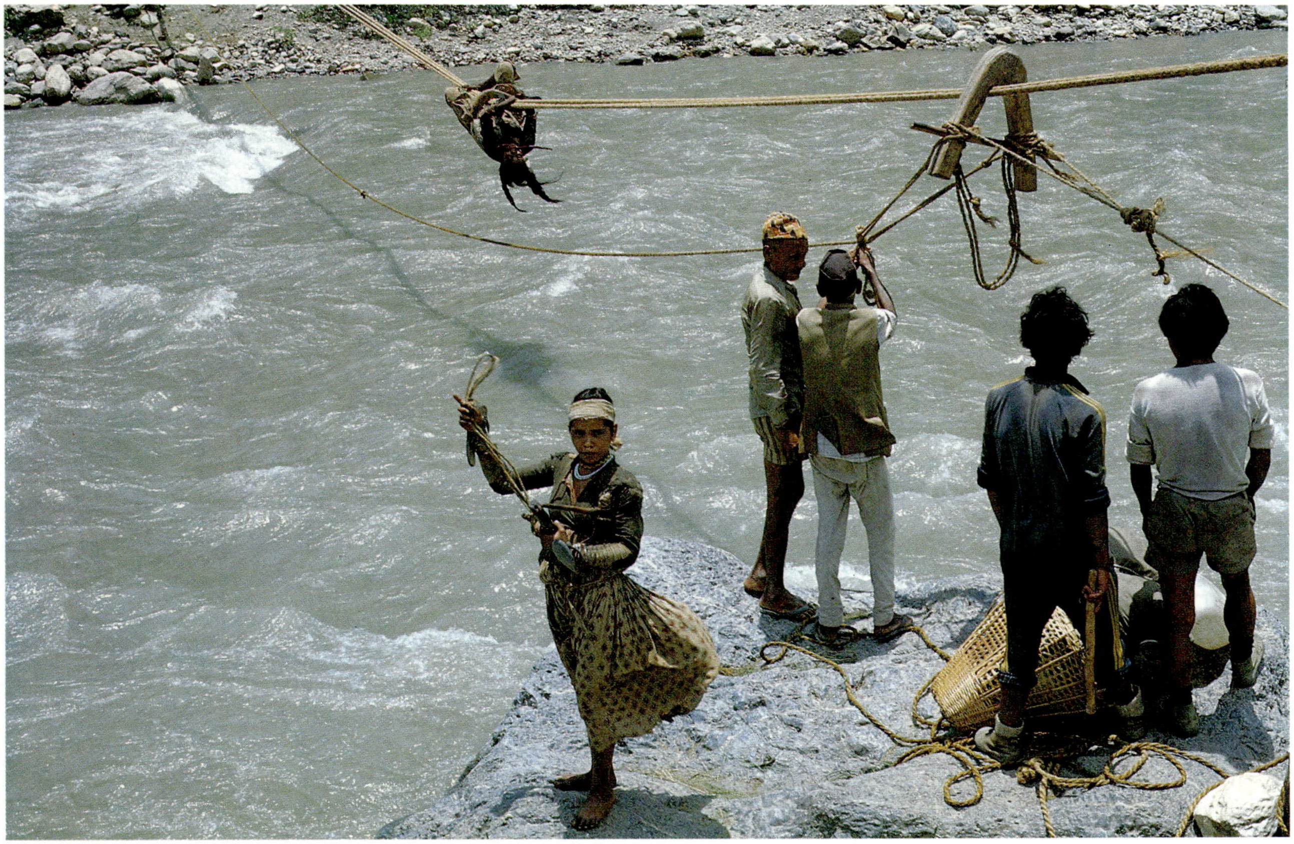

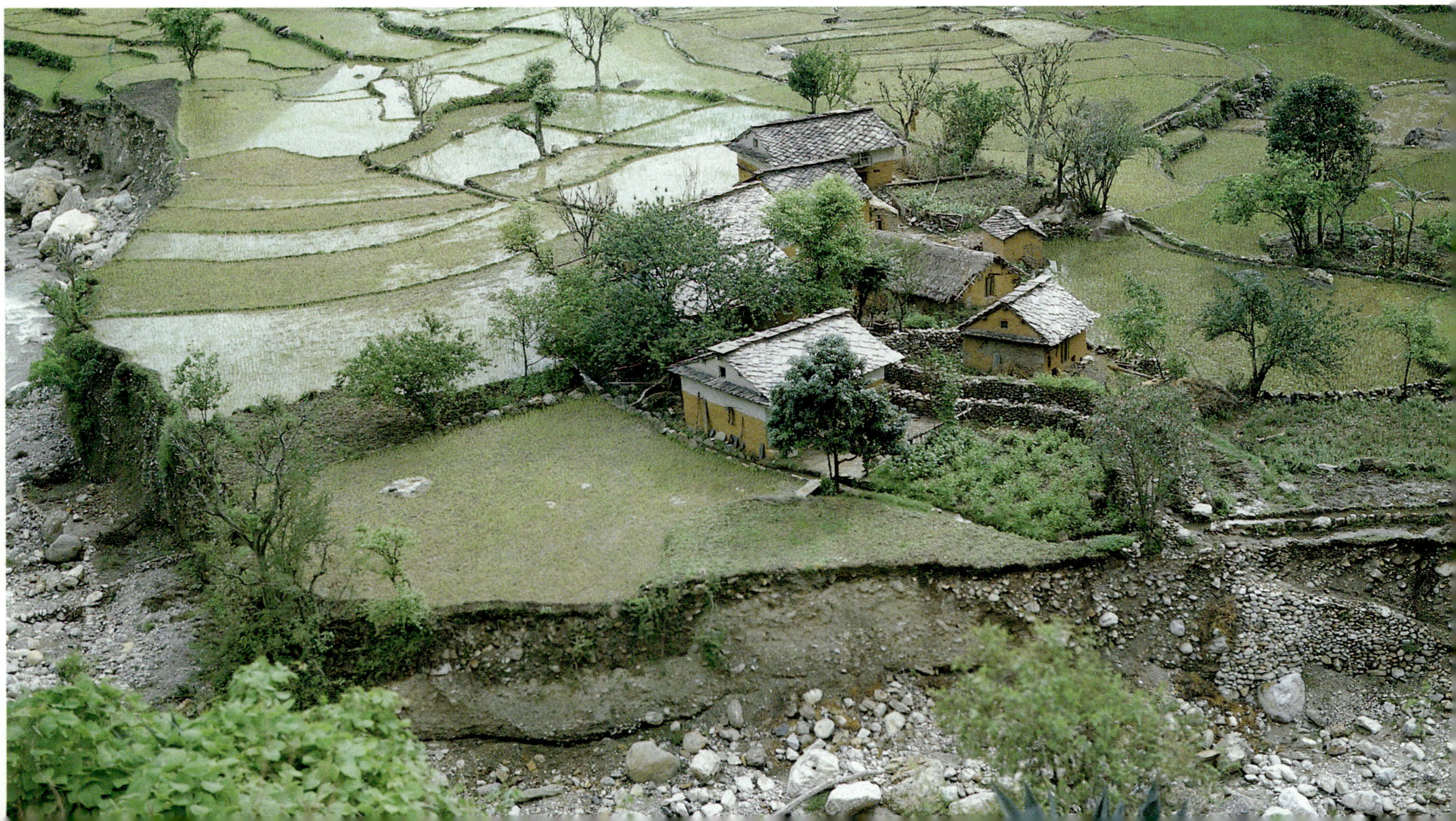

durch Sonderangebote aus dem Markt werfen und dann das Geschäft machen. Auch durch die dann massenhaft herbeigeschafften indischen Billigwaren wird die heimische Wirtschaft geschädigt. Der Handelsfluß ist sehr einseitig und macht Nepal noch mehr vom großen Nachbarn abhängig. Sofern die Waren nicht sowieso von dort stammen, müssen die meisten Importe durch Indien transportiert werden. Diese Abhängigkeiten nützt die indische Regierung, um Nepal zu ›Wohlverhalten‹ zu zwingen.

Ein Restaurant fiel uns als ungewöhnlich einladend auf. Wie erstaunt waren wir, in der Wirtin eine Sherpini zu finden. »Wie kommen Sie so weit nach Westen?« – »Ein Verwandter von mir, der als Koch für die Bauarbeiter tätig ist, gab mir den Tip. Die Leute hier sind kaum gewöhnt, Handel zu treiben oder ein Restaurant zu eröffnen. Sie überlegen sich das sehr lange, auch ob sie vielleicht aus ihren Dörfern hierherziehen sollen. Wir Sherpa sind da nicht so ängstlich. Ich habe mich von meinem Mann getrennt, der sich eine zweite Frau genommen hat. Ich hätte darauf bestehen können, daß er mir einen getrennten Haushalt einrichtet. Aber ich hatte keine Lust, meinen Mann zu teilen, zumal ich keine Kinder habe. So ließ ich mir meine Mitgift zurückgeben. Warum sollte ich mir nicht in Dādeldhura eine neue Existenz aufbauen?«

Sie war baß erstaunt, daß wir zu Fuß weitergehen wollten, wo es doch die Straße gab. »Sie ist zwar durch den Regen ein Stück weit kaputt, wie jedes Jahr, aber nach drei Stunden schon treffen Sie auf den Bus.« Wir begaben uns lieber in die Einsamkeit, vor der sie uns gewarnt hatte. Kein Mensch ginge mehr den alten Rajako Bato, den Königsweg, seitdem die Straße befahrbar sei. Wir hatten noch ein letztes, großes Bollwerk vor uns, den Mahabharat Lekh, einen durchschnittlich 3000 Meter hohen Gebirgszug, der am Singalila beginnt und sich als südliche Begrenzung des Berglandes durch ganz Nepal zieht, nur von großen Strömen wie der Narayani durchbrochen. Gleich nachdem wir unterhalb von Dādeldhura ein Flüßchen gequert hatten, begann der lange Aufstieg. Stundenlang trafen wir keinen Menschen, nur zweimal auf Lichtungen mit ein paar Häusern, sonst Wald, nichts als Wald. Schön war es im Schatten der vielen Laub- und wenigen Nadelbäume. Gut schliefen wir, schon fast auf der Kammhöhe, der Wind rauschte in den Wipfeln, ein Büffel schnaufte ums Zelt. Norbu, Lhakpa, Maila und Jetha übernachteten in dem einsamen Teeladen, dessen Wirt auf die Frage, ob das Dach dicht sei, geantwortet hatte: »Wenn's nicht regnet, tropft's nicht durch. Wenn der Monsun kommt, geh' ich eh heim.« Es regnete nicht.

Nach einem noch längeren Abstieg ging der Bergwald nahtlos über in den Dschungel der Siwaliks, niedriger, sandiger Hügel. Zunächst kein Wasser, nur an manchen Stellen zeigte Schotter zwischen den Bäumen, daß im Monsun hier flache Bäche flossen, wo es ihnen beliebte. An einem einladenden Flüßchen ließen wir uns in der Nähe des ersten richtigen Dorfes seit langem nieder. Wir badeten ausgiebig, ich schnitt Hermann sogar die inzwischen recht langzottelig gewordenen Haare. Gut dreieinhalb Monate hatten sie immerhin wachsen dürfen.

Kinder kamen ans Zelt. Ich desinfizierte und verklebte ein paar kleine Wunden. In abgelegenen Gegenden hat man als Ausländer medizinkundig zu sein. Ein größerer Bub näherte sich: »Könnten Sie nicht zu meinem Vater kommen? Er hat einen entzündeten Fuß und kann nicht laufen.« Ich ging mit. Die Nepali würden nicht verstehen, wenn jemand, der Medizin und ein wenig Wissen hat, Hilfe verweigerte mit dem Hinweis, er sei schließlich kein Arzt. Sie akzeptierten aber immer, wenn ich nach dem Hinschauen sagte: »Davon verstehe ich nichts« oder »dafür habe ich keine Medizin«. Und grundsätzlich, wenn sie um Mittel gegen ihre weitverbreiteten Darm- oder sonstigen inneren Krankheiten baten: »Ich kann nicht in Sie hineinschauen. Woher soll ich wissen, welches die richtige Medizin ist?«

Der Mann lag auf einer Pritsche im Schatten. In der Nähe des Knöchels war der Fuß geschwollen und verfärbt. »Nicht verstaucht oder gebrochen«, sagte er, »ich habe mich beim Pflügen verletzt, und jetzt pocht und hämmert es.« Er hatte offensichtlich auch Fieber. »Könnten Sie nicht zu einem Arzt gehen?« – »In Mahendranagar, über zwei Tage Weg, ist nur ein Gesundheitsposten mit einem ›kleinen‹ Doktor (etwa einem Pfleger entsprechend), dem meist drei Monate nach der jährlichen Lieferung die Medizin ausgeht. Der nächste richtige Arzt und ein Krankenhaus ist in Pokhara. Für einen Gesunden ohne Last drei Tage über den Mahabharat Lekh.«

Ich reinigte den Fuß und legte einen dick mit Zugsalbe bestrichenen Verband an, da in der Beule vermutlich Eiter war. »Ich bin kein Arzt. Ich weiß nicht, ob meine Medizin hilft. Wenn der Eiter zu laufen beginnt, wechseln Sie den Verband. Ich lasse Ihnen Salben und Binden da. Diese Salbe nehmen Sie, wenn die Wunde vom Eiter frei ist, und halten Sie den Fuß sauber. Aber ich weiß wirklich nicht, ob die Medizin gut ist. Wird es nicht schnell besser, müssen Sie unbedingt zum Arzt!« – »Ich weiß«, lächelte er unter Schmerzen, »Sie haben Ihr Bestes getan und damit auch etwas für Ihr Karma (die Ansammlung guter und schlechter Taten, die die nächste Wiedergeburt bestimmt). Dhanyabad.« Ich ging fast ein wenig beschämt zurück zum Zelt. Die Nepali sagen selten Dhanyabad, nur für einen außergewöhnlichen Dienst. Es bedeutet nicht einfach nur »Danke«, sondern eher »Ich preise Dich«. Kurz darauf brachte der

Sohn einen kleinen Topf mit winzigen Kartoffeln. Ich wollte sie nicht annehmen, doch er bestand darauf. Auch sie wollten gute Taten für ihr Karma sammeln.

Ich hoffte sehr, daß ich ihm helfen konnte und fragte mich, ob es nicht dringlicher wäre, das Land mit einem Netz gut ausgestatteter Gesundheitsposten zu überziehen als mit Straßen.

Vergängliche Welt

Wir folgten Stunde um Stunde dem Lauf des Flüßchens, dessen Bett immer breiter wurde, je mehr Geröllrinnen, die im Monsun Wasser führen, zwischen den bewaldeten Hügeln herabzogen. Am Vormittag rasteten wir in Jogbuda, einige Häuser versteckt unter Dschungelbäumen. Gegen Mittag noch einmal Reisfelder, ein paar Häuser. Dann zogen wir über die hellen, hitzeflimmernden Schotterflächen dahin, einsam zwischen den Dschungelufern. Irgendwo wand sich der schmale Wasserlauf mühsam durch die Steinwüste, die er – kaum zu glauben – in der Regenzeit selbst geschaffen hatte.

Immer weiter traten die Hänge zurück. Vor uns nur noch Weite, flirrende, sonnendurchströmte Luft. Dann schemenhaft im Dunst ein Höhenzug, quer zu unserer Richtung, Schotter und Sand gingen über in Wasser, eine kilometerbreite, glänzende Fläche, walddunkle Inseln umschließend: die Mahakali.

Wir wandten uns nach Süden dem Fluß nach, selbstverständlich und wortlos. Bis der Ufersaum schmal wurde, Felsen uns ans Wasser drängten. – »Halt ein, Maila«, sagte Norbu. »Gib mir eine Tasse aus deinem Korb. Ich muß von diesem Wasser trinken.« Da setzten wir alle die Lasten ab. Norbu trank, wir legten die Hände in das sandige Wasser der Uferregion. Wasser fast so warm wie die Luft, so voll Sonne. Nur ganz langsam senkte sich der Grund im Bett des mächtigen Stromes, der den Weiterweg nach Westen versperrte. Wir waren da, an der Grenze.

Kein Wort davon, kein Jubelschrei, kein Bedauern, keine Rede vom Ende der Wanderung. Es ist gut, einen Fluß zum Ziel zu haben, besser als einen Gipfel. Er erspart die Endgültigkeit des Ankommens. Er fließt immer weiter, Sinnbild des Lebens.

Eine Insel auf dem Trockenen im breiten Schotterbett eines versiegten Nebenflusses lud mit hohen Bäumen und grasigem Saum zum Lagern ein. Wir trödelten herum. Mit großen Pausen zog Maila eine Tasse nach der anderen, dann einen Topf aus dem Korb und machte sich Lhakpa ans Teekochen. Jetha zog Schuhe und Strümpfe aus, das heißt, was von den Socken noch übrig war: Fersen und Ballen ein einziges Loch. »Jetzt kann ich sie wegschmeißen.« – »Halt«, sagte Hermann, »kommt, wir wollen uns alle hier ins Gras setzen. Ich lege den Fotoapparat auf den Baumstumpf. Wir brauchen ein Bild von der ganzen Mannschaft mit den durchgelaufenen Socken.« – »Ich brauche keine löchrigen Socken vorzuweisen«, meinte Lhakpa. »Meine Fußsohlen sind auch so grauslich genug.« Er war wie die anderen in seinen chinesischen Turnschuhen, deren Gummisohlen keine Luft durchließen, durchs Wasser und übers Trockene gegangen, hatte darin geschwitzt. Jetzt war die Hornhaut der Fußsohlen weiß und verquollen, sie sahen aus wie ein madiger Käse. Die anderen suchten eitel die am besten erhaltene Fußbekleidung heraus.

Wir setzten uns nebeneinander, die Beine zur Kamera gestreckt. Es war so heiß, daß die Oberfläche der Haut ganz mit Schweißperlen bedeckt war. Gelächter, wie Hermann den Apparat einstellte und dann auf seinen Platz hechtete. Zwei-, dreimal lächelten wir ins Objektiv, warteten auf den Klick. Für einen Augenblick war das Ende der Reise zu hören.

Während wir schweigend unseren Tee tranken, kam die Dämmerung. »Seht hier«, sagte einer. Der Boden begann zu kochen, zu brodeln, warf unzählige, kleine Insekten aus wie Dampf aus vulkanischer Erde. Und dann entfalteten sie die durchsichtigen Flügel zu ihrem ersten Flug in die samtdunkle Luft. Für wie lange? Für eine Nacht zum Tanz der Geburt, der Hochzeit und des Todes? Aus zahllosen Quellen am Waldsaum strömten sie lautlos in den Abendhimmel. Der Mond spiegelte sich im Wasser, Sterne standen über dem schwarzen Wald, einige silbrige Wolkenstreifen, Grillen, Stille . . .

> »So sollt ihr diese flücht'ge Welt beschau'n:
> Wie einer Sommerwolke Wetterleuchten,
> Wie einen Stern im ersten Morgengrau'n,
> Wie einer Flamme unbeständ'gen Schein,
> Wie einer Welle schnellverwehten Schaum,
> Wie ein Phantom, ein Trugbild ohne Sein,
> Wie eines schlafverfallnen Geistes Traum.«
> (Worte Buddhas, nach Govinda)

Am Morgen war nichts mehr von den Flügeltänzern zu sehen.

Blitz und Donner und göttliche Fügungen

»So ein Glück, daß ich euch eingeholt habe. Was bin ich gerannt, als man mir sagte, es seien Leute vor mir unterwegs.« Schwer atmend ließ sich der ältere Mann auf der Lichtung nieder, wo wir zum Kochen halt gemacht hatten.

Wir hatten den ganzen Vormittag keine Menschenseele getroffen, waren auf bemoosten, teilweise überwucherten Treppensteinen durch unberührten Dschungel gegangen, zu beiden Seiten dichtes Unterholz, darüber mit Schling-pflanzen behangene Baumriesen. Affen hatten wilde Mangos angebissen und die unreifen Früchte enttäuscht auf den Weg geworfen. Nur einmal, frühmorgens, kamen wir mitten im Wald an zwei Häuser, als wir eine falsche Abzwei-gung gewählt hatten. Neusiedler hatten den Unterwuchs zwischen den Bäu-men gerodet, die Erde umgebrochen. Ein Hund bellte, aber wir sahen keinen der Bewohner.

»Wer hat Ihnen das gesagt? Und warum wollten Sie uns einholen?« Er zuckte die Achseln: »Jemand. Und ich fürchte mich allein in diesem Wald. Früher gab es wilde Elefanten, es ist allerdings schon einige Jahre her, seit der letzte gesehen wurde. Aber Tiger gibt es noch. Und überhaupt, es ist so eine einsame Gegend hier.« – »Nun verschnaufen Sie erstmal. Wollen Sie mitessen?« Er deutete auf die Schnur auf der Brust. »Ich kann leider keinen Reis von Ihnen nehmen.« – »Dann trinken Sie wenigstens eine Tasse Tee, Baje.« Norbu betitelte den Mann jetzt als Baje, eigentlich Großvater, nicht weil er so viel älter war, sondern weil Alter in Nepal als ehrenvoll gilt und Brahmanen deshalb oft so angesprochen werden, selbst wenn sie jünger sind.

Etwas langsamer gingen wir weiter auf dem Dschungelweg hoch über dem Fluß. Baje hinkte ein wenig. »Ich habe mein Knie überanstrengt.« Am frühen Nachmittag zogen Wolken auf. Der Weg führte nach längerer Zeit wieder hinunter zur Mahakali, keine sanften Ufer hier, ein fast senkrechtes Felsband direkt aus dem Wasser aufsteigend, darüber steiler undurchdringlicher Urwald, keine Schneise, keine Spur, kein Weg.

»In den Bergen hat es geregnet«, sagte unser Begleiter und stieg seelenruhig ins Wasser, das ihm fast bis zur Taille reichte. »Kommt, haltet euch nahe an den Felsen. Der Weg ist zwar ziemlich breit, aber dann wird's gleich tief.« – »Der Weg?« – »Ja, ja! Er geht hier an den Felsen entlang. Er ist nur überspült.« Wohl dreihundert Meter wateten wir bis zum Bauch durch den Fluß, der ziemlich heftige Wellen warf. Es begann zu tröpfeln. Eine leichte Biegung, dann kletterte Baje eine Rinne in den Felsen hoch und geradeaus den weglosen Hang hinauf. – Wie hätten wir alleine jemals ahnen sollen, wo es hier weitergeht? Wir wären am Wasser umgekehrt, hätten gesucht und uns wahrscheinlich heillos im Dschungel verstiegen.

Noch war der letzte nicht aus dem Wasser, da brach es herein: Blitz und Donner, Sturmböen und Regen. Im Nu waren wir vollends naß, als wären wir hierher geschwommen. Einen Regenschirm aufzuspannen war unmöglich wegen des Sturms. Außerdem brauchten wir gelegentlich die Hände, um im nassen Gras des steilen Aufstiegs voranzukommen. Oben ein Plateau mit lichtem Wald und der Weg, plötzlich wieder breit und gut sichtbar. Wir stülpten unsere Plastikplanen über Körbe und Rucksäcke und zogen sie vor dem Körper zusammen, denn der frische Wind ließ die Kleidung unangenehm kühl am Körper kleben.

Dann ging es mit schnellem Schritt weiter. Die Hitze war weg, Baje tat sein Knie nicht mehr weh, der Donner verzog sich grollend die Mahakali hinauf. Gleichmäßig strömte der Regen, hoch stand das Wasser auf dem Pfad, das so schnell gar nicht ablaufen konnte. Waren wir nicht gestern noch mühsam über die schmalen Böschungen von Reisfeldern balanciert, um die Schuhe nicht naß zu machen? Wir lachten über uns selbst und die fröhliche Nässe. Es war uns sehr nach Singen zumute. Die Füße platschten ihren gleichmäßigen Takt, der Regen lief uns übers Gesicht und von den Plastikplanen in die Kniekehlen. Was für ein herrliches Wetter!

Sanft neigte sich das Plateau zum Fluß. Wir überquerten einen Altwasserarm, stapften durch tiefen Sand – eine wunderschön kratzige Mischung in den Schuhen –, eine kleine Böschung hoch und dann standen wir auf flachem Grasland. Der Regen hörte endgültig auf. Hinter uns lagen die Dschungelberge, immer noch zum Greifen nahe, vor uns ausgebreitet die dampfende Ebene. Weideland, Felder, Häuser unter Bambusstauden, soweit das Auge reichte.

Das erste Haus war gleich ein Teeladen. Wir luden unseren Begleiter ein. »Stellen Sie sich mein Glück vor«, erzählte er der Didi, »alleine hätte ich mich vor dem Weg und dem Wetter gefürchtet, es stürzen oft morsche Äste herab. Ich hätte aber auch nicht gewagt, unter einem Baum sitzenzubleiben. Diese Begegnung haben die Götter gefügt.« – »Fürwahr! Haben Sie nicht gehört? Vor drei Wochen hat in der Nähe ein Tiger eine Frau beim Holzsammeln getötet. Jetzt jagt ihn die Polizei. Ein Tiger, der einmal Menschen angefallen hat, ist gefährlich.« Auch wir war waren dankbar. Zu sechst brauchten wir uns wohl kaum vor wilden Tieren zu fürchten, aber so schnell hätten wir nicht herausgefunden ins Terai. Wir hatten noch keine Ahnung, wieviel Glück uns

diese Begegnung gebracht hatte.

»Der Regen hat uns sehr schnell vorankommen lassen. Jetzt kann ich heute noch meine Verwandten erreichen, und von dort ist es nicht mehr weit bis zur Straße. Ihr könnt heute abend in Mahendranagar sein.« Wir verspürten zwar keine Eile, aber da wir so einen guten Führer hatten und uns ein wenig verpflichtet fühlten, bis zum Schluß zusammenzubleiben, gingen wir mit. Baje legte ein ziemliches Tempo vor und ließ uns nicht lange rasten. Wir spielten wohl mit dem Gedanken, uns abzuhängen und für heute Schluß zu machen, aber dann steigerten wir uns in eine Art Trotz hinein: Na schön, gehen wir eben bis zur Straße! Und latschten, nach über 30 Kilometern schon etwas stumpfsinnig geworden, hinterdrein.

»Jetzt ist es nur noch eine halbe Stunde. Auf Wiedersehen und alles Gute!« rief Baje und verschwand winkend durch einen Zaun. Wir behielten unseren Trott bei, eigentlich idiotisch, längst war unsere übliche Lagerzeit, wir hätten sicher bei seinen Verwandten oder sonstwo einkehren können. Dann ein Damm, darauf die schmale Teerstraße, die von Indien her nach Mahendranagar führt, ein Schlagbaum.

»Noch ein Foto mit offizieller Grenze. Das macht sich gut. Wo bleibt Jetha?« Der Schlagbaum ging hoch, ein Bus ratterte heran. »Wollt ihr mit? Der letzte Bus heute. Einer fehlt? Ein bißchen kann ich warten.« Jetha eilte, angefeuert von den Fahrgästen, herbei. Kein Foto. Eine knappe halbe Stunde später stiegen wir in Mahendranagar aus, suchten ein Hotel in der einbrechenden Dunkelheit. Wir hatten immer noch keine Ahnung, warum wir heute so weit gegangen waren, eine Strecke für mindestens eineinhalb Tage.

Schräg gegenüber des Hotels lag das Büro der Fluggesellschaft, der Royal Nepal Airlines. Jetzt war natürlich keine Dienstzeit, Hermann und ich gingen trotzdem in das erleuchtete Gebäude, einfach so, um auf alle Fälle die Nachricht zu verbreiten, daß da Interessenten für Flugtickets eingetroffen waren. Große Hoffnungen machten wir uns keine, denn besonders in so weit abgelegenen Gebieten lohnt sich das Fliegen auch für die Einheimischen. In den nur achtzehnsitzigen Twinotters ohne lange Vorbestellung sechs Plätze auf einmal zu bekommen, ist eigentlich überall unmöglich. Ein Entwicklungshelfer, der öfters in der Gegend arbeitete, hatte erzählt, daß in Mahendranagar die Flüge meist Wochen im voraus ausgebucht seien. Er sei oft nur auf einem Regierungssitz mitgekommen. (Die Regierung reserviert immer zwei Plätze bis eine Stunde vor Abflug für dringende Geschäfte oder Notfälle. Man kann sich dann vom Landrat einen solchen Platz zuteilen lassen.)

Wie erwartet war der Beamte nicht da, aber der Peon, der Bürodiener, eine äußerst wichtige Persönlichkeit, der den Tee holt, dem Chef die Aktentasche **183** trägt und über alles Bescheid weiß. »Bisher sind die Regierungssitze noch nicht vergeben. Die anderen Sitze sind auch noch nicht alle endgültig verkauft, obwohl Bestellungen vorliegen. Das Büro öffnet morgen zwar erst um 10 Uhr, aber der Chef ist vorher da, weil er im Haus wohnt. Kommen Sie so um acht, bevor er zum Essen geht.« – »Wann geht ein Flugzeug?« – »Morgen. Wir haben nur einen Flug pro Woche, am Sonntag.«

Wir bummelten durchs abendliche Mahendranagar, ein kleines, vor wenigen Jahren aus dem Boden gestampftes Städtchen. Es gefiel uns nicht. Betonklötze, dazwischen, sobald man die kurze Hauptstraße verließ, Morast, über den man auf Ziegelsteinen oder Brettern balancieren mußte zu durchaus schmucken und wohlbestückten Läden oder unserem im Inneren recht ordentlichen Hotel. Hier würden wir auf keinen Fall lange bleiben, wenn es auch alles zu kaufen gab, was wir lange entbehrt hatten: Obst, Gemüse, Eier, Fleisch, sogar Bier. Die Unangepaßtheit der Moderne, wie vom Regen fleckiger Beton, feuchte Schwüle im Inneren, brütende Hitze unter Wellblechdächern, war nicht einladend.

Eventuell bis nächsten Sonntag warten? Heute war der 23. Juni, der Monsun konnte jeden Tag mit voller Wucht losbrechen, wie es sein Vorbote heute angekündigt hatte. Dann werden alle Wiesenflugplätze geschlossen. Zu unsicher. Dann würden wir lieber gleich versuchen, uns nach Nepalganj durchzuschlagen, das eine betonierte Rollbahn besitzt und oft angeflogen wird. Erst gönnten wir uns zur Feier des Tages ein Bier, von dem wir nach langer Abstinenz fast beschwipst waren, und gingen schlafen, wohltuend gegen Hitze und Mücken umfächelt vom Miefquirl – Ventilator. (Seltsam, bisher hatten uns die 40 Grad nichts ausgemacht.)

Gegen halb acht schlenderten wir zum Flugbüro, der Chef war schon aktiv. »Zwei Plätze sind noch frei, vielleicht kann ich Ihnen auch die Regierungssitze geben. Kommen Sie jedenfalls alle um ein Uhr zum Flugplatz.« – Was machen wir, wenn ein Teil mitkommt? Wer sollte dann fliegen, wer versuchen, mit irgendeinem Gefährt auf der ungeteerten Straße, wo der in der Trockenzeit reguläre Busverkehr schon eingestellt war, etappenweise weiterzukommen? Die Fähren über die Karnali gingen auch nur noch, wenn gerade nicht zuviel Hochwasser war. Ach was, wir hatten uns bis gestern keine Gedanken über unsere Rückkehr gemacht. Erstmal abwarten, bevor wir uns unnütz den Kopf zerbrechen!

In der größten Hitze des Tages schleppten wir uns die Dreiviertelstunde zum Flugplatz. Lieber zu früh, als zu spät. Kein Mensch war da. Um ein Uhr trafen die ersten Fluggäste ein. Wir hofften, daß die meisten nur Verwandte waren, die winken wollten. Halb zwei, zwei Uhr, immer mehr Leute, aber kein Beamter. Kurz darauf kam er angeradelt. »Telefon aus Nepalganj. Das Flugzeug hat Verspätung.« Sofort war er umringt, gab bestellte Tickets aus. Ein Junge, der es besonders wichtig zu haben schien, kam endlich an die Reihe. »Ich soll ausrichten, daß mein Onkel nicht fliegt.« Goldjunge!

Ohne den Beamten mit Worten zu drängen, aber ihn ständig durch meine Nähe an unsere Gegenwart erinnernd, schlich ich um seinen Schreibtisch herum. »Zwei Tickets haben Sie sicher, vier wahrscheinlich«, murmelte er zwischendurch, während er einen anderen Flugschein ausstellte. Wer fliegt? Abwarten!

Nach einer halben Stunde über die Köpfe der Umstehenden eine gespreizte Hand: »Fünf Tickets!« Unglaublich toll, aber blöd. »Ich bleibe auch alleine zurück. Ich komme überall durch«, schlug Norbu vor. »Nichts da, wenn dann ich«, erwiderte Hermann. Abwarten!

Plötzlich winkte mir der Beamte: »Ich bekomme 3300 Rupies für sechs Tikkets.« Während ich das Geld aus meinem Beutel fingerte, schob Hermann die Bordkarten in seine Hemdtasche und legte die Hand darauf. »Die gebe ich nicht mehr her, und wenn der König selber kommt. Ein Wunder! Fast neun Jahre Flugerfahrung in Nepal habe ich gebraucht, um so etwas zu erleben!« jubelte er.

Die Maschine kam gerade noch rechtzeitig, um vor Einbruch der Dunkelheit Kathmandu zu erreichen. Zweieinhalb Stunden später standen wir noch ganz benommen zwischen hupenden Taxis, fuhren durch die hell erleuchteten Straßen.

Der nächste Flug nach Mahendranagar mußte gestrichen werden. Der Monsun hatte die Wiese für drei Monate unbenützbar gemacht. Baje hatte recht, unser Treffen war eine göttliche Fügung!

In jedem Ende ein Neubeginn

Kathmandu hatte uns wieder, diese »absurde« Stadt, wie Kamal Malla sie nennt, mit all der Schönheit des außergewöhnlich lieblichen und fruchtbaren Tales, der einzigartigen Tempel und Kunstwerke und all der Häßlichkeit der ›Zementkultur‹, des Leitungsgewirrs und Stoßzeitverkehrs, mit ihrer Mischung aus Tradition und westlichem Lebensstil, aus Hinduismus, Buddhismus und Kapitalismus und Politik. Die Stadt, nach der ich mich in den Dörfern nie zurücksehnte und in der ich so gerne weiterhin gewohnt hätte.

Wir sechs gingen groß zum Essen aus, bevor Lhakpa, Jetha und Maila für kurze Zeit ins Dorf heimkehrten, um auf den Feldern zu helfen. Es konnte uns nicht schaden, ein Paar Pfund auf die Rippen zu futtern. »Wenn der Pfiff nicht gewesen wäre, hätten wir nichts abgenommen«, behauptete Lhakpa. »Schließlich mußten wir nicht ein einziges Mal hungrig schlafen gehen. Wir haben immer im letzten Moment etwas zu essen aufgetrieben, und wenn's Brennesseln waren.« – »Vormittags und abends eine warme Mahlzeit, das macht etwa 200mal Dalbhat. Kartoffeln, Nudeln oder Mehlfladen haben wir ja nicht oft bekommen.« Maila lachte: »Ich habe doch immer gesagt: Bäder Bhirma loḍdaina, Maila Bhogle mordaina« – ein Affe stürzt am Abgrund nicht, Maila stirbt am Hunger nicht.

»Wißt ihr noch, Maila im Büffelstall von Chittok Ningale?« spöttelte Jetha. »Das kannst du dir wohl als einziges merken«, wehrte sich Maila. »Von wegen!« Jetha zählte, ohne auch nur einen einzigen auszulassen, sämtliche Übernachtungsplätze der letzten 111 Tage auf. Er wußte alle Dörfer mit Namen. »Wißt ihr noch, wie froh ich war, als wir am allerersten Gehtag rechtzeitig eine schöne Bleibe fanden?« fragte Norbu. »Das war ein gutes Omen, und tatsächlich haben wir nie im Dunkeln herumirren müssen auf der Suche nach einem Lagerplatz.«

»Rund 2000 Kilometer, habe ich ausgerechnet – und kein dickes Knie, kein verstauchter Knöchel, keine einzige Blase, nichts! Für uns selbst haben wir das Pflaster und die Binden gar nicht gebraucht. Es geht doch nichts über die eigenen Beine, absolut wartungsfrei.« Maila unterbrach Hermann: »Also gut, wann gehen wir wieder los?« – »Wenn Dietlinde nicht mehr sagt, meine Beine sähen aus wie die eines nepalischen Gockels. Unseretwegen in vier Wochen.« Wir lachten, obwohl oder gerade weil wir wußten, daß das nicht möglich war. »Was macht ihr in Deutschland?« – »Das wissen wir noch nicht. Wir müssen uns einen neuen Job suchen, auch eine Wohnung. Wer weiß, wo es uns hinverschlägt.« Unsere vier Freunde fragten uns nicht, ob wir Angst vor der Zukunft hätten, oder ob wir traurig seien, daß unser Aufenthalt in Nepal zu Ende ging. Das Leben ist eben so, irgendwie wird es schon weitergehen.

Wir tauschten Erinnerungen aus, ganz ohne Wehmut. Auch als Lhakpa, Jetha und Maila gegangen waren, ohne daß wir wußten, ob wir uns je wiedersehen würden, als ich unsere Habseligkeiten für die Rückkehr nach Deutschland verpackte, befiel mich keine Traurigkeit. Ich dachte zurück an die Begegnungen dieser Wanderung und an viele andere Erlebnisse. An die Frauen, die auf ihren Feldern nach einem Erdrutsch im Monsun zu retten versuchten, was zu retten war, und fast platzten vor Lachen, als Hermann, der die Verwüstung fotografieren wollte, bis über die Knie im Schlamm versank. An die Träger, die nach ihrem harten Tagwerk abends sangen und scherzten: »Jammern bringt nichts. Das macht alles nur noch schlimmer.« Und ich dachte an den alten Mann, der sich auf seinen Tod vorbereitete nach einem Leben, wie es ihm aufgegeben war. Hatten wir nicht von den Nepali gelernt, uns dort, wo uns das Leben hinstellte, einzurichten, ohne Illusionen, aber auch ohne Bitterkeit?

In den ersten Jahren hatte ich befürchtet, der Abschied werde einmal schmerzlich sein. Mein Herz wird immer an diesem Land und seinen Bewohnern hängen. Aber ich habe in Nepal das Wandern gelernt, das Abschiednehmen und Weiterziehen, das Immer-von-neuem-Beginnen. Wie auf die Nacht der Tag folgt, auf den Winter der Frühling, auf Tod die Geburt im Kreislauf des Lebens. Denn »Nepal ist nicht nur ein Fleck auf der Landkarte, sondern eine Erfahrung« (Bezruchka). Diese Erfahrung konnte uns nichts und niemand nehmen.

Norbu und Ngawang Chhamji kamen noch zum Flugplatz mit ihrer kleinen Tochter. Sie hatten sie Doma Tsering genannt. Tsering heißt Langes Leben.

Aussprache und Bedeutung nepalischer Namen

Die Betonung liegt auf der ersten Silbe, z. B. auch bei Káthmandu. Vokale werden ähnlich wie im Deutschen ausgesprochen, zusätzlich gibt es Nasale. Konsonanten wiederzugeben, ist nicht ganz einach, da das Nepali wesentlich mehr Mitlaute besitzt als das Deutsche. Auf Landkarten wird eine der englischen Aussprache entsprechende Umschrift benützt, weshalb ich diese hier ebenfalls gewählt habe.

ch	etwa tsch, wie in »Charterflug«
ḍ	ein mit eingerollter Zunge am Gaumen angeschlagenes d, das fast wie ein Zungen-R klingt
h	nach Konsonanten deutlich hörbar
j	etwa dsch wie in »Job«
v	wie w
y	wie j, beispielsweise in »Himalaya«
z	zwischen stimmlosem s und ds
~	Nasal

Die Devanagari-Schrift kennt keine Groß- und Kleinschreibung. Zum besseren Verständnis habe ich dennoch Eigennamen und Hauptwörter groß geschrieben.

Akas (akash)	Himmel
Baje	Großvater, auch Ehrentitel für Brahmanen
Bazar	Markt, Marktort
Bhagavadgita	hinduistisches religionsphilosophisches Gedicht aus vorchristlicher Zeit
Bhatti	öffentliches Rasthaus, einfacher, auf einer Seite offener Bau; auch Ausschank
Bodhisattva	ein Wesen, das auf dem Pfad der Erkenntnis soweit fortgeschritten ist, daß es als Buddha den Kreislauf der Wiedergeburten verlassen könnte, aber darauf verzichtet, um anderen zur Erlösung zu verhelfen
Borhar/Banyan	Feigenbaum der Art Ficus benghalensis
Brahmane	Angehöriger der Priesterkaste, der höchsten Hindukaste neben den Chhetri
Buddha	durch Erleuchtung zur Erlösung Gelangter; meist wird damit der historische Buddha, Siddharta Gautama gemeint; Buddha zu werden, ist jedoch das Ziel aller Buddhisten
Chang	kaltes, leicht alkoholisches Getränk aus mit Wasser übergossenem, vergorenem Getreide (Reis, Hirse, Gerste, Mais), wird oft als Reisbier bezeichnet, schmeckt eher wie ›Federweißer‹

Chhetri	Angehöriger der Kriegerkaste, der höchsten Hindukaste neben den Brahmanen
Chimal	Rhododendronart mit besonders vielfarbigen, leuchtenden Blüten
Chörten	religiöses buddhistisches Bauwerk, an besonders verehrten oder prägnanten Plätzen errichtet, z. B. Ortseingängen, Pässen
Daḍa	Bergrücken, Höhenzug
Dai	älterer Bruder, häufig gebrauchte Anrede
Dalai Lama	religiöses Oberhaupt der Anhänger des tibetischen Buddhismus, wird als Inkarnation eines Bodhisattva betrachtet; bis 1959 politisches Oberhaupt Tibets
Dalbhat	nepalisches Nationalgericht aus Reis (Bhat) und Linsen (Dal), dazu Gemüse (Tarkari) und als Würze Achar
Dhiḍo	Getreidebrei
Didi	ältere Schwester, häufig gebrauchte Anrede
Doko	Tragekorb aus geflochtenem Bambus
Gomba	buddhistischer Tempel, mitunter mit angeschlossenem Kloster
Gurkha	Bezeichnung für nepalische Soldaten in der britischen und indischen Armee, abgeleitet von der Stadt Gorkha. Einen Stamm dieses Namens gibt es nicht.
Gurung	altnepalischer Stamm mongolischen Typus in Zentralnepal
Jetha	ältester Sohn, oft statt des Eigennamens gebraucht
Jhankri	Schamane; kultische Person, die in Trancezuständen Verbindung mit der nicht sichtbaren Wirklichkeit aufnimmt, traditioneller Heiler
Kanchhi	jüngste Tochter, statt Eigennamens gebraucht
Khas	altansässiger Stamm indischer Herkunft in Westnepal, teilweise den Chhetri zugerechnet, teilweise der dritten Kastengruppe der Matwali (der Alkohol Trinkenden)
Khola	Bach, kleiner Fluß
Khukri	scharfes, gebogenes Messer von etwa 40 Zentimetern Länge
Khumbu	Siedlungsgebiet der Sherpa im Gebiet des Mount Everest (südlich davon Pharak und Solu)
Kosi	großer Fluß
La/Labtsa	Paß
Lama	buddhistischer Mönch, auch Laienpriester
Lekh	hoher, prägnanter Bergrücken
Limbu	altnepalischer Stamm mongolischen Typus in Ostnepal
Lu	von den Sherpa verehrte Quellgeister, als Fruchtbarkeit bringend betrachtet
Magar	altnepalischer Stamm mongolischen Typus im Gebiet westlich von Pokhara
Maila	eigentlich mahilo geschrieben, aber verschliffen ausgesprochen: zweitältester Sohn
Maithili	auch Maithalya, altansässiger Stamm indo-arischer Abstammung im östlichen Terai und angrenzenden Gebieten Indiens
Namaskar	(wie Namaste) mit gefalteten Händen dargebotener Gruß, Bedeutung etwa: Ich grüße das Göttliche in Dir

Newar	altansässige Bewohner des Kathmandutales, als Händler und Handwerker auch in anderen Gebieten wohnhaft. Die Newar haben den Pagodenstil geschaffen und sind berühmt als Künstler (Holzschnitzer, Erzgießer, Steinmetze etc.)
Panchayat	1. Verwaltungseinheit, Gemeinde, 2. parteiloses politisches System in Nepal, einem Rätesystem vergleichbar
Parvati	Gemahlin Shivas, als machtvolle Göttin verehrt. Bei Hindus beliebter Mädchenname
Pipal	Feigenbaum der Art Ficus religiosa
Rai	altnepalischer Stamm mongolischen Typus in Ostnepal
Sari	eine etwa 5 Meter lange Stoffbahn, über einem langen Unterrock in Falten gelegt, das Ende über die Schulter geworfen
Sarki	Angehörige der Schusterkaste, die zu den niedrigsten Hindukasten gehört, den sogenannten ›Unberührbaren‹
Sherpa	aus Osttibet eingewanderter Stamm im Norden Ostnepals. Heute werden oft Touristenführer gleich welchen Stammes als Sherpa bezeichnet
Shiva	neben Brahma (dem Urgrund) und Vishnu der dritte der wichtigsten Hindu-Gottheiten, vor allem Verkörperung der Zeugungs- und Zerstörungskraft
Tamang	altnepalischer Stamm mongolischen Typus, nördlich und östlich von Kathmandu
Thakali	ursprünglich im oberen Kali Gandaki Tal ansässiger Stamm mongolischen Typus
Tharu	altansässiger Stamm mongolischen Typus in der Ebene des Terai, malariaresistent
Twin	seilbahnähnlicher Flußübergang
Vishnu	gehört zu den drei bedeutendsten Hindu-Gottheiten, vor allem Verkörperung des Erhalters und Erlösers
Yak	Grunzochse, Hochgebirgsrind mit dichtem, langem Fell

Literaturverzeichnis

Baumgartner, R., Fallstudie Rolwaling-Valley/Beding, in: Baumgartner, F., Trekking Tourismus in Nepal, Zürich 1978

Bezruchka, S., A Guide to Trekking in Nepal, Kathmandu [4]1981

Bista, D. B., People of Nepal, Kathmandu [4]1980

Bista, R., Himalayan Musk Deer, in: Majupuria, T. C., Wild is Beautiful. Introduction to Fauna & Wildlife of Nepal, Lashkar/Kathmandu 1981/82

Boeck, K., Im Banne des Everest, Leipzig 1923

Borradaile, L. u. a., Langtang National Park Management Plan 1977–82, Kathmandu 1977

Brass, N., Aufeinander angewiesen. Abenteuer im Himalaya, in: Alpenvereins-Jahrbuch 1980, München/Innsbruck 1980

Carson, B., Erosion and Sedimentation Processes in the Nepalese Himalaya. ICIMOD Occasional Paper No 1, Kathmandu 1985

CEDA (Centre for Economic Development and Administration), The Status of Women in Nepal, 14 Bde., Kathmandu 1979–81

Farwell, B., The Gurkhas. A history of the finest infantrymen in the world, Harmondsworth 1985

Filchner, W., In der Fieberhölle Nepals, o. O. 1951

Funke, F. W., Religiöses Leben der Sherpa, Innsbruck/München 1969

Gajurel, C. L./Vaidya, K. K., Traditional Arts and Crafts of Nepal, New Delhi 1984

Ghaley, P. S., Across the lap of Ganesh Himal, in: The Rising Nepal 6. 8. 1982

Govinda, L. A., Der Weg der weißen Wolken, Bern/München/Wien [9]1985

Hagen, T., Fragwürdiger Straßenbau in Nepal, in NZZ 16. 8. 1985

Hesse, H., Der Steppenwolf, Frankfurt 1972

Malla, K. P., The Road to Nowhere, Kathmandu 1979

McDougal, Ch., The Kulunge Rai, Kathmandu 1979

Oppitz, M., Begleittext zum Film »Schamanen im Blinden Land«

Polunin, O./Stainton, A., Flowers of the Himalaya, Delhi 1984

Quellen östlicher Weisheit, St. Gallen o. J.

Radhakrishnan, S., Die Bhagavadgita. Sanskrittext mit Einleitung und Kommentar, Wiesbaden 1958

Storrs, A. u. J., Discovering Trees in Nepal and The Himalayas, Kathmandu 1984

Tilman, H. W., The Seven Mountain-Travel Books, London/Seattle [2]1985

Warth, H., Tiefe überall. Menschen, Schluchten und Achttausender, Rosenheim 1986

Warth, H., Wer hat dich, du armer Wald . . .? Die Krise in Nepal. DSE 7, Bad Honnef 1987

Register

Hermann Warth

Tiefe überall

Menschen, Schluchten und Achttausender. 208 Seiten, davon 52 Farbtafeln

»Himalaja-Bücher mag es mittlerweile mehr als Sechstausender in Nepal geben. Dies hier ist ein besonderes. Sein Autor, der zehn Jahre lang im Auftrag des Deutschen Entwicklungsdienstes in Nepal gelebt hat, gehört wohl zu den besten Kennern des Landes. Seine alpinistische Erfolgsbilanz – Lhotse, Makalu, Mount Everest – ist beachtlich, seine Bescheidenheit sympathisch. Übertroffen aber werden die Schilderungen physischer Höchstleistungen an der Grenze des Möglichen von der einfühlsamen, oft liebevollen Darstellung des Berglandes, seiner Bewohner, seiner Götter und Dämonen. Eindrucksvoll schöne Fotos.«   *Frankfurter Allgemeine Zeitung*

Sepp Mayerl

Der Turm in mir

Zu schwierigsten Gipfeln der Erde. Mit Beiträgen von Reinhold Messner. 208 Seiten, davon 48 Farbtafeln

»Als Mitglied des extremen Bergsteigerclubs ›Alpenraute Lienz‹ schaffte der Lehrmeister von Reinhold Messner schwierigste Erstbesteigungen in den Alpen, Anden und im Himalaya, unter anderem den 8400 m hohen Lhotse-Shar.«   *Stuttgarter Nachrichten*

»Dieses Erlebnis- und Bekenntnisbuch eines Tiroler Bergsteigers, der mit Reinhold Messner befreundet ist, ist für jeden Bergsteiger unbedingt lesenswert.«   *DAV, München*

»Atemberaubend schöne Bilder bereichern dieses ohne Sensationsgier geschriebene Buch.«   *DAV, Freiburg*

Sie erhalten diese Bände über jede Buchhandlung!

rosenheimer

© 1987 ISBN 3-475-52546-1

Dieses Buch erscheint in der Reihe »Rosenheimer Raritäten« im Rosenheimer Verlagshaus Alfred Förg GmbH & Co. KG, Rosenheim.
Es wurde gesetzt von Utesch Satztechnik GmbH, Hamburg, Druck und Bindung besorgte Passavia in Passau. Die Reproduktionen fertigte Meraner Repro.
Ulrich Eichberger in Innsbruck gestaltete den Umschlag, die Zeichnungen stammen von Annette von Oy, Schwabering.

Nepal, das bedeutet liebenswerte Menschen in einer großartigen Natur, es bedeutet aber auch einen Berg von Problemen, so hoch wie die wolkenverhangene Annapurna auf dem Titelbild.

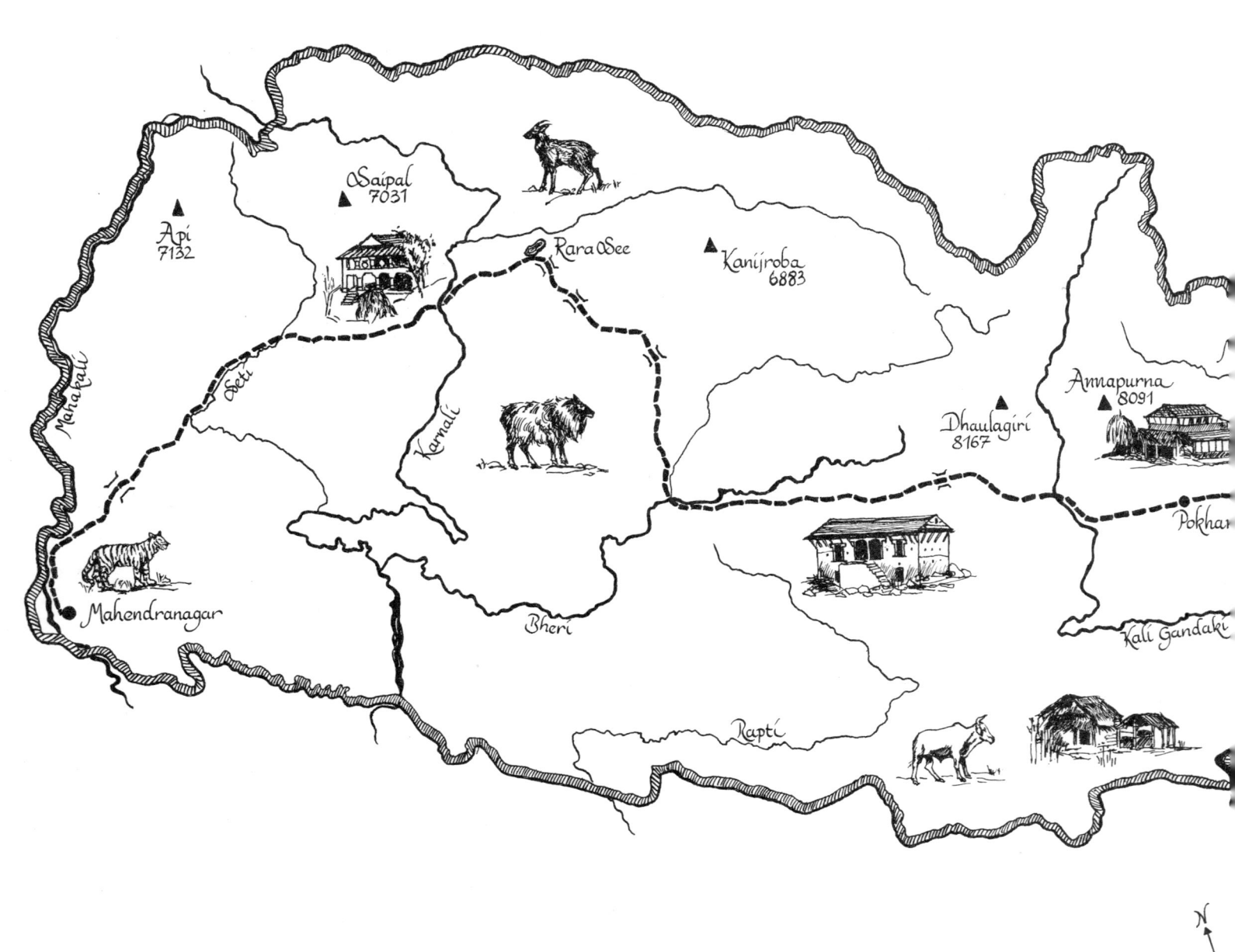

Api
7132

Saipal
7031

Rara See

Kanijroba
6883

Annapurna
8091

Dhaulagiri
8167

Mahakali

Seti

Karnali

Pokhar

Bheri

Kali Gandaki

Mahendranagar

Rapti

Indien

N
W